孔孟以後的孔孟

潘銘基 著

商務印書館

責任編輯	林可淇
裝幀設計	涂　慧
排　　版	周　榮
責任校對	趙會明
印　　務	龍寶祺

孔孟以後的孔孟

作　　者	潘銘基
出　　版	商務印書館（香港）有限公司 香港筲箕灣耀興道 3 號東滙廣場 8 樓 http://www.commercialpress.com.hk
發　　行	香港聯合書刊物流有限公司 香港新界荃灣德士古道 220-248 號荃灣工業中心 16 樓
印　　刷	美雅印刷製本有限公司 九龍觀塘榮業街 6 號海濱工業大廈 4 樓 A 室
版　　次	2023 年 7 月第 1 版第 1 次印刷 © 2023 商務印書館（香港）有限公司 ISBN 978 962 07 5960 4 Printed in Hong Kong

自　序

　　我們不會真正了解孔子和孟子，不可能，也不現實。羅蘭・巴特說「作者已死」，孔子雖然強調「述而不作」，但是述也好、作也好，孔孟的作品留了下來，後人據為己有，用自己的方法作了一番詮釋，已經跟孔孟越走越遠。陸九淵說：「六經註我，我註六經。」是誰為誰註釋呢？永遠說不清楚。孔孟只曾活在他們所在的國度裏。後人研讀孔孟，其實都是某人對孔孟的理解。究竟是真知灼見，抑或是無的放矢，總之是擺脫不了各人的主觀性。

　　回望歷史，面對紛亂，人類喜歡歸納，嘗試將一切事情系統化。儒家、道家、墨家、法家，此等學術思想流派的名字，便是極度簡單化的歸納。所謂「道不同不相為謀」，是否同屬一家便能互相配合，闖出佳績，卻未必然。同屬一派，乃是後人的歸納。孔子的儒家，孟子的儒家，荀子的儒家，漢武帝的「罷黜百家，獨尊儒術」，到了不同人的手上，儒家和儒術便都截然不同。因此，後人所了解的儒家，無論付出了多少的努力，孔孟還是遙不可及。顏淵是孔門高弟，在老師的學問面

前，「雖欲從之，末由也已」。顏淵難以冀及，後人說要真正了解孔子，那只是奢望。

自己的學術到了別人的手上，如何詮釋便操縱在別人手上。春秋戰國是學術思想百家爭鳴的時代，到了大一統的秦代，雖有「偶語《詩》、《書》者棄市」的苛法，但學術仍在官府，未算中絕。胡適《中國古代哲學史》這樣看焚書坑儒：「試看《漢書・藝文志》所記書目，便知秦始皇燒書的政策，雖不無小小的影響，其實是一場大失敗。所以我說燒書一件事不是哲學中絕的一個真原因。」「秦始皇所坑殺的四百六十餘人，乃是一班望星氣，求仙藥的方士。這種方士，多坑殺了幾百個，於當時的哲學只該有益處，不該有害處。故我說坑儒一件事也不是哲學中絕的真原因。」如此說法，有點冷酷無情，畢竟方士的命也是人命，但也說出了事實。「坑儒」的儒，不與孔孟的儒家相關。崔適《史記探源》卷三以為秦始皇「第燒民間之書，不燒官府之書；第禁私相授受，可詣博士受業」。可見學術中絕本與焚書坑儒關係不大。

秦興也暴，其亡也速，成敗繫乎以法為主的治國方針。春秋戰國亂離數百年，而秦僅以十五年便統一天下，同樣是十五年而後亡國。荀子本出儒家，揚雄以為孟子與荀子是同門而異戶。而荀子兩位重要學生，韓非和李斯，便是使秦得以統一天下的關鍵。禮與法，為一事之兩面，禮施於發生之前，法禁於已然之後。荀子重禮，法家主法，而秦正以法家之道得天下。可以說，秦之統一天下，也與儒家思想之異變息息相關。但當秦亡以後，經過了數年的楚漢相爭，最後劉成項敗，建立漢

朝。秦成為了漢的前朝，前朝的好與壞，仿如一面鏡子，可正己之得失。前車可鑒，殷鑒不遠，法治似乎行不通，漢人重新重視荀卿禮學，以為禮治天下才可救當時天下之厄。[1]

　　古代政權，帝王的喜好足以左右學術思想。漢代重禮，旨在補秦之弊。到了漢武帝時，國力鼎盛，汲黯指出武帝為人乃是「內多欲而外施仁義，奈何欲效唐虞之治乎」。心底的慾望眾多，口裏卻說要仿效堯舜之治，正切中漢武帝的問題。董仲舒在回應漢武帝三次策問的〈天人三策〉，推崇他心目中的儒家，並提倡尊儒。結果，漢武帝一錘定音，罷黜百家，獨尊儒術，使儒家成為了學術思想的一言堂，這是孔子的願望嗎？是不是孔子所想並非重點，孔子已死，而後世力主以儒家思想治國，不過是看中了《論語》裏的一句 ──「君君臣臣父父子子」。如果君臣上下都能安於這八個字，世界多麼美好！當君主的勤政愛民，當臣子的盡心盡力扶助君主；父親做個好父親，兒子做個好兒子，父慈子孝，美哉！《論語》全書 486 章，哪些章節較為重要，孔子沒有說，孔門弟子沒有說，哪章最為重要全出後人的猜想。只有個別章節的排列，經過前輩學者的分析，屬於正確無誤。例如全書第一章「學而時習之」，錢穆在

1　拙作〈強秦、暴秦、亡秦 ── 論漢賦裏的秦〉和〈從陸賈《新語》到揚雄《劇秦美新》──前漢士人以秦亡舊事進諫的研究〉分別討論了漢人在賦作和奏疏，以及不同類型的文學作品裏援秦為例的撰文傳統，前者見載《國際言語文學》第 53 卷（2022 年 12 月），頁 261-288；後者則見載《文學論衡》總第 28 期（2016 年 8 月），頁 50-67。因兩文已就此多作分析，故此不贅述。

《論語新解》於此條下云：

> 孔子一生重在教，孔子之教重在學。孔子之教人以學，重在學為人之道。本篇各章，多務本之義，乃學者之先務，故《論語》編者列之全書之首。又以本章列本篇之首，實有深義。學者循此為學，時時反驗之於己心，可以自考其學之虛實淺深，而其進不能自已矣。[2]

錢先生所論可謂知言矣，《論語》置「學而時習之」為全書首章，用意深遠，更有勸勉學習之效。日人子安宣邦云：

> 以「學」之欣悅為《論語》開卷第一章的信息，或許誠如仁齋所言，宣告了孔子思想中「學」之重要性。「學」對孔子之重要性，從他與他的弟子們一道最早開始自覺「為學」這一點上即可看到。當然，所謂「最早」，未必就意味着「世界第一」。《論語》是承載了人之原初叩問與反省的文本，而這也是我們要不斷重讀它的意義所在。而所謂「原初」，也即是一種本質性的東西。說孔子是最早開始自覺「為學」的人，是因為他是第一個反思「學為何物」的問題並試圖將其形諸言語的人。[3]

2　錢穆：《論語新解》（台北：東大圖書公司，1991 年），頁 4。

3　子安宣邦著，吳燕譯：《孔子的學問：日本人如何讀〈論語〉》（北京：三聯書店，2017 年），頁 43-44。

　　子安宣邦據伊藤仁齋所言，突出了「學」在孔子思想的重要性。更為重要的是，這裏指出孔子是最早開始自覺「為學」的人，即代表「為學」是孔門師生非常看重的事情。勉人向學，使人可以趨善，儒家文化尤其措意於此。

　　但不要忘記《論語》如何而來，據《漢書‧藝文志》所載：「《論語》者，孔子應答弟子時人及弟子相與言而接聞於夫子之語也。當時弟子各有所記。夫子既卒，門人相與輯而論篡，故謂之《論語》。」《論語》的敘事者是弟子門人，這便是第一批自行詮釋孔子學說的人。孔子不可能參與《論語》的編成。《論語》之名首見於《禮記‧坊記》。《禮記》成書之年代雖未有定論，但學者大多以為不在漢武帝之後，但也不會很早。〈天人三策〉、《韓詩外傳》等，皆在漢武帝時期成書，已經連用「論語」二字。總之，《論語》出於後人所編。然則孔門首重在學，而以「學而時習之」一章為說，實則是孔門後學有持此見。孔子是否意見相同，我們也不得而知。

　　漢魏六朝所表現的孔子及其學生，有兩大特點。第一是孔子成聖，為漢制法。孔門弟子努力樹聖，以及漢武帝獨尊儒家，使孔子學說成為了人皆不可不知的學問。在經學思想的籠罩下，孔子所編的書籍逐漸成為了「經」，也就是士人的必讀書。有必讀書，便有註釋，經註應運而生，形成了龐大的學術團體。團體裏有人意見不合，於是便出現今文經與古文經之爭，代表不同人士對儒家典籍的詮釋。孔子的地位越高，便跟原來的孔子距離越遠。經學氛圍下的孔門師弟子，成為了經學的代言人。

　　第二是學術思想衝擊下的回應。漢魏六朝的儒家與其他思想，尤其是佛道的思想與主張，互相爭鳴。為了回應、抗擊另一種思想，而不得不改動自己。而經過改動後的思想，已與原初的相距甚遠。孔子及其弟子都會出現在不同的文體裏，包括子書、小說、佛典等。儒家的地位並非其他思想主張可以相比，因此，不同典籍都出現過孔門師弟子，或藉以表達儒家不及他家，或為孔門師弟子安插新事跡。凡此種種，大多與原始的孔門儒家漸行漸遠。六朝是多種文化衝擊的時代，故下文選了這個時代作為切入點以作論述。

　　孔子與孟子可予我們借鏡的地方很多，其中包括了他們的人生抉擇。周遊列國說得多麼動聽，訪尋聖王賢君其實就是求職，要找一個願意重用自己的老闆。據《史記・十二諸侯年表》的序文所說，孔子為了彰明帝王之道，曾經為七十多個國君做事，都沒能得到重用。由此看來，孔子求職的成功率甚低，不過這大概並非事實，據《論語》、《孔子家語》、《史記》其他各篇的記載，孔子不太可能到達七十多個諸侯國。至於孟子，氣勢比起孔子強大得多，觀乎孔子團隊「菜色陳蔡」，孟子則是「後車數十乘，從者數百人」。但畢竟孟子的偶像是孔子，他的旅途也跟孔子相同，以歸國教學而告終。孟子曾經到過鄒、魯、滕、宋、魏、齊等國，見過鄒穆公、魯平公、滕文公、宋康王、梁惠王、齊宣王等諸侯。他有成功的機會，但沒有把握，因為不符合個人行事原則的機會，根本稱不上是機會。宋人朱熹著的《四書章句集註》書前附有一篇〈讀《論語》《孟子》法〉，

其中一條引程子曰：「凡看《語》《孟》，且須熟讀玩味。須將聖人言語切己，不可只作一場話説。人只看得二書切己，終身盡多也。」此話如同當頭棒喝，所重在於「切己」二字。讀書求學問，不當只是紙上談兵，須要將書本的內容看作與自己關係密切，這樣才算是不枉讀書。孟子沒有枉讀孔子書，孟子説：「可以仕則仕，可以止則止，可以久則久，可以速則速，孔子也。」「乃所願，則學孔子也。」(3.2 節錄) 面對官場，面對功名利祿，孟子以為只有孔子才可以做到收放自如。可以出仕就出仕，可以退避就退避，能長久幹就長久幹，能迅速果斷就迅速果斷。孟子的願望，就是仿效孔子。這是「切己」的表現。孔孟身處春秋戰國時代，雖然距離我們超過二千年，但其行事準則，仍然值得我們借鏡。

我們都在重讀經典，但一切重讀都沒有還原的可能。事實上，還原也不現實，原始的一切無可能與重讀對質，重讀就是重新閱讀與分析。重讀可以是重新審視舊註，為此得到前人未嘗關注的獨特角度。當然，不同時代的註釋者都會帶有時代特色。例言之，究竟剛毅木訥與巧言令色，何者較為接近仁德呢？前人學者言人人殊，眾説紛紜，我們重新分析，務求提供另一種解讀。

有些是用新的角度重新思考問題。有一次，在研討會上聽到韓國外國語大學朴宰雨教授關於孔子的發表，更提及孔子思想在新文化運動的衝擊。當年我在講授《孟子》，也寫了一些與《孟子》相關的文章，因此靈機一觸。孔孟並稱，何以「打倒

孔家店」的時候，就沒有一併打倒孟家店？是因為孟子思想不成氣候，對國人沒有影響，還是甚麼其他原因呢？這樣的轉換視角，寫成了一篇打孔而不打孟的小文章，當日也對自己的機靈而沾沾自喜。

　　孔孟已經沒有力氣追隨今人，但我們依然竭力不捨地將萬事萬物比附孔孟，用心良苦，其實也就是為了證明孔孟學說到了今天依然「有用」。後人給予孔子的稱號有許多，其中包括了「萬世師表」。這也是一個孔子願意承認的雅號。教育是使人類文化可以綿延不絕傳承下去的重要因素，有教無類、因材施教、循循善誘、德才並重等，皆本出孔子，今人能夠將此等道理古為今用，便是不愧對古人了。舉例而言，在學校裏有不少特殊學習需要學生，如何教導他們，則正可參考孔子的因「材」施「教」。所謂「天生我材必有用」，如何發掘學生之材，循而製訂適當的教學模式，便是因材施教。如果能夠將孔孟思想「切己」，便會想到現今社會仍有許多適用的場合。

　　本書的不同部分，曾經在《孔子研究》、《關東學刊》、《國學季刊》、《九州學林》、《孔孟月刊》、《水流花開：經典形塑與文本闡釋國際學術研討會論文集》、《數碼時代的中國人文學科研究》等作單篇發表，在此向各部期刊文集謹申謝忱。本書所用《論語》、《孟子》文本及章節編號，悉據楊伯峻《論語譯註》及《孟子譯註》，不另出註。收入本書之時，各篇俱嘗經修訂，以作一體，承前而啟後。是書蒙何文匯教授向香港商務印書館

推薦，復得林可淇女士辛勞校訂，使本書得以面世，更是重中之重。本書不足之處尚多，還望四方君子不吝賜正。

潘銘基

2023 年 4 月序於復旦大學

目　錄

第一章
漢人眼中的孔子和孟子

　　漢代是孔子成為「至聖」的重要時刻，可是在《論語》裏，孔子早已清楚表明自己不欲成為聖人。《論語》所得見的是一位有血有肉的孔子。春秋戰國乃是古代中國諸子百家爭鳴的時代，諸子蠭出並作，老子、莊子、孔子、孟子、荀子、墨子、列子、孫子、申子、韓非子、鬼谷子、告子等皆有其獨當一面之處。顯而易見，孔子只是諸子百家之一，何以後來得以獨步天下，儒家學術唯我獨尊？漢人起了決定性的作用。

　　在《論語》裏，孔子不敢承認自己是「聖」，也不是「仁」，他只願意承認自己是努力學習，誨人不倦的老師 (7.34)。孔子也不是「生而知之」，他不過是愛好古代文化，而又勤奮敏捷學習的人 (7.20)。好學，是孔子唯一願意承認的個人特質，弟子公西華表示這正是弟子們不如老師的因由。在《説文解字》裏，「聖」字的釋義是「通」，即通達也。當時「聖人」之意沒有今人看來神聖的意義，可是孔子依然不予承認。子貢是孔門高弟，有一次，太宰向子貢查詢，孔子是位聖人嗎？為甚麼如此多才多藝？子貢回答，本是上天讓他成為聖人，又使他多才多藝。

子貢能言善道，在孔門四科十哲裏位居言語科。老師不欲成為聖人，子貢卻硬冠以聖人之名。如此「聖人」，並沒有今天所說的意思。孔子回應，自己的多才多藝，乃因自小窮苦，故學識了許多鄙賤的技藝。同時，孔子指出，真正的君子不會懂得這樣多的技巧。在今天看來，子貢是第一批將孔子樹聖的人，也是整個造聖運動的開始。當然，子貢的動機不難明白，使孔子成為聖人，一方面是尊敬老師，歌頌老師，無可厚非。另一方面，老師成為聖人，自己便是聖人之徒了，這也是好處多於壞處。

　　孟子的偶像是孔子，故有「乃所願，則學孔子也」云云。孟子更是為孔子樹聖不遺餘力的人。在《孟子‧公孫丑上》就有記載孔子與子貢關於孔子是否已為聖人的對話：

　　　　昔者子貢問於孔子曰：「夫子聖矣乎？」孔子曰：「聖則吾不能，我學不厭而教不倦也。」子貢曰：「學不厭，智也；教不倦，仁也。仁且智，夫子既聖矣。」(3.2 節錄)

　　子貢問老師是否已是聖人，孔子以為自己做不到，充其量只可說是學習不厭倦，教人不嫌疲勞。不知是哪來的道理，聽到老師的答案，子貢作了歸納，指出學習不厭倦便是智，教人不嫌疲勞便是仁，既仁且智，老師實際上已經是聖人了。孟子為甚麼會這樣引述孔門師弟子的對話呢？《論語》雖載孔門師弟子事跡，但從書成年代而言，甚或後於《孟子》。孟子生時也沒法看到一部名為《論語》的典籍，他能看到的只是一些與

孔門師弟子相關的材料而已。因此，子貢有否這樣說過，今人無從得知。然而，《孟子》載錄此事，使孔子成為了一位不居聖的聖人，卻是在在可見。

子貢的回答、孟子的引用，司馬遷都看在眼裏。司馬遷撰寫的《史記》，並非一部我們所說的客觀的史書。事實上，史書既有作者，作者難免主觀，能夠做到的只有儘量客觀。而且，不單止孟子的偶像是孔子，司馬遷的偶像也是孔子，更承父命，效法孔子作《春秋》，成就了《史記》的編撰。《春秋》是一部使亂臣賊子懼的典籍，孔子以其筆法寓褒貶於敍事之中。司馬遷的《史記》，要繼承的正是這點。

《史記》裏有兩篇文章跟孔子有直接關係，分別是〈孔子世家〉和〈仲尼弟子列傳〉。司馬遷已經能夠閱讀《論語》，但他所採用的資料絕對不止《論語》。《論語》是語錄體典籍，這類典籍的特色之一，是在絕大部分情況下，我們並不知道對話雙方是在怎樣的語境下促使了這段對話。可是，司馬遷要做的便是依據這樣的語錄體典籍，為孔子的生平事跡作一次全面的編年。「巧婦難為無米之炊」，但即使有米了，要如何炊，卻是費煞思量。這裏牽涉了漢代人對孔子生平的認知，結合了《論語》，以及《禮記》、《左傳》、《孔子家語》等有關孔子的材料。如此龐雜的資料，雖未至於雜亂，但也不容易處理。司馬遷編撰的〈孔子世家〉，就是漢代人對孔子相關文獻的一種理解。從《論語》的「將聖」，《孟子》的「既聖」，到了〈孔子世家〉太史公曰的「至聖」，這無疑就是漢人認識孔子的趨向。

《論語》是一部怎樣的書呢？東漢趙岐在〈《孟子》題辭〉

裏，曾說此書是「五經之輨轄，六藝之喉衿」，即是讀懂五經的關鍵之書。後人要如何理解《論語》，孔門師弟子都管不了。註釋者或自以為有真知灼見，援引者多以為最得孔夫子的弦外之音。班固《漢書》便有一篇奇文，以《論語》所載作為評鑒人物高低的標準，那便是〈古今人表〉。此篇乃是史書裏的千古奇文，題為「古今人表」，卻只有古人而沒有今人。前人學者於此討論甚多，此不贅述。〈古今人表〉只錄古人，以古人行事為準繩；今人見之，自可對號入座。〈古今人表〉所載的古人，不少只見於《論語》；而《論語》一書所載人物甚多，據李零《喪家狗：我讀〈論語〉》所載，書中記錄孔子以前人物 42 位，與孔子同時期的人物 78 位，時代不詳的人物 5 人，當然還少不了孔子及其一眾學生。《論語》品評人物甚眾，而《漢書》取之作為〈古今人表〉人物表列次第的標準，也是對孔子和《論語》的一種理解和轉化，同時也延伸《論語》的用途。

　　漢代時期，孔子已是「至聖」，但孟子仍是諸子百家之一，為了提高地位而付出無盡的努力。當然，這個努力並非孟子親見，孟子本人也無能為力，而是由漢代的研讀者持續為之。這個努力，到了宋代終於取得成功，不單《孟子》成為經書，孟子本人也成為「亞聖」。孟子的成功，追本溯源，有一大功臣，那便是孟子的母親 —— 孟母。孟子是戰國時代人物，但在漢前卻不見任何有關孟母的生平事跡。漢代的《韓詩外傳》和《列女傳》，乃是孟母事跡的根據。而且，孟母對孟子的教導，更與孟子的主張如出一轍。或謂，孟母是孟子的啟蒙老師，也不為過。然而，孟母事跡最早只見於漢代典籍，其實也是漢代對

孟子學說的理解，復以孟子學說加諸孟母身上，便形成傳頌千載的孟母形象。

　　本章以下的三節，正是從司馬遷《史記・孔子世家》、班固《漢書・古今人表》、《韓詩外傳》、劉向《列女傳・鄒孟軻母》等漢人著述，分別討論其時所認識的孔孟。

第一節
司馬遷《史記》的孔子生平

　　孔子生時，禮崩樂壞，諸侯放恣。孔子以匡扶周室，重建周文為己任。孔子一生周遊列國，遊說當時的君主採用己說，「知其不可而為之者」（14.38），明知不可能並始終為之不斷。孔子多次前往衛國，衛靈公終不能重用孔子；到宋國，桓魋欲加害之；至鄭國，在郭東門與學生失散；在陳蔡之地遇厄，有賴楚昭王興師以迎才得到解圍。總之，當時的君主皆不重用孔子，孔子只能退而著書，「垂空文以斷禮義，當一王之法」。

　　孔子死後數百年，而有司馬遷。司馬遷崇拜孔子，在《史記》書中舉目可見，最明顯是將孔子的生平事跡置於〈世家〉之下。司馬遷遊歷非常豐富精彩，據《史記・太史公自序》所言：「二十而南游江、淮，上會稽，探禹穴，闚九疑，浮於沅、湘；北涉汶、泗，講業齊、魯之都，觀孔子之遺風，鄉射鄒、嶧；戹困鄱、薛、彭城，過梁、楚以歸。於是遷仕為郎中，奉使西征巴、蜀以南，南略邛、筰、昆明，還報命」。司馬遷於

此自言 20 歲便開始南遊江淮地區，登上會稽山，探察禹穴，
觀覽九嶷山，泛舟於沅江、湘江之上；北渡大汶河、泗水，
在齊、魯兩地的都會研討學問，並且考察孔子的遺風，更在鄒
縣、嶧山行鄉射之禮；在鄱、薛、彭城等地遭逢困厄，最後途
經梁、楚之地回到家鄉。其中「北涉汶、泗，講業齊、魯之都，
觀孔子之遺風，鄉射鄒、嶧」，對其編撰孔子事跡至為重要。
在《史記‧孔子世家》裏，司馬遷又自言曾經親臨孔府與孔廟。
「余讀孔氏書，想見其為人。適魯，觀仲尼廟堂車服禮器，諸
生以時習禮其家，余祗徊留之不能去云。」梁啟超云：「司馬遷
作〈孔子世家〉，自言『適魯，觀仲尼廟堂車服禮器，諸生以時
習禮其家，祗徊留之不能去焉』。作史者能多求根據於此等目
覩之事物，史之最上乘也。」[1] 指出司馬遷撰寫〈孔子世家〉之
資料來源，包括田野考察。張大可指出司馬遷用多種途徑搜求
史料，其中所提及的「車服禮器」，即屬「文物與圖像」一類。[2]
由是觀之，實地實物考察構成司馬遷考證孔子生平重要一環。

　　至於〈孔子世家〉之寫作年代，李長之指出：「篇中雖有
『適魯觀仲尼廟堂車服禮器，諸生以時習禮其家，余祗徊留之，
不能去云』語，但決不是二十歲遨遊之際作。這是因為篇中又
有『安國為今皇帝博士，早卒，安國生卬，卬生驩』字樣，查安
國約卒於公元前 126 年以後，倘卒時為三十左右，後二十年可

1　梁啟超：《中國歷史研究法》（台北：台灣商務印書館，1966 年），第四章〈說
　　史料〉，頁 59-60。

2　張大可：《史記文獻研究》（北京：民族出版社，1999 年），頁 150。

以有孫，是歡之生可能在公元前 106 年左右，〈孔子世家〉當作於此時。」[3] 篇中既能寫及孔安國之孫，而司馬遷又曾向孔安國問故，[4] 則證明不能於二十歲遨遊之時成篇。所言二十者，顯為日後回憶前事的寫法。

　　孔子的生平事跡有不少爭議，李零云：「前人辨偽，於各書的可信度向有成說，如研究孔子生平，學者習慣上認為，只有《論語》是真孔子言，《左傳》、《孟子》、大小戴《記》次之，諸子皆可疑，《史記》等漢代人的說法又等而下之。這種看法有一定道理，但不能奉為規矩準繩。《孔子家語》和《孔叢子》，在學者心目中，一向是與《古論》、《古文尚書》及孔安國傳屬於同一組懷疑對象，但從出土竹簡看，還是很有所本。」[5] 又云：「我的建議是，了解孔子本人，可讀《史記‧孔子世家》；了解他的學生，可讀《史記‧仲尼弟子列傳》。」[6] 比合而論，《論語》與《史記》實為後人考察孔子生平之關鍵。然而，《論語》書成於漢，司馬遷所見的史料不可能只有《論語》，必較此為多，故下文先整理《論語》所載孔子生平，次及孔子生平繫年具爭議處，復考司馬遷在〈孔子世家〉所述孔子之遊歷，以及重新探討司馬遷載錄孔子於〈世家〉之原委。

3　李長之：《司馬遷之人格與風格》(北京：三聯書店，1984 年)，頁 150-151。

4　班固：《漢書》(北京：中華書局，1962 年)，卷 88，頁 3607。

5　李零：《喪家狗：我讀〈論語〉》(太原：山西人民出版社，2007 年)，頁 1 註 2。

6　李零：《喪家狗：我讀〈論語〉》(太原：山西人民出版社，2007 年)，頁 1。

一、《論語》所載孔子生平事跡

　　《論語》乃語錄體典籍，編排蕪雜，各篇各章之間的關係並不明晰。至於《論語》所載各章節與孔子生平之關係，前人學者關心頗多，雖有爭議，仍多採作編排孔子生平之根據。南宋胡仔撰有《孔子編年》五卷，其父胡舜陟作序，以為「惟《論語》為可信，足以證諸家之是非。」[7] 胡氏譜乃今所見最早之孔子年譜。元人程復心在《孔子論語年譜》開宗明義，以《論語》作為編次孔子生平之根據。書末云：「孔子生卒年月，嚮多聚訟，而仕止久速，先後紛糅，其孰從而辯之。所憑據者，《左傳》、《公羊》、《穀梁》、《國語》、《家語》、《史記‧孔子世家》及〈弟子列傳〉、《韓詩傳》諸書為最古而近真。然就諸書之中，已自齟齬難合。」[8] 以《論語》為本，諸書為輔，雖皆先秦兩漢典籍，但所載已有差異。今考《論語》所載，有可據以加入孔子生平編年者，舉例而言，《論語‧述而》：「加我數年，五十以學《易》，可以無大過矣。」(7.17) 皇侃《義疏》云：「當孔子爾時，年已四十五六，故云『加我數年，五十而學《易》』也。」[9] 皇侃以為此話當為孔子 45、46 歲時所說。錢穆評皇侃說：「此無確據，但亦近似。」[10] 朱熹云：「此章之言，《史記》作為『假我

7　胡舜陟：〈原序〉，載胡仔：《孔子編年》（上海：上海古籍出版社，1987 年），原序，頁 1a。

8　程復心：《孔子論語年譜》（北京：北京圖書館出版社據民國九年影印本，1999 年），頁 41a-b。

9　皇侃：《論語義疏》（北京：中華書局，2013 年），卷 4，頁 167。

10　錢穆：《孔子傳》（台北：東大圖書公司，1991 年），頁 22。

數年，若是我於《易》則彬彬矣』。加正作假，而無五十字。蓋是時，孔子年已幾七十矣，五十字誤無疑也。」[11]朱熹以「五十」二字為誤，以為孔子此話之時，蓋已七十。程復心在《孔子論語年譜》則將此條繫於孔子 47 歲，謂「是歲孔子始讀《易》」。[12]雖有爭議，惟據此繫年之心則諸家皆然。

又如《論語・顏淵》云：

> 齊景公問政於孔子。孔子對曰：「君君，臣臣，父父，子子。」公曰：「善哉！信如君不君，臣不臣，父不父，子不子，雖有粟，吾得而食諸？」（12.11）

韋政通在《孔子》將此條繫於魯昭公二十六年（前 516 年），即孔子 36 歲之時。當時孔子在齊國。《論語集釋》引《論語後錄》云：「夫子以昭公之二十五年至齊，當景公三十年。是時陳僖公子乞專政，行陰德於民，景公弗能禁，是不能君君臣臣也。」[13]《論語後錄》亦以此話繫在魯昭公二十五年之後。

又如《論語・季氏》：「天下有道，則禮樂征伐自天子出；天下無道，則禮樂征伐自諸侯出。自諸侯出，蓋十世希不失矣；自大夫出，五世希不失矣；陪臣執國命，三世希不失矣。天下有道，則政不在大夫。天下有道，則庶人不議。」（16.2）

11　朱熹：《四書章句集註》（北京：中華書局，1983 年），論語集註卷 4，頁 97。

12　《孔子論語年譜》，頁 9a-b。

13　程樹德：《論語集釋》（北京：中華書局，1990 年），卷 25，頁 855 引。

此中提及「陪臣報國命」,《論語集解》引馬融云:「家臣陽虎為季氏家臣,至虎三世而出奔齊。」[14] 以為此處「陪臣」當為陽虎,然則此語應出現於陽虎囚季桓子以後。魯定公五年(前505 年),陽虎拘禁季桓子的嬖臣仲梁懷,季桓子怒,陽虎因而囚禁季桓子。此後,陽虎大權在握,孔子「陪臣執國命」語當出此時。

　　以上略舉三例說明《論語》所載條目作為史事繫年之根據。後人編寫孔子生平,亦多據《論語》某部分章節為之。至於後世編撰孔子傳記者,復多據《論語》所載,並稍加繫年。錢穆《孔子傳》將孔子生平分為八章,題目分別為:孔子的先世、孔子之生及其父母之卒、孔子之早年期、孔子之中年期、孔子五十歲後仕魯之期、孔子去魯周遊、孔子晚年居魯和孔子之卒。

錢穆《孔子傳》採用《論語》章節

各章篇題	採用《論語》章節 *	總數
孔子的先世	—	0
孔子之生及其父母之卒	—	0
孔子之早年期	2.4, 8.12, 9.6, 3.15, 2.4	5
孔子之中年期	7.7, 3.1, 7.14, 7.6, 12.11, 1.10, 18.3, 2.21, 7.17, 11.26, 7.16, 5.7, 9.14, 5.26	14

14　《論語註疏》,載《十三經註疏(整理本)》(北京:北京大學出版社,2000 年),卷 16,第 255 頁。

各章篇題	採用《論語》章節 *	總數
孔子五十歲後仕魯之期	17.1, 17.5, 16.3, 2.4, 1.1, 6.9, 11.25, 6.4, 14.1, 3.19, 13.15	11
孔子去魯周遊	14.36, 18.4, 13.9, 14.39, 9.13, 3.24, 9.5, 11.23, 17.7, 6.28, 3.13, 15.1, 15.7, 13.7, 6.24, 7.23, 15.2, 13.16, 13.18, 7.19, 18.5, 18.6, 18.7, 5.22, 7.15, 13.3, 14.38, 5.15	28
孔子晚年居魯	16.1, 6.8, 11.24, 3.6, 13.14, 11.17, 6.12, 2.19, 12.17, 12.18, 12.19, 2.20, 14.21, 11.1, 11.2, 11.3, 7.11, 15.11, 6.11, 11.9, 11.8, 11.10, 11.11, 6.3, 6.7, 9.11, 12.1, 9.21, 13.2, 6.1, 12.7, 15.3, 5.9, 11.19, 19.22, 9.6, 19.23, 19.24, 19.25, 6.13, 13.17, 6.14, 17.4, 12.9, 4.15, 7.6, 9.6, 9.2, 16.13, 5.28, 7.34, 2.17, 11.12, 9.8, 7.8, 6.30, 7.30, 9.15, 8.8, 2.23, 3.9, 3.14, 7.5, 9.3, 3.4, 3.3	66
孔子之卒	—	0
	總數	124

* 章節按《孔子傳》出現次序排列。部分《論語》章節曾重複使用，均按次序排列。

準上所見，錢穆《孔子傳》共使用《論語》124 章，今考《論語》全書 486 章，[15] 然則可供錢穆編年者僅佔全書四分之一。韋政通《孔子》載有「孔子年表」，亦將《論語》裏可堪繫年者編次其中，數量較錢穆的《孔子傳》少。

15　各家分章或有不同，此據楊伯峻《論語譯註》而來。又，《論語・鄉黨》本為 1 章，然文字頗長，不利閱讀，是以楊伯峻將其分為 27 節。上文謂《論語》全書共 486 章者，以〈鄉黨〉全篇作一章計算。

「孔子年表」使用的《論語》內文

韋政通《孔子》中的「孔子年表」	「孔子年表」所使用的《論語》內文
周敬王二十一年，魯定公十一年（前499年），53歲	《論語》載孔子與定公兩次問答，約在此時： (1) 定公問：「君使臣，臣事君，如之何？」孔子對曰：「君事臣以禮，臣事君以忠。」(3.19) (2) 定公問：「一言而可以興邦，有諸？」孔子對曰：「言不可若是其幾也。人之言曰：『為君難，為臣不易。』如知為君之難也，不幾乎一言而興邦乎？」曰：一言而喪邦，有諸？」孔子對曰：「言不可以若是其幾也。人之言曰：『予無樂乎為君，唯其言而莫予違也。』如其善而莫之違也，不亦善乎？如不善而莫之違也，不幾乎一言而喪邦乎？」(13.15)
周敬王二十三年，魯定公十三年（前497年），55歲	到達衛國邊境，一位官名「封人」的邊防官請求見孔子。見了以後，向弟子們說：「二三子，何患於喪乎（指孔子在魯喪失官位事），天下之無道也久矣！天將以夫子為木鐸」(3.24)。
周敬王二十八年，魯哀公三年（前492年），60歲	孔子在到陳國的途中，路過宋國，宋司馬桓魋欲殺孔子，孔子曰：「天生德於予，桓魋其如予何」！(7.23)、(《史記・孔子世家》)

　　準此，韋政通「孔子年表」引錄《論語》原文，繫年編次。較諸錢穆《孔子傳》全書作考辨而言，韋書之重點稍有不同，純以載錄為務。考之韋氏「孔子年表」全文，據《論語》載錄的情況如下：

「孔子年表」採用《論語》章節

韋政通《孔子》中的「孔子年表」	《論語》章節 [16]*
周景王八年，魯昭公五年（前 537 年），15 歲	2.4
周敬王四年，魯昭公二十六年（前 516 年），36 歲	12.11
周敬王十六年，魯定公六年（前 504 年），48 歲	16.2
周敬王十八年，魯定公八年（前 502 年），50 歲	17.5
周敬王二十一年，魯定公十一年（前 499 年），53 歲	3.19, 13.15
周敬王二十三年，魯定公十三年（前 497 年），55 歲	3.24
周敬王二十四年，魯定公十四年（前 496 年），56 歲	9.5, 17.7, 6.28
周敬王二十八年，魯哀公三年（前 492 年），60 歲	7.23, 5.22
周敬王三十一年，魯哀公六年（前 489 年），63 歲	15.2, 18.5, 18.6, 18.7, 13.16
周敬王三十二年，魯哀公 7 年（前 488 年），64 歲	13.3
周敬王三十七年，魯哀公 12 年（前 483 年），69 歲	9.15, 2.19, 12.17
周敬王四十年，魯哀公 15 年（前 480 年），72 歲	12.18

* 章節序次按「孔子年表」出現的次序。

準此，韋政通《孔子》之「孔子年表」只採用《論語》中的 22 章加以繫年，就全書 486 章而言，只屬少數。

　　大抵前人學者考證孔子生平，多以《論語》為本。唯《論

16　只錄與孔子生平相關章節，韋政通「孔子年表」載錄部分《論語》章節與孔子生平無關。例如「周景王二年，魯襄公三十年（前 543 年），9 歲」條下，韋政通援引兩節《論語》論子產在鄭國執政之文（5.16，14.9）。此雖皆出《論語》，但純為孔子評論他人，且韋氏錄之亦非因其為孔子 9 歲之言，純粹因子產於此時在鄭國執政。因此，本文上表不統計此類與孔子生平無關之《論語》章節。（《孔子》，頁 274。）

語》本身並非編年體，孔子言行不可繫年者佔絕大多數。因此，〈孔子世家〉雖非年譜，卻是第一部將孔子行事繫年之傳記。後人編撰孔子年譜，亦多參考〈孔子世家〉，並討論司馬遷考證孔子生平之當否。

二、《史記・孔子世家》與孔子生平

　　《史記》採錄文獻頗多，至於孔子及孔門弟子生平事跡，則多採《論語》為文，成〈孔子世家〉及〈仲尼弟子列傳〉二篇。林春溥〈孔子世家補訂序〉云：「遷所採輯，不外《論語》、三《傳》、《國語》、〈檀弓〉、《家語》、《晏子》諸書。」[17] 林氏所論亦冠《論語》為首，其言是矣。〈孔子世家〉引《論語》共 57 次，其中引用〈述而〉最多，共 13 次，次則〈子罕〉9 次。《論語》20 篇，〈孔子世家〉嘗徵用者包括〈為政〉、〈八佾〉、〈公冶長〉、〈雍也〉、〈述而〉、〈子罕〉、〈鄉黨〉、〈先進〉、〈顏淵〉、〈子路〉、〈憲問〉、〈衛靈公〉、〈陽貨〉、〈微子〉等 14 篇；未嘗採用者則僅〈學而〉、〈里仁〉、〈泰伯〉、〈季氏〉、〈子張〉、〈堯曰〉6 篇而已。由是觀之，司馬遷撰寫〈孔子世家〉時，採用《論語》甚多，範圍亦大。[18]

17　林春溥：《孔子世家補訂》（台北：世界書局，1961 年），序，頁 1a。

18　《史記・仲尼弟子列傳》亦多引《論語》，考之全篇，亦引 57 次。其中引用〈先進〉者最多，共 12 次，次則〈公冶長〉11 次。〈仲尼弟子列傳〉嘗徵引《論語》篇章包括〈學而〉、〈為政〉、〈八佾〉、〈公冶長〉、〈雍也〉、〈述而〉、〈子罕〉、〈先進〉、〈顏淵〉、〈子路〉、〈憲問〉、〈衛靈公〉、〈陽貨〉、〈子張〉等。考之《論語》全書，〈先進〉、〈公冶長〉等篇章多為孔門師生對話，學生出現頻率較高，因此多採入〈仲尼弟子列傳〉。

　　據前人學者共識，《論語》乃孔子生平最可靠的資料，〈孔子世家〉將孔子生平與《論語》緊扣為文。如果將〈孔子世家〉改成編年體，就能更清晰地看到司馬遷利用《論語》及其他材料以考證孔子生平。

〈孔子世家〉所載孔子生平年譜

紀年	事件	典籍依據 *
襄公二十二年 前 551 年 1 歲	孔子生	《公羊》謂襄公二十一年，與《史記》不同。
	生而叔梁紇死	《家語》謂生三歲而梁紇死，與《史記》不同
昭公七年 前 535 年 17 歲	魯大夫孟釐子病且死，命孟懿子往孔子處學禮	《左傳・昭公七年》 《家語・觀周》
司馬遷將此等事繫於孔子 17 歲至 30 歲之間	為季氏史、司職史	《孟子・萬章下》10.5
	南宮敬叔與孔子適周，見老子	《莊子》謂孔子年五十一，南見老聃，與《史記》不同。 《家語・觀周》
昭公二十年 前 522 年 30 歲	齊景公與晏子適魯，[19] 見孔子，與語三日，大悅	《家語・賢君》
昭公二十五年 前 517 年 35 歲	魯國內亂，齊處昭公乾侯，孔子適齊	《左傳》 《呂氏春秋・察微》

19　《史記・十二諸侯年表》亦言魯昭公二十年，「齊景公與晏子狩，入魯問禮。」（《史記》，卷 14，頁 656。）

（續前表）

紀年	事件	典籍依據*
昭公二十六年 前 516 年 36 歲	景公問政，晏嬰勸景公不要重用孔子，離齊返魯	《晏子》、《墨子》 《論語》7.14, 12.11, 18.3
昭公三十二年 前 510 年 42 歲	昭公卒，定公立	《家語》
定公五年 前 505 年 47 歲	季桓子問孔子穿井，得土缶	
	吳使問孔子骨節專車	《國語・魯語》 《家語・辨物》
其秋	陽虎執仲梁懷、季桓子，陪臣執國命	《左傳・定公五年》
定公八年 前 502 年 50 歲	公山不狃與陽虎為亂	
定公九年 前 501 年 51 歲 [20]	公山不狃以費畔，孔子欲往	《論語》17.5
	為中都宰、司空、大司寇	《家語・相魯》
定公十年 前 500 年 52 歲	齊魯夾谷之盟。《史記・十二諸侯年表》：「十公會齊侯於夾谷。孔子相。齊歸我地。」	《家語・相魯》 《左傳・定公十年》 《穀梁傳・定公十年》

20　韓兆琦《史記箋證》註「是時孔子年五十」句，云：「應作『年五十一』。」（韓兆琦：《史記箋證》，南昌：江西人民出版社，2004 年，頁 3209），今從。

紀年	事件	典籍依據 *
定公十三年 前 497 年 55 歲	墮三都	《左傳》載在定公十二年
定公十四年 前 496 年 56 歲	攝行相事，誅 少正卯	《家語・相魯》、〈始誅〉 《呂氏春秋・樂成》 《荀子・宥坐》 《尹文子・大道下》
	齊致女樂文馬，孔 子離魯。	《家語・子路初見》 《孟子・告子下》
	在衛國，居十月	
	困於匡地	《論語》11.23, 9.5
定公十五年 前 495 年 57 歲	孔子見南子， 為次乘	《論語》6.28, 9.18, 15.13 《家語・七十二弟子解》
	去曹適宋，宋司馬 桓魋欲殺孔子	《論語》7.23
	孔子適鄭，獨立 郭東門	《家語・困誓》
	至陳，主於司城 貞子家	
魯哀公元年 前 494 年 58 歲	有隼集於陳廷而死	
	居陳三歲，去陳	《論語》5.22
	與蒲人鬥	《家語・困誓》
	衛靈公郊迎孔子	《家語・困誓》
	衛不用孔子，去衛	《論語》13.10
	佛肸以中牟畔	《論語》17.7
	遇見荷蕢過門者	《論語》14.39

（續前表）

紀年	事件	典籍依據 *
魯哀公元年 前 494 年 58 歲	孔子學鼓琴師襄子	《韓詩外傳》卷五 《家語・辯樂解》
	西見趙簡子	《家語・困誓》
哀公二年 前 493 年 59 歲	靈公問兵陣	《論語》15.1
哀公三年 前 492 年 60 歲	衛靈公卒，出公立	《左傳》在哀公二年
夏	孔子在陳	
秋	季桓子病，康子 立，冉求歸魯	《論語》5.22
哀公四年 前 491 年 61 歲	孔子自陳遷於蔡	
哀公五年 前 490 年 62 歲	孔子自蔡如葉，葉 公問政，葉公問孔 子於子路	《論語》13.16, 7.19
	遇見長沮、桀溺	《論語》18.6
	遇荷蓧丈人	《論語》18.7
哀公六年 前 489 年 63 歲	陳蔡遇圍	《論語》15.2 《家語・在厄》 《韓詩外傳》卷七 《荀子・宥坐》
	子貢色作	《論語》15.3
	以「匪兕匪虎，率 彼曠野」問子路、 子貢、顏淵	《家語・在厄》

紀年	事件	典籍依據 *
哀公六年 前 489 年 63 歲	楚昭王以書社地封孔子	
	遇楚狂接輿	《論語》18.5
	自楚反乎衛	
哀公七年 前 488 年 64 歲	吳與魯會繒	
	魯衛之政兄弟也	《論語》13.7
	衛君待子而為政	《論語》13.3
哀公十一年 前 484 年 68 歲	冉有與齊戰於郎，以幣迎孔子，孔子歸魯	《家語·正論解》 《左傳·哀公十一年》
	魯哀公問政	《論語》2.19, 12.22
	孔子整理六經	《論語》3.9, 2.23, 3.14
	孔子語魯大師	《論語》3.23
	整理《詩經》	《論語》9.15
	晚而喜《易》	《論語》7.17
	三千弟子	
	子以四教、於鄉黨、飲食態度、是日哭則不歌、三人行、修德講學、使人歌、不語怪力亂神	《論語》7.25, 9.4, 7.13, 9.1, 7.8, 10.1, 10.2, 10.4, 10.3, 10.20, 10.8, 10.12, 7.9, 7.10, 10.25, 7.22, 7.3, 7.32, 7.21
	天道性命不可聞、顏淵喟然歎曰、達巷黨人、不試故藝	《論語》5.13, 9.11, 9.2, 9.7

（續前表）

紀年	事件	典籍依據 *
哀公十四年 前 481 年 71 歲	西狩獲麟、河不出圖、顏淵死、不怨天，不尤人、古之逸民	《論語》9.9, 11.9, 14.35, 18.8
	編撰《春秋》	《論語》15.20
	在位聽訟	
哀公十五年 前 480 年 72 歲	子路死、負仗逍遙、奠兩柱之間	《論語》3.24
哀公十六年 21 前 479 年 73 歲	孔子卒	《左傳》
	哀公誄辭	《左傳・哀公十六年》
	弟子守喪、高祖祭孔	《家語・終記解》
	孔子後人	
	太史公曰	

* 序次按〈孔子世家〉出現的先後。

21　前人學者據孔子生平以編次春秋紀年，如劉坦云：「據〈魯世家〉載哀公『十六年，孔子卒。』〈晉世家〉載定公『三十三年，孔子卒。』〈魯年表〉載哀公十六年『孔子卒。』亦在晉定公三十三年。是魯哀公十六年，與晉定公三十三年同年。」（劉坦：《史記紀年考》，北京：商務印書館，2017 年，頁 138。）

以上為據〈孔子世家〉所載孔子生平而得之編年，其中「典籍
依據」一欄，臚列有可能之文獻根據。自司馬遷在〈孔子世家〉
裏草創孔子生平繫年以後，後世學者多有批評，如司馬貞在
《史記索隱》已屢屢指出司馬遷未是之處。更有甚者，即使《史
記》一書之中，〈孔子世家〉所載亦與〈十二諸侯年表〉時有不
同。劉坦云：「《史記》紀年之疏略牴牾，歷代學者已多所述。」[22]
其實，即使同為先秦文獻，各書所見之孔子編年亦未見一致，
司馬遷或在兩篇各有所本，故未能完全相同，固其然也。韓兆
琦云：「〈孔子世家〉是司馬遷根據《論語》、《左傳》、《孟子》、
《禮記》等書中的舊有資料加以排比、譜列而成的。其原始材
料雖然多數為舊有，但其譜列工作在很大的程度上則是出於司
馬遷的獨創，因為迄今為止，我們還沒有發現先秦的古籍中有
過孔子的傳記或是年譜一類的東西，因此〈孔子世家〉就成了
遠從漢代以來研究孔子思想生平的最重要的依據之一，在我國
學術史上有着極其重要的地位。」[23] 韓氏所言有理，司馬遷有
首事之功，且難度極大，不可輕誣。前人學者曾對〈孔子世家〉
所載孔子事跡和生平繫年稍有爭議，如崔述《洙泗考信錄》、
梁玉繩《史記志疑》、崔適《史記探源》、江竹虛《孔子事跡考》。
皆其例。下文即舉〈孔子世家〉所載孔子事跡稍有爭議者，以
見《史記》所本及其不足。

22　《史記紀年考》，敍，頁 1。
23　《史記箋證》，頁 3285。

1. 孔子生年

　　江竹虛云：「孔子生年月日問題，二千年來，聚訟紛紜，莫衷一是。」[24] 其實所謂「聚訟紛紜」者，只有二說，一為《春秋公羊傳》、《穀梁傳》於襄公二十一年（前 552 年）載孔子生，二為《史記》謂孔子生於襄公二十二年（前 551 年）。[25] 江氏又統計後世學者依從兩種說法之多寡，其曰：「計從《公》、《穀》之說者，自賈逵、何休、服虔以下，至狄子奇，凡三十有五家。從《史記》之說者，自杜預、王嘉、陸德明以下，至成蓉鏡，凡六十家。」[26] 江氏分析詳審，以為後世所以偏向相信《史記》有五大原因，其中司馬遷首為孔子立傳，至今最古，尤其重要。錢穆在《先秦諸子繫年》首篇〈孔子生年考〉亦以為《史記》之說稍勝，[27] 及其《孔子傳》亦以襄公二十二年之說為是。[28] 至於近年南昌海昏侯墓出土屏風，因有孔子畫像以及孔子行事記載，因而再次引起孔子生年之討論。其中「魯昭公六年，孔

24　江竹虛：《孔子事跡考》（上海：上海古籍出版社，2008 年），頁 179。

25　〈孔子世家〉、〈魯周公世家〉、〈十二諸侯年表〉俱載孔子生，並云襄公二十二年。

26　《孔子事跡考》，頁 181。

27　錢穆：《先秦諸子繫年》（北京：商務印書館，2002 年），頁 2。孔子生年二說雖然只有一年之差，然而二千年來聚訟不休，錢穆云：「今謂孔子生前一年或後一年，此僅屬孔子私人之年壽，與世運之升降，史跡之轉換，人物之進退，學術之流變，無足重輕如毫髮。而後人於此，月之日之，考論不厭其詳。而他學者，如老莊，如楊墨，則人之有無，世之先後，年之夭壽，茫不加察，晦淪終古，是烏足當知人論世之實哉？」（《先秦諸子繫年》，頁 2。）此乃錢先生有感而發，知孔子生年雖然只差一年，然必細加考察，方可為實。

28　《孔子傳》，頁 6-7。

子蓋卅矣」一句，如果昭公六年孔子年蓋 30，則孔子生年當在前 565 年左右，與聚訟二千年之襄公二十一年（前 552 年）與二十二年（前 551 年）之爭差異頗大。[29] 然而，觀乎孔子屏風所見其他文字，則與《史記・孔子世家》所載相吻合。因此，曹景年指出「六」字當為「十八」之誤，[30] 邵鴻則謂「六」乃「廿」字之訛。[31] 此外，亦有可能緣於漢代有多於一種魯國紀年之說法。無論如何，學者討論之重點皆在「魯昭公六年」句當有問題，而非孔子是否生於前 565 年。司馬遷以孔子生於襄公二十二年之說仍為今人學者之共識。

2. 孟懿子向孔子學禮

魯昭公七年（前 535 年），孔子 17 歲，魯大夫孟僖子病重，命繼承人孟懿子往孔子處學禮。司馬貞《史記索隱》云：「昭公七年《左傳》云『孟僖子病不能相禮，乃講學之，及其將死，召大夫』云云。按：謂病者，不能禮為病，非疾困之謂也。至二十四年僖子卒，賈逵云『仲尼時年三十五矣』。是此文誤也。」司馬貞以為司馬遷有誤，孟僖子卒於昭公二十四年（前

29　詳參王楚寧：〈海昏侯墓孔子屏風淺釋〉，見復旦大學出土文獻與古文字研究中心之「學者文庫」，在 2015/12/23 15:40:21 發布。瀏覽於 2017/07/09。

30　詳參曹景年：〈海昏侯出土屏風所載孔子年歲蠡測〉，見復旦大學出土文獻與古文字研究中心之「學者文庫」，在 2016/1/16 13:47:02 發布。瀏覽於 2017/07/09。

31　詳參邵鴻：〈也談海昏侯墓孔子屏風〉，見復旦大學出土文獻與古文字研究中心之「學者文庫」，在 2016/ 2/24 16:24:20 發佈。瀏覽於 2017/07/09。

518 年），孔子當已 34 歲，司馬遷卻將此事繫於 17 歲時。梁玉
繩云：「魯昭公七年孔子年十七，至昭二十四年孟僖子卒，孔
子時年三十四，《左傳》載僖子將死之言於昭七年，終言之也，
而此即敍於孔子年十七時，是史公疏處，《索隱》、《古史》並
糾其誤。」[32] 梁氏所言即指出司馬遷繫年有誤，其說是也。然
細究〈孔子世家〉此文，可見司馬貞、梁玉繩等糾之太過。〈孔
子世家〉言孔子十七歲時孟僖子誠其嗣他日要隨孔子學習，但
沒有道出孟僖子死於何時。是以昭公七年僖子病，至二十四年
卒，而其嗣孟懿子才往孔子處學禮。且司馬遷所據，乃《左傳‧
昭公七年》之文，此可見《史記》行文所本，並非司馬遷妄意為
之。錢穆云：「有《史》本有據，而輕率致誤者。如《左傳》昭
公七年，記及孟釐子卒，《史》遂誤為釐子卒在是年。〈孔子世
家〉因云孔子年十七，孟釐子卒。」[33] 孟僖子病重，與孟懿子往
孔子處學禮，二事未必在同時發生。

3. 孔子適周問老子

　　孔子與南宮敬叔前往周，見老子。此事在《史記》中並無
確切紀年，據前後文觀之，司馬遷將此事置於孔子 17 歲至 30
歲之間。〈孔子世家〉云：「魯南宮敬叔言魯君曰：『請與孔子
適周 。』魯君與之一乘車，兩馬，一豎子俱，適周問禮，蓋見

32　梁玉繩：《史記志疑》（北京：中華書局，1981 年），卷 25，頁 1115。
33　《先秦諸子繫年》，自序，頁 27。

老子云。」瀧川資言云：「曰蓋曰云，未決之辭。孔子見老子，史公又載之於〈老子傳〉，而自疑其有無，故用蓋字云字。」[34] 可見司馬遷使用「蓋」字「云」字，以明其聞疑載疑之情況，即是說雖未完全確實，但載之以廣傳異聞，有待日後學者作進一步的考證。孫德謙在《太史公書義法》有提及「載疑」一項：「子長作史，頗識多聞慎言之旨矣。夫讀書而不善疑，則義理必不能推求。但有疑而不知，姑從其闕，將自信過深，必有妄言之弊，亦非持慎之道也。」[35]「許叔重〈說文序〉有所謂聞疑載疑者，史書義法。即觀於老墨之各載疑辭，不又有載疑之道與。」[36] 聞疑而不廢，具而載之，以待來者，司馬遷所以云「蓋見老子云」也。《莊子‧天運》云：「孔子行年五十有一而不聞道，乃南之沛見老聃。」此處《莊子》載孔子 51 歲時見老子，而《史記》繫之於 30 歲以前。《莊子》所言，未必可信。錢穆云：「孔子適周問禮於老聃，其事不見於《論語》、《孟子》。《史記》所載蓋襲自《莊子》。而《莊子》寓言十九，固不可信。」[37]《莊子》所言未可取信，故司馬遷不繫年於 51 歲，因其時孔子在魯國出仕，不可能適周向老子提問。相較而言，司馬遷將適周見老子事繫於 30 歲以前，實屬權宜之舉，有理可參。陳直《史記新證》云：「武梁祠畫像、射陽石門畫像皆有『孔子見

34　瀧川資言：《史記會註考證》（北京：文學古籍刊行社，1955 年），卷 47，頁 14。

35　孫德謙：《太史公書義法》（台北：台灣中華書局，1985 年），卷上，頁 23a-b。

36　《太史公書義法》，卷上，頁 25a。

37　《先秦諸子繫年》，卷 1，頁 6。

老子畫像』，與此可作參證。」[38] 漢代畫像多有「孔子見老子」
之相關故事，可見司馬遷載錄此事，實屬漢人識見，不應妄
意非之。

4. 齊魯夾谷之會

　　魯定公十年（前 500 年），齊魯夾谷之會，晏子在其中。
〈孔子世家〉載齊魯夾谷之會，其中「有司卻之，不去，則左右
視晏子與景公」句，[39] 晏嬰似乎參與了此事。清人張文虎謂〈孔
子世家〉「又添出晏子一人，實屬誣罔。按晏子代父桓子為大
夫，在魯襄公十七年，是時孔子尚未生，晏子已蔚為人望，言
論丰采，遠近傳播，其非少年可知。乃閱五十六年，至魯定十
年而會於夾谷。時孔子已五十有二，晏子恐未必尚在，即在，
亦未必能與謀此等事也。嘗觀《左氏》記晏子事極詳，其所敷

38　漢代畫像石「孔子見老子」甚多，「國內已發現的漢畫像石『孔子見老子』畫
　　像，主要出土於山東、陝西、河南、四川和江蘇等省，其中以山東嘉祥等地
　　區所見最多，約佔已確認該畫像總數的 80%。據現有資料，山東地區出土的
　　最早的一塊『孔子見老子』畫像石發現於乾隆五十一年（1786 年），即清代書
　　法家黃易等人發現的嘉祥武梁祠（也稱武氏祠）所存『武氏前石室』、『武氏後
　　石室』、『武氏祥瑞圖』等二十餘塊畫像石。」（鄭立君、趙莎莎：《山東漢畫
　　像石〈孔子見老子〉圖像分析》，《孔子研究》2013 年第 1 期，頁 109。）巫
　　鴻《武梁祠：中國古代畫像藝術的思想性》對「孔子見老子」漢畫像石析之甚
　　詳，嘗論及「學者將石刻視為證經補史的材料，對美術形象的解說便不可避
　　免地建立在文獻學基礎之上」，下文即以「孔子見老子」石刻為例加以解說。
　　（巫鴻：《武梁祠：中國古代畫像藝術的思想性》，北京：三聯書店，2006 年，
　　頁 53-54。）

39　《史記》，卷 47，頁 1915。

陳無不備載，乃自魯昭二十六年以後，竟無一言一事見於內外傳，意其人在昭、定之間已經物故」。[40] 張氏所言有理。在《論語》裏，「晏平仲善與人交，久而敬之」(5.17)，記載孔子曾尊稱晏嬰字平仲，又邢昺以為《論語・公冶長》全篇各章「大指明賢人君子仁知剛直」，[41] 則晏嬰當為孔子長輩。《史記・齊世家》云：「四十八年，與魯定公好會夾谷……景公懼，乃歸魯侵地以謝，而罷去。是歲，晏嬰卒」。[42] 齊景公四十八年，即魯定公十年，指晏嬰是年夾谷之會後去世。可見〈孔子世家〉謂景公與晏嬰在夾谷之會上，與〈齊世家〉所言實相為表裏。錢穆云：「若謂晏子即以是年卒，何以《左傳》於魯昭二十六年以後，歷十六年之久，更不載晏子一言一事乎？」[43] 錢穆疑之有理。然而，〈孔子世家〉與〈齊世家〉所言能自圓其說，但晏子是否享高壽至八十多歲，實未可知。其實，齊魯夾谷之會，〈孔子世家〉與《孔子家語・相魯》、《左傳・定公十年》、《穀梁傳・定公十年》有所相合，今排比對讀如下：

40　張文虎：《螺江日記續編》，八杉齋刊本（清光緒八年），卷 1《夾谷之會無晏嬰》，頁 6a。

41　《論語註疏》，載《十三經註疏（整理本）》，卷 5，頁 59。

42　《史記》，卷 32，頁 1505。

43　《先秦諸子繫年》，卷 1，頁 12。

一

《史記》	定公十年春，及齊平。夏，齊大夫黎鉏言於景公曰：「魯用孔丘，其勢危齊。」
《孔子家語》	
《左傳》	
《穀梁傳》	

二

《史記》	乃使使告魯為好會，會　　　　於　　　　夾谷。
《孔子家語》	定公　　　　　與齊侯會于　　　　夾谷。
《左傳》	夏，公　　　　會齊侯　于祝其，實夾谷。
《穀梁傳》	夏，公　　　　會齊侯　于　　　　頰谷。

三

《史記》	魯定公且以乘車好往。孔子攝相事，
《孔子家語》	孔子攝相事，
《左傳》	孔丘相，　彌言於齊侯曰：「孔丘知禮而無勇，若使萊人以兵劫魯侯，必得志焉。」齊侯從之。
《穀梁傳》	公至自頰谷。離會不致，何為致也？危之也。危之則以地致何也？為危之也。其危奈何？曰：頰谷之會，孔子相焉。兩君就壇，兩相相揖，齊人鼓譟而起，欲以執魯君，

四

《史記》	曰：「臣聞有文事者必有武備，有武事者必有文備。
《孔子家語》	曰：「臣聞有文事者必有武備，有武事者必有文備。

五

《史記》	古者諸侯出疆，必具官以從。請具左右司馬。」定公曰：「諾。」
《孔子家語》	古者諸侯出疆，必具官以從，請具左右司馬。」定公從之。

六

《史記》	具左右司馬。會齊侯夾谷，為壇位，土階三等，
《孔子家語》	至會所　　　　　　，為壇　，土階三等，

七

《史記》	以會遇之禮相見，揖讓而　　　登 。獻酬之禮　畢，
《孔子家語》	以　遇　禮相見，揖讓而（荅）〔登〕。獻酢　　既畢，

八

《史記》	齊有司趨而進曰：「請奏四方之樂。」景公曰：「諾。」於是旍旄羽袚矛戟劍撥鼓噪而至。
《孔子家語》	齊使萊人以兵鼓　　，劫定公。

九

《史記》	孔子趨而進，歷階而登，不盡一等，
《孔子家語》	孔子　　　歷階而進，以公退。
《左傳》	孔丘　　　　　　以公退，
《穀梁傳》	孔子　　　歷階而上，不盡一等，

十

《史記》	舉袂而言曰：　　「吾兩君為好會，
《孔子家語》	曰：「士以兵之。　吾兩君為好　，
《左傳》	曰：「士以兵之！　　兩君合好，
《穀梁傳》	而視歸乎齊侯，曰：「兩君合好　，

十一

《史記》	夷狄之樂何為於此！請命有司！」有司卻之，不去，則左右視晏子與景公。
《孔子家語》	裔夷之俘，敢以兵亂之，非齊君所以命諸侯也。裔不謀夏，夷不亂華，俘不干盟，兵不偪好，於神為不祥，於德為愆義，於人為失禮。君必不然。」
《左傳》	而裔夷之俘以兵亂之，非齊君所以命諸侯也。裔不謀夏，夷不亂華，俘不干盟，兵不偪好，於神為不祥，於德為愆義，於人為失禮，君必不然。」齊侯聞之，遽辟之。 將盟，齊人加於載書曰：「齊師出竟而不以甲車三百乘從我者，有如此盟！」孔丘使茲無還揖對，曰：「而不反我汶陽之田，吾以共命者，亦如之！」齊侯將享公。孔丘謂梁丘據曰：「齊、魯之故，吾子何不聞焉？事既成矣，而又享之，是勤執事也。且犧象不出門，嘉樂不野合。饗而既具，是棄禮也；若其不具，用秕稗也。用秕稗、君辱，棄禮、名惡。子盍圖之！夫享、所以昭德也。不昭，不如其已也。」乃不果享。齊人來歸鄆、讙、龜陰之田。
《穀梁傳》	夷狄之民何為來？為命司馬止之。」

十二

《史記》	景公心怍，麾而去之。有頃，齊有司趨而進曰：「請奏宮中之樂。」
《孔子家語》	齊侯心怍，麾而避之。有頃，齊 ⋯⋯ 奏宮中之樂，
《穀梁傳》	齊侯逡巡而謝曰：「寡人之過也。」退而屬其二三大夫，曰：「夫人率其君與之行古人之道，二三子獨率我而入夷狄之俗，何為？」罷會。

十三

《史記》	景公曰：「諾。」 優倡侏儒為戲而前。
《孔子家語》	俳優 侏儒 戲於前。
《穀梁傳》	齊人使優施舞於魯君之幕下，孔子曰：「笑君者罪當死。」

十四

《史記》	孔子趨而進，歷階而登，不盡一等，
《孔子家語》	孔子趨 進，歷階而上，不盡一等。
《左傳》	
《穀梁傳》	

十五

《史記》	曰：「匹夫而營惑諸侯者 罪當誅！請命有司！」
《孔子家語》	曰：「匹夫 熒侮諸侯者，罪應誅，請右司馬速加刑焉。」
《左傳》	
《穀梁傳》	

十六

《史記》	有司如法焉　，手足異處。景公懼而動，
《孔子家語》	於是斬侏儒　，手足異處。齊侯懼，
《左傳》	
《穀梁傳》	使司馬行法焉，首足異門而出。

十七

《史記》	知義不若，歸而大恐，告其羣臣曰：
《孔子家語》	※ 齊侯　歸　　，責其羣臣曰：
《左傳》	
《穀梁傳》	

十八

《史記》	「魯以君子之道輔其君，而子獨以夷狄之道教寡人，
《孔子家語》	「魯以君子　道輔其君，而子獨以夷翟　道教寡人，使得罪。」
《左傳》	
《穀梁傳》	

十九

《史記》	使得罪於魯君，為之柰何？」有司進對曰：
《孔子家語》	
《左傳》	
《穀梁傳》	

二十

《史記》	「君子有過則謝以質，小人有過則謝以文。君若悼之，則謝以質。」
《孔子家語》	
《左傳》	
《穀梁傳》	

二十一

《史記》	於是齊侯乃歸所侵魯之鄆、　汶陽、龜陰之田以謝過。
《孔子家語》	於是　　乃歸所侵魯之四邑及汶陽　　之田。
《左傳》	
《穀梁傳》	齊人來歸鄆、讙、龜陰之田者，蓋為此也。因是以見雖有文事，必有武備，孔子於頰谷之會見之矣。

據以上對讀所見，〈孔子世家〉有關齊魯夾谷之會之文，有與《孔子家語・相魯》、《左傳・定公十年》、《穀梁傳・定公十年》互見。此事司馬遷撰文當有所本。四書之中，《史記》與《孔子家語》之文字最為相近，二者當有承襲關係，或來源相同。然而《史記》「則左右視晏子與景公」，他書皆未載，未知司馬遷所據，故後世學者所疑有理，晏嬰究竟有否參與其中，尚待更多證據加以證實。

5. 墮三都

　　魯定公十三年（前 497 年），孔子墮三都。考諸《春秋》三傳，諸家皆以為墮三都乃在定公十二年（前 498 年），與司馬遷所記有誤。錢穆云：「墮都之事，在定公十二年，〈世家〉誤在十三年。」[44] 余有丁云：「按《春秋》記定公十二年墮郈墮費，而《史》誤以為十三年。〈年表〉定公十二年孔子去魯，而〈世家〉又以為十四年孔子去魯。前後矛盾，蓋定公十二年孔子年五十四，由大司寇攝行相事，於是墮郈墮費，三月，魯大治，齊人懼，餽女樂以阻之，孔子遂行。正值魯十月有事於郊之日，其圍成弗克，在冬十二月。此時孔子已去魯矣。《史記》必誤。」[45] 余氏所言是也。故墮三都、孔子去魯等事，司馬遷編年當誤。

6. 孔子去魯

　　魯定公十四年（前 496 年），孔子去魯。〈孔子世家〉載孔子於定公十四年行攝相事，使魯國大治。齊人以美女文馬獻乎魯君，季桓子受之，且郊不致膰，遂使孔子去魯。《史記·十二諸侯年表》記載魯定公十二年：「齊來歸女樂，季桓子受之，孔子行。」與〈孔子世家〉載在定公十年不同。又，〈十二諸侯年表〉記載衛靈公三十八年（魯定公十三年）「孔子來，祿

44　《先秦諸子繫年》，卷 1，頁 26。
45　凌稚隆：《史記評林》（天津：天津古籍出版社，1998 年），卷 47，頁 9b-10a 眉批。

之如魯」、陳湣公六年（魯定公十四年）「孔子來」。如按〈孔子世家〉之編年，孔子於定公十四年才離魯，與〈十二諸侯年表〉載在定公十二年不同，更不可能在定公十三年適衛、定公十四年適陳。由是觀之，〈孔子世家〉將孔子去魯繫於定公十四年，當誤。崔述云：「孔子之去魯當在定十二年秋冬之間，〈孔子世家〉誤也。又〈十二諸侯年表〉，去魯亦在定十二年，與〈魯世家〉合，當從之。」[46] 崔説可從。

7. 孔子去曹適宋

〈孔子世家〉將此事繫於魯定公卒以後。〈孔子世家〉提及「孔子去曹適宋」，裴駰《集解》引徐廣曰：「〈年表〉定公十三年，孔子至衛；十四年，至陳；哀公三年，孔子過宋。」[47] 魯定公卒於前 495 年；而哀公三年已是前 492 年。〈十二諸侯年表〉載宋景公二十五年（魯哀公三年），「孔子過宋，桓魋惡之」，[48] 乃徐廣所本。考〈孔子世家〉後文有「吳敗越王勾踐會稽」，而此事當在吳王夫差二年，越王勾踐三年，魯哀公元年（前 494 年）。因此哀公三年孔子去曹適宋，自不可繫於哀公元年，吳敗越事前，當亦司馬遷繫年之誤。

46　崔述：《洙泗考信錄》，載《崔東壁遺書》（上海：上海古籍出版社，1983 年），頁 288。

47　《史記》，卷 47，頁 1921。

48　又，《史記・宋微子世家》載宋景公「二十五年，孔子過宋，宋司馬桓魋惡之，欲殺孔子，孔子微服去」，與〈十二諸侯年表〉繫年相同。

8. 陳蔡遇圍

　　魯哀公六年（前 489 年），孔門師弟子於陳、蔡之地遇圍，孔子並與子路、子貢、顏淵對答。〈孔子世家〉載之如下：

　　　　孔子知弟子有慍心，乃召子路而問曰：「《詩》云
　　　　『匪兕匪虎，率彼曠野』。吾道非邪？吾何為於此？」子路
　　　　曰：「意者吾未仁邪？人之不我信也。意者吾未知邪？人
　　　　之不我行也。」孔子曰：「有是乎！由，譬使仁者而必信，
　　　　安有伯夷、叔齊？使知者而必行，安有王子比干？」

　　　　子路出，子貢入見。孔子曰：「賜，《詩》云『匪兕匪
　　　　虎，率彼曠野』。吾道非邪？吾何為於此？」子貢曰：「夫
　　　　子之道至大也，故天下莫能容夫子。夫子蓋少貶焉？」孔
　　　　子曰：「賜，良農能稼而不能為穡，良工能巧而不能為順。
　　　　君子能修其道，綱而紀之，統而理之，而不能為容。今爾
　　　　不修爾道而求為容。賜，而志不遠矣！」

　　　　子貢出，顏回入見。孔子曰：「回，《詩》云『匪兕匪
　　　　虎，率彼曠野』。吾道非邪？吾何為於此？」顏回曰：「夫
　　　　子之道至大，故天下莫能容。雖然，夫子推而行之，不容
　　　　何病，不容然後見君子！夫道之不修也，是吾醜也。夫道
　　　　既已大修而不用，是有國者之醜也。不容何病，不容然後
　　　　見君子！」孔子欣然而笑曰：「有是哉顏氏之子！使爾多
　　　　財，吾為爾宰。」

此文〈孔子世家〉繫於哀公六年之後，孔子與弟子厄於陳蔡，知弟子有怨怒之心，因而召喚弟子並作提問。孔子以《詩·小雅·何草不黃》問之，意謂各人不是犀牛[49]、不是老虎，為甚麼要整天在曠野奔跑呢？是否我們所奉行之道理有誤，否則怎麼會淪落如斯地步呢？子路、子貢、顏淵三人先後作答，其次序亦十分符合三人之性格，子路性格衝動，故先答；子貢聰明，因此繼而作答；顏淵乃孔子最愛惜的學生，為人謹慎，因而最後作答。至於三人之答案，孔子尤其稱讚顏淵，讚賞其不苟合取容的精神。此文非常精彩，可是《左傳》、《論語》皆不載，未知司馬遷所本。此事發生在陳、蔡之厄時，對於此事，前人討論頗多。崔述云：「陳、蔡之圍，經傳未有言者，獨《莊子》書數數言之。後人相傳之言蓋本於此，不知莊子特譏孔子之好言禮義以自困其身，因有厄於陳、蔡一事，遂附會之以自暢其毀禮滅義之宗旨耳。其言既皆寓言，則其事亦安得遂以為實事也！〈世家〉、《家語》之文采之《莊》、《列》者半，當其在《莊》、《列》也，猶見有一二人以為異端而不信者；及其在〈世家〉、《家語》也，則雖名儒亦信之矣。」[50]崔述指出陳、蔡之厄一事出乎《莊子》，特以譏諷孔子而已。考諸《莊子》諸篇確有陳、

49　關於「兕」是否犀牛，前人爭論不休。其中法籍神父雷煥章（Jean Almire Robert Lefeuvre）〈兕試釋〉、楊龢之〈中國人對「兕」觀念的轉變〉皆以為「兕」即亞洲水牛之屬，即今已滅絕的野生聖水牛，大抵可信。（雷煥章：〈兕試釋〉，《中國文字》1983 年新第 8 期，頁 84-110；楊龢之：〈中國人對「兕」觀念的轉變〉，《中國科技史學會會刊》2004 年第 7 期，頁 10-18。）

50　《洙泗考信錄》，載《崔東壁遺書》，頁 302。

蔡之厄事，[51] 實崔說所本。其實，孔子厄於陳、蔡之事，司馬遷所言未必無據。只是援《詩》提問，三弟子逐一回答之事，只見於《孔子家語・在厄》。《孟子・盡心下》中「君子之戹於陳蔡之間，無上下之交也」（14.18），便可見儒家經典亦有陳、蔡之厄事，故崔說尚可作補充。至於〈孔子世家〉與《孔子家語》之文，本為同源，二而為一。司馬遷採用《莊子》、《列子》之文，後世不以為然者實不在少，崔說是也。江竹虛云：「孔子厄於陳、蔡一事，除《論語》、〈世家〉外，並見於《墨子》、《莊子》、《荀子》、《呂氏春秋》、《韓詩外傳》、《說苑》、《論衡》、《風俗通》及《家語》，然皆傳聞異辭。《墨子》、《莊子》所記，多為寓言；而《呂氏春秋》、《風俗通》似出於《莊子》。《韓詩外傳》、《說苑》、《論衡》、《家語》諸家之說又似本諸《荀子》。」[52] 以此觀之，陳、蔡之厄，載籍甚多，司馬遷所本，儒、道皆有之，未可深以為非；至於以《詩》提問三弟子之事，則未知所本。

9. 冉有與齊戰

　　冉有為季氏將師與齊戰於郎事。〈孔子世家〉有「是歲也，孔子年六十三，而魯哀公六年也」，後有兩次「其明年」之文，準此，司馬遷將此事繫於魯哀公八年也，而當時孔子 65 歲。

51　在《莊子・天運》、〈山木〉、〈讓王〉等篇俱有提及孔子厄於陳、蔡之事。

52　《孔子事跡考》，頁 306。

裴駰《集解》引徐廣曰：「此哀公十一年也，去吳會繒已四年矣。〈年表〉哀公十年，孔子自陳至衛也。」司馬貞《史記索隱》曰：「徐說去會四年，是也。按：《左傳》及此文，孔子是時在衛歸魯，不見有在陳之文，在陳當哀公之初，蓋〈年表〉誤爾。」[53] 據徐廣說，是司馬遷繫年有誤。梁玉繩云：「『其明年』三字誤，當作『後四年』，故徐廣曰『此哀公十一年也，去吳會繒已四年矣。』」[54] 據徐說，冉有為季氏將師之事當在哀公十一年（前 484 年），時孔子 68 歲。考諸《左傳・哀公十一年》，齊侵魯，冉有為季氏將師，與「齊師戰於郊」。[55] 此役之中，另一孔門弟子樊遲為冉有之右，二人率魯師大破齊軍。瀧川資言比較《史記》與《左傳》所載，以為「《左傳》是」。[56] 劉操南《史記春秋十二諸侯史事輯證》云：「十一年齊伐魯。季氏用冉有有功。思孔子。孔子自衛歸魯。」劉氏亦以冉有為季氏將師一事繫於哀公十一年。諸君所言是也，此司馬遷繫年有誤。

　　考諸〈孔子世家〉有關孔子生平繫年，其中引起後世學者有所爭論的不在少數。上文所列九項，乃其大者而已。此中繫年或誤，亦有史事非出孔子生平，諸家辨解亦已詳矣。凌約言云：「太史公敍孔子，自少至老必歷詳其出處，而必各記之曰時孔子年若干歲；其卒也則又敍其葬地與弟子之哀痛，敍魯人

53　《史記》，卷 47，頁 1934。

54　《史記志疑》，卷 25，頁 1132。

55　《春秋左傳註疏》，載《十三經註疏（整理本）》，卷 58，頁 1906。

56　《史記會註考證》，卷 47，頁 66。

之從冢而聚居與高皇帝之過魯而祠，若曰孔子生而關世道之盛衰，沒而為萬世之典刑，故其反覆惻怛如此。」[57] 準此，是司馬遷敍寫孔子事跡，已就各事繫年。當中雖或有可商之處，然其首事之功，在在可見，不當忽視。

三、司馬遷為孔子立傳之原委

《史記》130 篇，其中包括〈世家〉30 篇。司馬遷云：「二十八宿環北辰，三十輻共一轂，運行無窮，輔拂股肱之臣配焉，忠信行道，以奉主上，作三十世家」[58]，可以立為世家者，皆是能夠輔助君主之臣。司馬遷敬重孔子，其父司馬談嘗言「自周公卒五百歲而有孔子。孔子卒後至於今五百歲，有能紹明世，正《易傳》，繼《春秋》，本《詩》、《書》、《禮》、《樂》之際？意在斯乎！意在斯乎！小子何敢讓焉」。[59] 這是司馬談之遺願，乃欲兒子遠承孔子。事實上，孔子乃是司馬遷的偶像，司馬遷著述《史記》，亦多因襲孔子。[60] 舉例而言，孔子編著史籍文獻，慎重而徵信。《論語・為政》有言：「多聞闕疑，慎言其餘，則寡尤；多見闕殆，慎行其餘，則寡悔。」司馬遷本之，在《史記・高祖功臣侯者年表》指出：「頗有所不盡本末，著

57　《史記評林》，卷 47，頁 33a-b。

58　《史記》，卷 130，頁 3319。

59　《史記》，卷 130，頁 3296。

60　孔子編撰《春秋》而絕筆於獲麟，〈太史公自序〉則記司馬遷「於是卒述陶唐以來，至於麟止」。(《史記》，卷 130，頁 3300。) 顯見司馬遷亦欲仿效夫子，其敬重夫子之情在在可見。

其明,疑者闕之。」又如其以為孔子整理六經,編撰《春秋》,因此《史記》載事之依據,便是「學者載籍極博,猶考信於六藝」,[61] 以六經所言作為史事是否可信的依據。再者,考諸《史記》全書,司馬遷想見其人者唯二,一為孔子,二為屈原,[62] 此亦可見其景仰之心。

〈世家〉所載皆王侯將相,孔子無此位,司馬遷於〈孔子世家〉中的「太史公曰」便直接道出其載入〈世家〉之原委:「天下君王至於賢人眾矣,當時則榮,沒則已焉。孔子布衣,傳十餘世,學者宗之。自天子王侯,中國言六藝者折中於夫子,可謂至聖矣!」可知孔子雖為一介平民布衣,然其世系井然,至漢尤存。劉咸炘謂之「傳十餘世,代有賢哲,故為世家」,[63] 劉說是也;至於孔子整理六經,對傳統文化影響深遠。此等重要性,實遠超一般君王賢人,彼等可能在生之時榮寵之極,可是身後便無甚影響力;孔子則不然,故司馬遷譽之為「至聖」而入〈世家〉。

至於細考〈孔子世家〉,司馬遷對孔子多所稱頌。孔子於魯國出仕,但未為周臣。然其匡正亂世之心,欲恢復周文,重建社會秩序,為司馬遷嘉賞。自平王東遷以後,周天子勢

---

61 《史記》,卷 61,頁 2121。

62 《史記・屈原賈生列傳》:「適長沙,觀屈原所自沉淵,未嘗不垂涕,想見其為人。及見賈生弔之,又怪屈原以彼其材,遊諸侯,何國不容,而自令若是。」(《史記》,卷 84,頁 2503。)司馬遷此言親至長沙汨羅江邊,悲傷感嘆,想見其人。

63 劉咸炘:《太史公書知意》,載黃曙輝編校:《劉咸炘學術論集(史學編上)》(桂林:廣西師範大學出版社,2007 年),頁 83。

力大不如前，諸侯力征，處士橫議，禮崩樂壞，陪臣執國命。
孔子生乎亂世，欲匡救時弊，重整秩序，〈太史公自序〉云：
「周室既衰，諸侯恣行。仲尼悼禮廢樂崩，追修經術，以達王
道，匡亂世反之於正。見其文辭，為天下制儀法，垂六藝之
統紀於後世。」準此，孔子亦屬輔弼股肱之臣，能補弊起廢，
制天下之禮儀。在六經之中，孔子編撰《春秋》，垂空文以斷
禮儀，當一王之法，令亂臣賊子懼，最能體現世家所謂輔弼
股肱之精神。〈孔子世家〉載有以下一段討論《春秋》之文：

> 子曰：「弗乎弗乎，君子病沒世而名不稱焉。吾道不
> 行矣，吾何以自見於後世哉？」乃因史記作《春秋》，上至
> 隱公，下訖哀公十四年，十二公。據魯，親周，故殷，運
> 之三代。約其文辭而指博。故吳楚之君自稱王，而《春秋》
> 貶之曰「子」；踐土之會實召周天子，而《春秋》諱之曰「天
> 王狩於河陽」：推此類以繩當世。貶損之義，後有王者舉
> 而開之。《春秋》之義行，則天下亂臣賊子懼焉。

司馬遷引孔子所言，以為君子當有遺文以見後世，於是以魯國
史書為根本，編撰《春秋》。《春秋》一書上起魯隱公元年，下
至哀公十四年，包括魯國十二諸侯之史事。是書以魯國為記
事中心，奉周室為正統，以前朝殷事為鑒，文字簡煉而旨意博
大。書中重視正統，故貶稱吳王、楚王為「子」；晉文公召周
天子在踐土盟會，《春秋》諱之而稱為「天王狩於河陽」。《春秋》
以正統之標準去量度世間萬事萬物，後世讀之，可使亂臣賊子

知有所懼。朱東潤《史記考索》云:「史遷列孔子於世家,特以
其立大經大法,為漢制作,雖身繫周室之歲時,而功在漢家之
社稷,斯則冠於蕭、曹、張、陳之首可也。」[64] 據朱說,是孔
子為漢制法,有功社稷,度越蕭、曹、張、陳等漢初功臣,故
可次列世家。朱說可參。張新科亦云:「《春秋》對《史記》影
響深遠」[65]。

　　司馬遷置孔子於世家,另一重要原因乃在其編定六經,使
後世學者能有所宗。〈孔子世家〉詳列孔子整理舊籍之功:「孔
子之時,周室微而禮樂廢,《詩》、《書》缺。追跡三代之禮,
序《書傳》,上紀唐虞之際,下至秦繆,編次其事。……故《書
傳》、《禮記》自孔氏。」「孔子語魯大師:『樂其可知也。始作
翕如,縱之純如,皦如,繹如也,以成。』」「吾自衞反魯,然
後樂正,《雅》《頌》各得其所。」「古者《詩》三千餘篇,及至
孔子,去其重,取可施於禮義,上採契后稷,中述殷周之盛,
至幽厲之缺,始於衽席,……三百五篇孔子皆弦歌之,以求合
《韶》《武》《雅》《頌》之音。禮樂自此可得而述,以備王道,
成六藝。」

　　司馬遷為漢人,《史記》成於漢武帝在位之時,孔子所整
理的典籍,對漢代學術影響深遠。馮友蘭《中國哲學史》分成
上下兩篇,上篇名為「子學時代」,下篇名為「經學時代」。馮
氏云:「自孔子至淮南王為子學時代;自董仲舒至康有為為經

64　朱東潤:《史記考索》(香港:太平書局,1962 年),頁 16。
65　張新科:《史記學概論》(北京:商務印書館,2003 年),頁 256。

學時代。」[66] 因此，司馬遷對孔子編定六經，深表敬佩。〈孔子世家〉篇末謂「自天子王侯，中國言《六藝》者折中於夫子，可謂至聖矣！」[67] 可見司馬遷以為孔子整理舊籍，影響深遠，超乎其他世家一體之王侯將相，故位列世家，固其然也。

　　司馬遷既列孔子於世家，因亦詳列孔子之時天下形勢，與其他各篇世家寫法相同。〈孔子世家〉記孔子生平，每與列國史事，尤其魯國史事相提並論，例如：記孟僖子卒，孟懿子與南宮敬叔往孔子處學禮，「是歲，季武子卒，平子代立」；[68] 又如孔子 30 歲以前，當時天下形勢「是時也，晉平公淫，六卿擅權，東伐諸侯；楚靈王兵彊，陵轢中國；齊大而近於魯。魯小弱，附於楚則晉怒；附於晉則楚來伐；不備於齊，齊師侵魯。」[69] 各國形勢與孔子不甚相干，司馬遷言之，純屬世家之體，詳言諸侯更替而已。至若孔子 42 歲之時，「魯昭公卒於乾侯，定公立」。[70] 除本篇寫天下形勢外，他篇世家亦有之，趙翼云：「孔子無公侯之位，而《史記》獨列於世家，尊孔子也。凡列國世家與孔子毫無相涉者，亦皆書『是歲孔子相魯』、『孔子卒』，以其繫天下之重輕也。其傳孟子，雖與荀卿、鄒忌等同列，然敍忌等尊寵處，即云：豈與仲尼菜色陳蔡、孟軻困於齊梁同乎哉！又云：衛靈公問陣，孔子不答；梁惠王謀攻趙，

66　馮友蘭：《中國哲學史》（香港：三聯書店，1992 年），下冊，頁 8。
67　《史記》，卷 47，頁 1947。
68　《史記》，卷 47，頁 1908。
69　《史記》，卷 47，頁 1910。
70　《史記》，卷 47，頁 1912。

孟子稱太王去邠，豈有意阿世苟合而已哉！皆以孔子、孟子並
稱，是尊孟子亦自史遷始也。」[71]

　　趙氏以為他國世家與孔子行事無涉者，亦皆書孔子該年某
事，將史事與孔子生平事跡相互參照，正可反映司馬遷以孔子
繫於「天下之重輕」。趙氏言是。舉例如下：

　　〈吳太伯世家〉記吳王闔廬十五年時，曰：「十五年，
孔子相魯。」

　　〈燕召公世家〉記燕獻公「十四年，孔子卒。」

　　〈陳杞世家〉記陳湣公「二十四年，楚惠王復國，以兵
北伐，殺陳湣公，遂滅陳而有之。是歲，孔子卒。」

　　〈晉世家〉記晉定公「十二年，孔子相魯。」

　　〈鄭世家〉記鄭聲公「二十二年，楚惠王滅陳。孔
子卒。」

　　〈魏世家〉記「晉頃公之十二年，韓宣子老，魏獻子為
國政。……其後十四歲而孔子相魯。」

71　趙翼：《陔餘叢考》(北京：商務印書館，1957 年)，卷 5，頁 86。

準上所見，司馬遷於各篇世家兼述孔子生平事跡，誠因孔子「繫天下之重輕」也。姑勿論此等繫年是否正確無誤，然司馬遷既以孔子為「至聖」，則〈孔子世家〉之寫作法亦世家之法也。

位列世家另一重要條件，乃能世其家也。上引劉咸炘謂孔子「傳十餘世，代有賢哲，故為世家」。[72] 據〈孔子世家〉觀之，益見劉說良是。〈孔子世家〉載孔子死後，其後嗣代不乏人：

> 孔鯉，字伯魚，孔子兒子。

> 孔伋，字子思，孔子孫。

> 孔白，字子上，孔子曾孫。

> 孔求，字子家，孔子玄孫。

> 孔箕，字子京，孔子六代孫。

> 孔穿，字子高，孔子七代孫。

> 孔子慎，孔子八代孫。

> 孔鮒，孔子九代孫。

72　《太史公書知意》，載《劉咸炘學術論集（史學編上）》，頁83。

　　孔子襄，孔鮒之弟，孔子九代孫。

　　孔忠，孔子十代孫。

　　孔武，孔子十一代孫。

　　孔延年、孔安國，孔子十二代孫。[73]

準此所見，孔子及其子孫共十二代，時代從春秋至漢武，悉數列於〈孔子世家〉之中。司馬遷謂「孔子布衣，傳十餘世」，此言不非。又，司馬遷以為君王是「當時則榮，沒則已焉」，取《史記》各篇世家而言，亦可得證。舉例而言，〈世家〉首以〈吳太伯世家〉，吳王夫差二十三年，越滅吳，遂亡；〈齊太公世家〉載齊康公二十六年，「康公卒，呂氏遂絕其祀。田氏卒有齊國，為齊威王，彊於天下」，其他諸國終皆滅祀。能傳十餘世至於漢世者，只有孔子，故司馬遷位列其於世家自是非常合適。

　　司馬遷將孔子位列世家，號為「至聖」，全然是對孔子的尊崇與歌頌。孔子的偉大，孔門學說的光輝，已然存在。但司馬遷的推尊，使孔子在漢代走上了一個新的高峯，並得出漢代的孔子形象。

73　以上據《史記‧孔子世家》整理而成，詳參《史記》，卷 47，頁 1946-1947。〈孔子世家〉尚載有孔安國之子卬，卬之子驩，惟後世計算孔子族譜，多只列嫡長子長孫，孔武生延年、安國，知孔安國並非長子，故上文不復列孔卬、孔驩。

第二節

《論語》作為班固《漢書・古今人表》
品評人物的標準

　　班固《漢書》多採經說，劉勰以為《漢書》乃「宗經矩聖之典」。漢代乃經學時代，閱讀《漢書》，可見全書不時援引經說入文。《漢書》引用儒家經文甚夥，其中尤以《詩》、《書》、《論語》為甚。然而，在明引諸經以外，《漢書》各篇亦多以儒家精神編撰。在《漢書・藝文志・諸子略》中，班固歷評九流十家之優劣，其中儒家「於道最為高」，他家即使有足稱者，班固亦援引儒家經典頌之，一切皆以儒家為繩。

　　《論語》載有孔子及其子，以及 154 人之言行。在此 154 人裏，其中 29 人為孔子弟子。其餘 125 人之中，在孔子以前者共 42 人，與孔子同時者 78 人，時代不詳者 5 人。

　　《漢書・古今人表》歷記前人姓名，敍次九等，全篇收列上古至秦末人物各一千九百餘人，王引之云：「〈人表〉所載，皆經傳所有。」王氏言是。以下將詳論《漢書・古今人表》與《論語》之關係，考證九品之分第，以及各第人物之排列，並論班固如何處理僅見《論語》之人物；最後，討論部分人物未依《論語》列次之原因。

一、班固與儒家經學

　　班固《漢書》多採經說，劉知幾云：「孟堅辭惟溫雅，理多

愜當。其尤美者，有典誥之風，翩翩弈弈，良可詠也。」[74] 班固
生時，經學大盛，為文著書莫不受經書影響。劉師培以為班固
之文「多出自《詩》、《書》、《春秋》。故其文無一句不濃厚，其
氣無一篇不淵懿。」又云：「班固《漢書》不獨表志紀序取法經
說，即傳贊亦莫不爾。就其文論，氣厚而濃密，淵茂而含蘊，
字裏行間饒有餘味，純係儒家風格。」[75]

　　漢代乃經學時代，皮錫瑞云：「經學自漢元、成至後漢，
為極盛時代。」[76]《漢書》自是多採經說入文。《漢書・敍
傳》謂《漢書》「起元高祖，終於孝平王莽之誅，十有二世，
二百三十年，綜其行事，旁貫五經，上下洽通，為春秋考紀、
表、志、傳，凡百篇」，可知班固以為《漢書》能「旁貫五經」，
與經書關係密切。今考《漢書》引經之文甚眾，倘以顏師古註
釋義為計算準則，可見《漢書》引經以《詩》334 次、《書》232
次、《易》199 次。然在明引諸經以外，《漢書》各篇亦多以儒
家精神編撰。舉例而言，《史記》不為董仲舒立傳，其事跡只
見於〈儒林列傳〉；及至《漢書》，納入董仲舒〈天人三策〉，
中有其建議武帝「罷黜百家，獨尊儒術」之文。班固遂嘉其揚
厲儒學之功，為之獨立成傳。又如游俠，《史記》、《漢書》雖

74　范文瀾：《文心雕龍註》（北京：人民文學出版社，1958 年），卷 4〈史傳〉，
　　頁 284；劉知幾：《史通》（北京：中華書局據明萬曆五年 [1577] 張之象刻本
　　影印，1961 年），卷 4〈論贊〉，頁一下。

75　劉師培：《漢魏六朝專家文研究》（北京：商務印書館，2010 年），論各家文
　　章與經子之關係，頁 139–140。

76　又皮錫瑞云：「經學盛於漢；漢亡而經學衰。」（《經學歷史》，頁 141。）同
　　樣指出漢代經學之鼎盛。

同為之立傳，司馬遷以為其人「有足多者」，[77] 班固則謂「不入
於道德，苟放縱於末流，殺身亡宗，非不幸也」。[78]《史》《漢》
立意相異，究其所以，乃因班固以儒家道德繩之。游俠乃「不
入於道德」，故其「殺身亡宗」，實為宜也。梁宗華云：「班固
用以品評古今人物及諸子學派的唯一標準便是儒家的思想學
說。」[79] 在《漢書‧藝文志‧諸子略》中，班固歷評九流十家
之優劣，其中儒家「於道最為高」，他家即使有足稱者，班固亦
援引儒家經典頌之，一切皆以儒家為繩。由是觀之，班固《漢
書》尊崇儒家，實不只以徵引經書名字統之，儒家經學精神實
貫串全書。

二、《漢書》引用《論語》之概況

在漢代，《論語》尚未成為經書，但已是重要的典籍。據
王國維〈漢魏博士考〉所載，「漢時但有受《論語》、《孝經》，
小學而不受一經者，無受一經而不先受《論語》、《孝經》者」[80]，
此可見《論語》之重要性。《漢書》引用《論語》者眾矣，且每
多見於傳末的贊語之中，如在〈景帝紀〉贊語中：「斯民，三代

77　《史記》，卷 124，頁 3181。
78　《漢書》，卷 92，頁 3699。
79　梁宗華：〈班固的儒學觀對《漢書》的影響與制約〉，載瞿林東主編：《漢書研
　　究》（北京：中國大百科全書出版社，2009 年），頁 367。案：此文原載於《東
　　岳論叢》1999 年第 3 期。
80　王國維：〈漢魏博士考〉，載《觀堂集林》（北京：中華書局，1959 年），卷 4，
　　頁 180。

之所以直道而行也。」此語實見《論語・衛靈公》。又如〈楚元王傳〉贊語：「材難不其然與！」，實見《論語・泰伯》。又如〈樊酈滕灌傅靳周傳〉贊語：「犁牛之子騂且角，雖欲勿用，山川其捨諸？」，實見《論語・雍也》。〈王莽傳〉贊語，班固云：

> 王莽始起外戚，折節力行，以要名譽，宗族稱孝，師友歸仁。及其居位輔政，成、哀之際，勤勞國家，直道而行，動見稱述。豈所謂「在家必聞，在國必聞」，「色取仁而行違」者邪？

所謂「在家必聞，在國必聞」、「色取仁而行違」，皆見《論語・顏淵》，乃指出王莽欲邀名譽，實孔子所謂聞而非達之類。李威熊《漢書導讀》云：「班固引用《論語》，品評人物，或證其說，或闡明事理；有明引，有暗引，常收畫龍點睛之妙。其他在八表序中，也常依孔子意。」[81] 且就唐人《漢書》顏師古註觀之，《漢書》明引、暗引《論語》者眾矣，師古註援引《論語》者多達 262 次，鄧國光〈顏師古的《論語》註解及其在思想史上的意義〉亦嘗詳論師古註援引《論語》之特色，此處不贅。

三、《漢書・古今人表》以《論語》為評第人物之標準

今考《論語》所見人物甚多，《漢書・藝文志》云：「《論語》者，孔子應答弟子時人及弟子相與言而接聞於夫子之語

81　李威熊：《漢書導讀》(台北：文史哲出版社，1993 年)，頁 37。

也。當時弟子各有所記。夫子既卒，門人相與輯而論篹，故謂之《論語》。」證明《論語》有孔子與弟子時人之對話、孔門弟子間之對話。在對話之中，又多有涉及前人之評論。準此，《論語》所包括之人物有：孔子及其子孔鯉、孔門弟子、時人、前人。李零謂除了孔子及其子以外，《論語》尚載有 154 人之言行。[82]

在此 154 人裏，其中 29 人為孔子弟子。其餘 125 人之中，在孔子以前者共 42 人，與孔子同時者 78 人，時代不詳者 5 人。〈古今人表〉歷記前人姓名，敍次九等，全篇收列上古至秦末人物各一千九百餘人。王引之云：「〈人表〉所載，皆經傳所有。」[83] 梁宗華云：「先秦儒家系統的代表人物幾乎無一例外地排在上等。」[84] 梁氏所言有理，惟泛泛而論，未及其本。〈古今人表〉排列古今人物之根據，乃在儒家經典，其中尤以《論語》最為重要，當為班固所本。梁玉繩云：「書首祖述夫子之言，《論語》中人物悉見於表，而他書則有去取。」[85] 張蓓蓓〈漢書古今人表對論語中人物的品第〉即較為仔細分析《論語》對〈古今人表〉之影響，惟其文未有細緻分論，且只以《論語》為本，未有考慮人物排名亦有與《論語》相異之例；至於利用前

82　《喪家狗：我讀〈論語〉》，頁 16。

83　王引之語，載王念孫：《讀書雜志》（上海：上海古籍出版社，2015 年），漢書第三，頁 536。

84　梁宗華：〈班固的儒學觀對《漢書》的影響與制約〉，載《漢書研究》，頁 367。

85　梁玉繩：《人表考》，載《史記漢書諸表訂補十種》（北京：中華書局，1982 年），序，頁 1。

人研究成果，似亦尚可補充。[86] 今考《論語》所記人物多有見於〈古今人表〉裏，概述其統計數字如下：

首先，孔子弟子 29 人，其中 24 人見於〈古今人表〉，佔總數 83%。第二，在孔子以前者共 42 人，其中 39 人見於〈古今人表〉，佔總數 93%。第三，與孔子同時者 78 人，其中 63 人見於〈古今人表〉，佔總數 81%。最後，時代不詳者 5 人，其中 4 人見於〈古今人表〉，佔總數 80%。總計《論語》全書 154 人裏，〈古今人表〉嘗載者 130 人，佔總數 84%。

〈古今人表〉各等人物之排列序次，皆依儒家經典之敍述。顏師古云：「蓋班氏自述所表先聖後仁乃智愚之次，皆依於孔子者也。」[87] 又錢大昕云：「此表為後人詬病久矣，予獨愛其表章正學，有功名教，識見復非尋常所能及。觀其列孔子於上聖，顏、閔、子思、孟、荀於大賢，孔氏弟子列上等者三十餘人，而老、墨、莊、列諸家降居中等，孔氏譜系具列表中，儼然以統緒屬之。其敍次九等，祖述仲尼之言，《論語》二十篇中人物，悉著於表，而他書則有去取。後儒尊信《論語》，其端實啟於此，而千餘年來鮮有闡其微者，遺文具在，可復按也。古賢具此特識，故能卓然為史家之宗，徒以文章雄跨，百代推之，猶淺之為丈夫矣。」[88] 顏氏、錢氏所言皆是，詳見後文論

86　張蓓蓓：〈漢書古今人表對論語中人物的品第〉，載《孔孟月刊》第 24 卷第 3 期（1985 年），頁 35-41。

87　《漢書》，卷 20，頁 861。

88　錢大昕：〈跋漢書古今人表〉，載《潛研堂文集》（南京：江蘇古籍出版社，1997 年），卷 28，頁 461。

述。張蓓蓓〈漢書古今人表對論語中人物的品第〉嘗論及〈古
今人表〉之人物品第與《論語》之關係，所論有理，惟因篇幅所
限，未及詳審。張文未有注意班固所評部分人物只見《論語》，
或首見《論語》，此本為班固據《論語》立說之重要依據；該文
亦未有參考梁玉繩等人有關〈古今人表〉之著述，稍有未安。
此外，如曾子之次第、人物排列之序次全據《論語》，以及部分
人物之排列不按《論語》所言等，張氏皆未有指出，此蓋不暇
而未至也。

1. 九等分類與《論語》

〈古今人表〉將人分九等，分別是：上上聖人、上中仁人、
上下智人、中上、中中、中下、下上、下中、下下愚人。其中
聖人、仁人、智人、愚人等，其分類準則俱可見諸《論語》。
班固於〈古今人表〉序言之中，亦多番引用《論語》，以明其分
等之依據。

聖人、仁人與智人

考諸《論語》，「聖」字出現 8 次，「仁」字出現 109 次。[89]
「聖」乃儒家之最高品格，許人甚難。《論語・雍也》云：

89　字頻統計據《論語逐字索引》之「全書用字表」。（何志華、劉殿爵、陳方正
　　編：《論語逐字索引》。香港：商務印書館，1995 年。）

> 子貢曰：「如有博施於民而能濟眾，何如？可謂仁
> 乎？」子曰：「何事於仁，必也聖乎！堯、舜其猶病諸！
> 夫仁者，己欲立而立人，己欲達而達人。能近取譬，可謂
> 仁之方也已。」（6.30）

子貢問博施濟眾之人能否稱之為仁，孔子以為若能如是，已
是聖矣。準則，乃聖高於仁。〈古今人表〉列堯、舜於上上
聖人之列，正是合乎《論語》所言。是以清人阮元〈論語論仁
篇〉云：「孔子論人，以聖為第一，仁即次之，仁固甚難能矣，
『聖』、『仁』二字孔子皆謙不敢當。」。又《論語・述而》云：

> 子曰：「若聖與仁，則吾豈敢？抑為之不厭，誨人
> 不倦，則可謂云爾已矣。」公西華曰：「正唯弟子不能學
> 也。」（7.34）

孔子自愧不可為「聖」與「仁」，循此而求，亦可知二事甚高甚
難。阮元云：「子貢視仁過高，誤入聖域，故孔子分別『聖』字，
將『仁』字降一等論之曰：『所謂仁者，己之身欲立則亦立人，
己之身欲達則亦達人。』」可見「仁」後於「聖」。是以第一等
為上上聖人、第二等為上中仁人，實據《論語》為之。

至於第三等上下智人，其實亦據《論語》：

> 陽貨欲見孔子，孔子不見，歸孔子豚。孔子時其亡
> 也，而往拜之。遇諸塗。謂孔子曰：「來！予與爾言。」
> 曰：「懷其寶而迷其邦，可謂仁乎？」曰：「不可。」「好從

事而亟失時，可謂知乎？」曰：「不可。」「日月逝矣，歲
不我與。」孔子曰：「諾；吾將仕矣。」（17.1）

　　子張問曰：「令尹子文三仕為令尹，無喜色；三已
之，無慍色。舊令尹之政，必以告新令尹。何如？」子
曰：「忠矣。」曰：「仁矣乎？」曰：「未知；焉得仁？」「崔
子弒齊君，陳文子有馬十乘，棄而違之。至於他邦，則
曰：『猶吾大夫崔子也。』違之。之一邦，則又曰：『猶吾
大夫崔子也。』違之。何如？」子曰：「清矣。」曰：「仁
矣乎？」曰：「未知；焉得仁？」（5.19）

比合二章論之，陽虎先問孔子可謂仁乎，再問「知」乎，是知
後於仁。此外，子張問孔子關於令尹子文和陳文子之為人，孔
子皆答之以「未知，焉得仁」，亦可見知後於仁。此「知」字，
〈吐阿 363 號墓 8／1 號寫鄭本〉作「智」，[90]《釋文》：「知如字，
鄭音智。註及下同。」[91] 可見鄭玄註本知音智，知或作智。阮
元〈論語論仁篇〉：

　　魯國時人之論己皆以聖仁尊孔子，故孔子曰「則吾
豈敢」，陽貨之言，亦因時論而難之也。又智者，仁之

90　參自黃懷信：《論語彙校集釋》（上海：上海古籍出版社，2008 年），卷 5，
　　頁 427。
91　陸德明：《經典釋文》（北京：中華書局，1983 年），卷 24〈論語音義〉，頁
　　5b。

次，《漢書‧古今人表》敍論九等，列智人於仁人下。
子張以仁推令尹子文及陳文子，孔子皆答以未智焉得
仁，明乎必先智而後能仁也。故陽貨諷孔子仁智並稱，
孔子謙不敢當，非特不居仁，且不居智。

阮氏以為據此二章，可知智居於仁之後，並援引〈古今人表〉
敍論九等為據。今《論語》以令尹子文、陳文子居於第三等上
下智人之列，正是據上引《論語》(5.19) 而為之。因此，第一
等上上聖人、第二等上中仁人、第三等上下智人之排列次序乃
據《論語》而排列。

下下愚人

至於第九等下下愚人，《論語》亦有論述。《論語‧陽貨》
提及：「唯上知與下愚不移。」(17.3) 孔子以為只有上等智者
和下等愚人是改變不了的。所謂上智，乃上文第三等人；「下
愚」則誠如班固於序中所引《論語》「困而不學」之類矣。朱熹
註云：「所謂下愚有二焉：自暴自棄也。人苟以善自治，則無
不可移，雖昏愚之至，皆可漸磨而進也。惟自暴者拒之以不
信，自棄者絕之以不為，雖聖人與居，不能化而入也，仲尼之
所謂下愚也。然其質非必昏且愚也，往往強戾而才力有過人
者，商辛是也。聖人以其自絕於善，謂之下愚，然考其歸則誠
愚也。」[92] 據朱熹所言，下愚乃是自暴自棄之人，並舉商紂作

92　《四書章句集註》，論語集註，卷 9，頁 176。

為例子。今〈古今人表〉正以商辛（紂王）列入第九等下下愚人[93]，與朱熹所言同。又《論語‧季氏》：

> 孔子曰：「生而知之者上也，學而知之者次也；困而學之，又其次也；困而不學，民斯為下矣。」（16.9）

孫星衍以為上知是「生而知之」，下愚是「困而不學」。[94]《論語》以下愚為「民斯為下」，正是〈古今人表〉列之第九等下下愚人所本。

2. 孔門弟子之次第

孔門十哲

據《史記‧仲尼弟子列傳》、《孔子家語‧弟子解》所載，孔子弟子共 77 人。其言行有見於《論語》者 29 人，此中見於〈古今人表〉者共 24 人。〈古今人表〉孔門弟子之排序，亦以《論語》為準。

> 德行：顏淵，閔子騫，冉伯牛，仲弓。言語：宰我，子貢。政事：冉有，季路。文學：子游，子夏。（11.3）

93　《漢書》，卷 20，頁 889。

94　孫星衍：〈原性篇〉，載《問字堂集》（北京：中華書局，1996 年），卷 1，頁 16。

孔門四科十哲，班固悉入〈古今人表〉上中仁人和上下智人之
列。孔門尤尊德行，是以德行科之顏淵、閔子騫、冉伯牛、仲
弓俱位列第二等上中仁人，而言語、政事、文學三科六哲俱位
列第三等上下智人之列。[95] 十人之排序，即由顏淵至子夏，亦
與上引《論語》(11.3) 之序次完全相同。[96]

　　翁聖峰云：「〈古今人表〉在同一等第當中，雖然主要是以
時間先後來安排人物，但吾人若比對《史記‧仲尼弟子列傳》
這個疑問可能就可以迎刃而解，該列傳裏顏淵、閔子騫、冉伯
牛、仲弓即被排在最前面，〈仲尼弟子列傳〉即將曾子列在其
父曾晳之前，顏淵列在其父顏路之前，〈古今人表〉即是承襲
《史記》的安排方式而已。」翁氏所言可商。班固當直據《論語》
入文，故列出「顏淵、閔子騫、冉伯牛、仲弓」之序次，而非
據《史記‧仲尼弟子列傳》；至於曾參、顏淵及其父之排序，
下文再論。

　　張蓓蓓以為「孔門弟子中，顏淵德行最高，勇於行仁」，
「孔門十哲之中，顏、閔等四賢有『德行』之目，已經列在二等；
其他予、賜、游、夏諸賢也各有所長」[97]。其實，孔門四科十哲

95　《漢書》，卷 20，頁 924-925。

96　〈古今人表〉據《論語》立說，十哲之排序亦同。後劉義慶《世說新語》共有
　　三十六篇，首四篇即為〈德行〉、〈言語〉、〈政事〉、〈文學〉，與《論語》(11.3)
　　相同。惟《史記‧仲尼弟子列傳》載四科十哲，則先列「政事：冉有，季路」，
　　後方為「言語：宰我，子貢」(《史記》，卷 67，頁 2185)。與《論語》有所
　　不同。司馬貞《史記索隱》云：「《論語》一曰德行，二曰言言，三曰政事，
　　四曰文學。今此文政事在言語上，是其記有異也。」(《史記》，卷 67，頁
　　2185。)

97　張蓓蓓：〈漢書古今人表對論語中人物的品第〉，頁 36、頁 37。

以德行為尊，殆無異議，其他三科自在德行之後。大抵班固亦無意細究三科（言語、政事、文學）六哲是否在上下智人之列，「各有所長」與否皆不重要，只因三科不及德行而置於第三等。

冉有

〈古今人表〉次冉有於第三等上下智人之列。劉知幾《史通・品藻》批評〈古今人表〉「進仲弓而退冉有」，[98] 周壽昌《漢書註校補》云：

> 劉知幾氏《史通・品藻篇》譏表中進仲弓而退冉有，求諸折中，厥理無聞。以仲弓第二，冉有第三也。不知班氏因冉有為季氏聚斂，夫子有鳴鼓而攻之語。季氏將伐顓臾，夫子有求乃爾過之責，故進彼而抑此。壽昌所謂班氏是非一以孔氏《論語》為斷者此也。

周氏言是，尚可補充。據上引《論語・先進》（11.3）所列孔門十哲中，仲弓列德行科第四人，冉有居於政事之首，即在十哲之中排名第七。班固據《論語》十哲之序，依次錄於〈古今人表〉，非因助季氏聚斂之過。

98　劉知幾著、浦起龍通釋：《史通通釋》（上海：上海古籍出版社，2009 年），卷 7，頁 173。

曾皙、曾參父子

曾皙，曾參之父，〈古今人表〉中居之第三等上下智人，後於其子曾參。曾參，世稱曾子，有宗聖之稱。其人較孔子小 46 歲。曾子自唐高宗時始有封贈，宋度宗時升列四配。惟在〈古今人表〉中，曾參只列第三等上下智人，不如德行四子位居第二等，亦後於三科六哲。梁玉繩云：

> 孔門受道，唯顏、曾、子貢，則子貢尚宜居第二，與德行四賢齊列，何況曾子古人每稱曰曾、騫，曰參、騫，曰閔、參，曰曾、顏，乃表置於顏、閔、二冉之下，劉知幾嘗譏之矣。[99]

梁氏所言可商。〈古今人表〉排序既本《論語》，《論語》以德行科四子居上中仁人之列，可知班固尊之；至若其他三科，孔門等而下之，故〈古今人表〉次之在上下智人之列。及至曾子，屬孔子後期學生，不入四科十哲之列，是以不在第二等上中仁人之列，梁氏不明此理，故所論有失。楊慎云：「傳道者曾子，廼書於冉、閔、仲弓之下，蓋不知曾子不與四科之故也」[100]。楊氏所言可謂真知灼見。且曾子地位之提升，初不在孔子之時。孔門四科以德行居首，而曾子之行為後世所稱者，首曰其孝。惟較諸德行四子而言，曾子當時年紀太小，在孔門弟子中僅屬後

99　梁玉繩：《人表考》，載《史記漢書諸表訂補十種》，卷 3，頁 603。
100　楊慎所言，轉引自凌稚隆：《漢書評林》（同治甲戌仲冬長沙魏氏養翿書屋校刊本），卷 20，頁 48b。

輩，故不得列德行之科。[101] 再者，梁玉繩以為曾子地位顯赫，
應列為第二等，而以《荀子‧性惡》曾、騫並稱、《隸釋》唐〈扶
頌富春丞張君碑〉則云參、騫、《文選》潘岳〈晉夏侯湛誄〉題
作閔、參、晉嵇含〈臺中安會詩〉作曾、顏證之，然皆為後世
文字，與孔門儒家原始之論，或未相合。此中《荀子‧性惡》
所引或與孔子較近，惟先秦文獻引及曾子者，無有排列於閔子
騫之前，故此文頗有問題。由是觀之，曾子列於第三等上下智
人實屬合理。又劉知幾云：「若孔門達者，顏稱殆庶，至於他
子，難為等差。今先伯牛而後曾參，進仲弓而退冉有，求誰折
中，厥理無聞。」[102] 劉氏所言差矣。伯牛在德行科，乃孔門十
哲，其排名自在曾參之上。又仲弓在德行科，冉有在政事科，
其序次一如孔門四科之次序，無可足怪，劉氏所言亦屬可商。
又周壽昌云：

> 曾子於表中必列第二，後人傳寫誤入第三也。觀下
> 隔子張一人即接書曾皙可見，蓋班即偶爾疏忽，斷無將
> 父子先後倒置，且近在兩三人也。此表中之一大紕繆，
> 而實為未列曾子於此之一確證。表於孔門諸賢，顏閔稱
> 字，有子亦然，其不加號者，獨有曾子一人，似亦推崇甚
> 至。何緣抑置第三？是必傳寫時誤將第二中之曾子脫漏，

---

101 德行科四子，顏淵小孔子 30 歲，閔子騫小孔子 15 歲，冉伯牛小孔子 7 歲，
　　仲弓小孔子 29 歲。曾子則小孔子 46 歲。
102《史通通釋》，卷 7，頁 173。

補書於此。又未細審列在晳前，此寫官之失，決非班氏原次也。劉知幾氏譏其進伯牛而抑曾子，未經綜覽前後，要知此誤尚在唐前。[103]

周氏所言可商，未可盡信。首先，曾子列〈古今人表〉之第三等，乃因第一等上上聖人為孔子；第二等為孔門德行四子，第三等為十哲之其餘六子，此據《論語》而立也。曾參不在十哲之列，居乎三等、次於十哲之後，宜也[104]。其次，不獨曾參在其父前，顏淵亦然。此因顏淵在十哲之列，且孔子嘗許之以仁，故列之在前，在上中仁人之中。〈古今人表〉於時代相若者，多載錄同一文獻來源者，而不據齒排列。此其例也。今《史記‧仲尼弟子列傳》、《孔子家語‧七十二弟子解》亦皆列顏淵、曾參於顏路、曾晳之前，此可見諸書皆與《論語》相類，先十哲而後諸子，論德而不以齒也。第三，周氏所謂傳寫之誤者，文獻無證，只屬臆測之辭而已。

　　至於曾參何以不在十哲之列，前人亦有討論，或可試從《論語》之分章入手。《論語‧先進》提及「從我於陳蔡者，皆不及門也」（11.2），鄭玄以為與「德行：顏淵，閔子騫，冉伯牛，仲弓。言語：宰我，子貢。政事：冉有，季路。文學：子游，

---

103 《漢書註校補》，卷 13，頁 10a-10b。

104 蔡雲云：「德行四人在第二，言語、政事、文學六人在第三，曾子未列四科，故與子張並次子夏後，而適居曾晳前矣。」（蔡雲：《漢書人表考校補》，載《史記漢書諸表訂補十種》，頁 962。）蔡氏言是。曾參因未列四科，故次十哲之後；又因其德，而居父晳之前。

子夏」(11.3) 當合。[105] 朱熹《集註》亦從鄭說，並引程頤云：「四科乃從夫子於陳、蔡者爾，門人之賢者固不止此。曾子傳道而不與焉，故知十哲世俗論也。」[106] 準此，所謂孔門十哲者，蓋與孔子厄於陳蔡之弟子矣。[107] 是以賢弟子如有不在十哲之列者，乃因不共此厄而已，非謂孔門之賢德者盡在於此。

　　曾皙在第三等上下智人之列，居其子曾參之後，梁玉繩云：「皙敘在參之後，子先於父，不可解。」[108] 梁氏以為曾皙為父，所居反而後於其子曾參，實不可解。其實，〈古今人表〉並不全據各人生年先後為序，而實皆有所據。如上文所論，德行科之冉伯牛，小孔子 7 歲，顏淵、閔子騫皆較其年輕，然皆居伯牛之上。如據梁氏所論，則德行四子當以冉伯牛為首，次之為閔子騫，次之為仲弓，末則為顏淵矣。再者，《史記・仲尼弟子列傳》、《孔子家語・七十二弟子解》皆先曾參而後曾皙[109]，

105 陸德明云：「鄭云以合前章，皇別為一章。」(《經典釋文》，卷 24〈論語音義〉，頁 12b。) 邢昺云：「鄭氏以合前章，皇氏別為一章。」〔《論語註疏》，載《十三經註疏（整理本）》(北京：北京大學出版社，2000 年)，卷 11，頁 160。〕據此知鄭玄本《論語》合此二章，皇侃《義疏》本則分之。

106 《四書章句集註》，論語集註，卷 6，頁 123。

107 劉寶楠云：「當時從遊弟子，據〈世家〉有顏淵、子貢、子路，〈弟子列傳〉有子張，《呂氏春秋・慎人篇》有宰予，此外皆無考。」〔劉寶楠：《論語正義》(北京：中華書局，1990 年)，卷 14，頁 440。〕此中唯子張不在孔門四科十哲之列。

108 梁玉繩：《人表考》，載《史記漢書諸表訂補十種》，卷 3，頁 604。

109 二篇皆敘孔門弟子生平事跡，其中〈仲尼弟子列傳〉曾參排名 12，曾皙排名 19；〈七十二弟子解〉曾參排名 12，曾皙排名 23。可知二書皆先序曾參而後曾皙。

可知〈古今人表〉之序次實非孤例。又如顏路，亦居其子顏淵之後，[110] 可知班固排列孔門弟子時先據《論語》所言十哲而列，以《論語》為其文獻依據，而後方及於諸弟子矣。

南容（第三等）與南宮敬叔（第四等）

〈古今人表〉並見南容（第三等）與南宮敬叔（第四等）之名。顏師古註南容云：「南宮縚也，字子容」[111]。其註「南宮敬叔」則云：「南宮适」[112]。據師古註，南容與南宮敬叔當為二人。夏燮云：

> 此表列南容、公冶長於三等。是即孔子以其兄之子妻之之南容也。此四等列南宮敬叔與孟懿子，是據《左傳》懿子與師仲尼之南宮敬叔也。師古因臆度以縚為南容名，适為南宮敬叔名。證之《史記》，云南宮括，字子容。《索隱》引《家語》作南宮縚，以為即孟僖子之子仲孫閱也。是縚與适實一人，字子容，敬叔其諡也。鄭註〈檀弓〉，以南宮敬叔為仲孫閱，杜註《左傳》以敬叔為諡，朱子《集

---

110 顏路列第三等上下智人，梁玉繩云：「表次顏路於子淵之後甚遠，亦失檢。」（梁玉繩：《人表考》，載《史記漢書諸表訂補十種》，卷 3，頁 608。）梁氏不明班固本諸《論語》之旨，顏路所以後於顏淵者，乃因顏淵為孔門四科十哲之首，是以時代相若者，皆論德而不論齒，故顏淵先而顏路後也。

111《漢書》，卷 20，頁 925。

112《漢書》，卷 20，頁 925。

註》本之，確不可易。考《左傳》昭七年，僖子屬說與何
忌於夫子。此僖子之遺命，稱說與何忌，父名子例也。下
云：故懿子與南宮敬叔師事仲尼。記者之詞，因對文並
舉其謚。昭十一年，盟於祲祥，僖子反宿蓬氏，生懿子及
南宮敬叔泉邱人。與七年對文稱謚之例同。班氏未及考，
第以載實一事疑之，因下南容一等。然以《論語》尚德之
言，則又何以異三復白圭之南容也。況〈檀弓〉誣聖門及
其弟子，豈盡信之書哉！[113]

夏氏以為「南容」與「南宮敬叔」當為一人，並以鄭玄和杜預註
為本，指出師古註純為臆測，並非的論。

輩弟子之始見《論語》者

〈古今人表〉所載孔門弟子眾多，其中在第三等上下智人
者，〈古今人表〉所據當係《論語》。此因彼等孔門弟子之言行，
皆首見《論語》，足見班固排序之根本。子張、子賤、公冶長、
公西華、有若、漆彫啟、澹臺滅明、樊遲、巫馬期、司馬牛、

---

113 夏燮：《校〈漢書〉八表》，載《史記漢書諸表訂補十種》，頁 405。又梁玉繩
亦以為南容與南宮敬叔二人「似屬複見」，持論與夏氏相近。梁玉繩云：「南
宮适始見《書大傳》。南宮又作南君，适本作括。南宮氏，括名。案《逸書‧
克殷解》有南宮忽、南宮百達。《史記》作南宮括。明楊慎《升菴集》謂即《論
語》八士中之伯達、伯适、仲忽，皆南宮氏也。表於第四等列八士，而別出
南宮适於上中，似屬複見。但〈晉語〉四胥臣曰：文王詢於八虞，謀於南宮。
分作二科，表蓋本此，當是別一人，不為重出。至《路史‧後紀》十四註謂
禹後有南氏宮括為文王臣，封南陽侯，妄矣。」（梁玉繩：《人表考》，載《史
記漢書諸表訂補十種》，卷 2，頁 553-554。）

子羔、顏路等皆在第三等，王先謙云：「宰我下見《論語》。」[114]
皆指出〈古今人表〉之排序乃據《論語》。

孔門弟子之中，〈古今人表〉嘗歷評《論語》有載者 24 人，
梁玉繩云：「案孔子弟子百餘，即《史記》、《家語》所載亦 77
人，乃表所列不及其半，未測厥旨。」[115] 梁氏所言可商未可盡
信。今考《史記・仲尼弟子列傳》雖載孔門弟子之名 77 人，其
中有載錄其事跡者僅 29 人，並悉數見諸〈古今人表〉之中，故
梁說可商未可盡信。其實，班固編撰〈古今人表〉，各人之等第
必須有文獻依據方可為之，故其表列孔門弟子亦只能參考《論
語》、《史記・仲尼弟子列傳》、《孔子家語・七十二弟子解》等
具載事跡者，而非僅據弟子姓名而入表。

列入之孔門弟子

孔門弟子眾多，除《論語》外，《史記・仲尼弟子列傳》、
《孔子家語・七十二弟子解》等所載時有不同。

---

114 王先謙：《漢書補註》（上海：上海古籍出版社，2008 年），卷 20，頁
1093。此所謂宰我以下者，蓋謂〈古今人表〉第三等上下智人自宰予以下，
子貢、冉有、季路、子游、子夏、曾子、子張、曾晳、子賤、南容、公冶長、
公西華、有若、漆彫啟、澹臺滅明、樊遲、巫馬期、司馬牛、子羔、原憲、
顏路等俱見《論語》。自孔門政事科之宰予以後，至顏淵之父顏路，〈古今人
表〉所列者皆與孔門儒家關係密切。又，在顏路以後，〈古今人表〉於第三等
上下智人復列商瞿、季次、公良、顏刻等。此四人《論語》無載，其中商瞿
始見《史記・仲尼弟子列傳》、季次則始見《史記・游俠列傳》、公良即公良
孺，始見《史記・孔子世家》和〈仲尼弟子列傳〉、顏刻亦始見《史記・孔子
世家》。由是觀之，〈古今人表〉排列既以《論語》為據，之後方取《史記》等
典籍。

115 梁玉繩：《人表考》，載《史記漢書諸表訂補十種》，卷 2，頁 561。

孔門弟子在〈古今人表〉、《史記・仲尼弟子列傳》、《孔子家語・七十二弟子解》的序次

孔門弟子	〈古今人表〉等第	《論語》是否出現	〈仲尼弟子列傳〉序次	〈七十二弟子解〉序次
顏淵	二	✓	1	1
閔子騫	二	✓	2	2
冉伯牛	二	✓	3	3
仲弓	二	✓	4	4
宰予	三	✓	7	5
子貢	三	✓	8	6
冉有	三	✓	5	7
季路	三	✓	6	8
子游	三	✓	9	9
子夏	三	✓	10	10
曾子	三	✓	12	12
子張	三	✓	11	11
曾晳	三	✓	19	23
子賤	三	✓	14	15
南容	三	✓	17	21
公冶長	三	✓	16	20
公西華	三	✓	28	18
有若	三	✓	27	17
漆彫啟	三	✓	23	26
澹臺滅明	三	✓	13	13

孔門弟子	〈古今人表〉等第	《論語》是否出現	〈仲尼弟子列傳〉序次	〈七十二弟子解〉序次
樊遲	三	✔	26	16
巫馬期	三	✔	29	31
司馬牛	三	✔	25	30
子羔	三	✔	22	14
原憲	三	✔	15	19
顏路	三	✔	20	24
商瞿	三	✘	21	25
季次	三	✘	18	22
公良	三	✘		27
顏刻	三	✘		29
公伯寮	四	✔	24	70
琴牢	四	✔		33
申棖	五	✔	57	
陳亢	五	✔		39

除上表所載外，又有部分不在表中之列者，前人嘗疑之為孔門
弟子。林放，字子邱，春秋魯國人，不載於《史記・仲尼弟子
列傳》與《孔子家語・七十二弟子解》，但文翁《禮殿圖》將他
列入孔子的弟子。按《論語・八佾》云：

> 林放問禮之本。子曰：「大哉問！禮，與其奢也，寧
> 儉；喪，與其易也，寧戚。」(3.4)

鄭玄註:「林放，魯人。」[116] 不云其為孔子弟子。劉寶楠謂「《蜀禮殿圖》以林放為孔子弟子，鄭以〈弟子傳〉無林放，故不云弟子」，[117] 是劉氏亦不以林放為孔子弟子。後世註釋本亦只註林放為魯人，而不以為孔門弟子。[118] 據〈古今人表〉，林放列於第五等，其位置與其他孔門弟子相差甚遠，班固置之於子服景伯與陳司敗之間，二人皆《論語》所載人物而已。據此，班固實不以林放在孔門弟子之列。

　　又如陳亢，《史記‧仲尼弟子列傳》不載陳亢，但是《孔子家語‧七十二弟子解》則有之。今觀〈古今人表〉置陳亢於第五等，其位置與其他孔門弟子相差甚遠，班固置之於公明賈與子服景伯之間。據此，班固實不以陳亢在孔門弟子之列，與司馬遷取態相同。《論語》雖有陳亢，大抵只是嘗遊於孔門，[119] 並非孔門弟子。《史記‧孔子世家》云:「孔子以詩書禮樂教，弟子蓋三千焉，身通六藝者七十有二人。如顏濁鄒之徒，頗受業者甚眾。」據此，顏濁鄒自不在 72 人之列，司馬遷不載陳亢為弟子，其情況大抵與顏濁鄒相類。

　　〈古今人表〉具錄陳亢以後，又有名為陳子禽者，俱在第五等；第六等又有名為陳子亢者。[120] 考《論語》，陳亢見〈季氏〉

---

116 《論語註疏》，載《十三經註疏（整理本）》，卷 3，頁 32。

117 劉寶楠:《論語正義》（北京:中華書局，1990 年），卷 3，頁 83。

118 舉例而言，楊伯峻《譯註》註林放為「魯人」（頁 24）、錢穆《新解》註「魯人。或曰孔子弟子」（頁 72）、潘重規《今註》謂「林放，魯國人」（頁 40），皆不以林放為孔子弟子。安作璋《論語辭典》以為林放「相傳為孔子弟子」，「皆出附會，不足據也」。（頁 187）

119 《論語‧季氏》16.13 嘗載陳亢問於孔子兒子孔鯉之事，其人僅見《論語》一次。

120 《漢書》，卷 20，頁 934、頁 935、頁 936。

（16.13）、陳子禽則見〈子張〉（19.25），陳子亢則未見之。陳
亢，字子禽，故前人學者多以為〈古今人表〉班固誤分為二人。
夏燮云：

> 　　按《論語》子禽註引鄭曰：子禽，弟子陳亢也。疏
> 引《家語‧七十二弟子解》云：陳亢字子禽，陳人，小
> 孔子四十歲。是陳亢、陳子禽實一人，此表分二人，同
> 列之五等，似以子禽別是一人。然《論語》子禽稱陳始
> 見〈微子〉。故表中於亢、子禽上皆加陳字。是班氏不
> 據亢字子禽之說，而陳之是邑是姓，亦不見師古註中。
> 至《史記‧弟子列傳》無陳亢名字，疑史遷主子貢弟子
> 之說耳。[121]

夏氏以為陳亢與陳子禽當為一人，分之乃班固誤載。又指出
《史記‧仲尼弟子列傳》所以不載陳亢，乃因亢為子貢弟子，
觀〈子張〉（19.25）可知。又梁玉繩於「陳子禽」條下云：

> 　　案前陳亢，此陳子禽，後第六陳子亢，《繹史》以子
> 禽重出，子亢為子車之訛。余謂〈表〉雖有重出，必無半
> 幅之中，一人三見。蓋此子禽乃子車之訛也。陳子亢是
> 子車弟，〈檀弓〉甚明。子車、子亢，皆其字，與陳人名
> 亢字子禽者判然不同。自鄭註〈檀弓〉誤云子亢，孔子弟
> 子，遂認作一人矣。[122]

---

121 夏燮：《校〈漢書〉八表》，載《史記漢書諸表訂補十種》，頁409。
122 梁玉繩：《人表考》，載《史記漢書諸表訂補十種》，卷5，頁733。

陳子亢見於《禮記・檀弓下》，與陳亢、陳子禽是否同為一人，難以評定。梁氏以為〈古今人表〉不當一人三見，當中自有文字之訛，其說可參，然卻未有道出〈古今人表〉之編撰原則。陳亢唯見《論語》，陳子禽亦然，且勿論二人是否重出，然班固所列人名既以《論語》為本，則書中有二人之名，而〈古今人表〉悉錄之。

又據〈古今人表〉所載，第三等上下智人之列，自宰予至於顏路等 22 人，皆為孔門弟子，並見載《論語》；可知班固乃據《論語》所記入文。惟商瞿、季次、公良、顏刻等四人，其事跡俱不見於《論語》。《史記・仲尼弟子列傳》、《孔子家語・七十二弟子解》則有載其事，可知班固以《論語》為收錄孔門弟子之第一依據，此後亦有參考各書，並補充數名弟子在後。準此，知班固雖以《論語》為本，仍不廢其他相關典籍之記載，果良史之材也。

3.《論語》裏其他人物之次第

殷之三仁

微子啟為商之貴族，紂王之庶兄。屢向紂王進諫而不聽。殷亡以後，降周。箕子亦為商之貴族，紂王叔父。勸諫紂王，不聽反囚。武王克殷後釋之，並問之以治國之道。比干乃殷宗室，紂時為丞相。犯顏直諫，終為紂王殘殺。孔子嘗評論三人，《論語・微子》云：

> 微子去之，箕子為之奴，比干諫而死。孔子曰：「殷有三仁焉。」（18.1）

〈古今人表〉具列三人為第二等上中仁人，且按此序排列，可見班固所據乃係《論語》。

老彭與彭祖

〈古今人表〉置老彭於第三等上下智人，與商湯時代相若。老彭，一說為老子、彭祖二人；一說為彭祖；一說為孔子友人。楊伯峻疑老彭或即《大戴禮記・虞戴德》之商老彭，[123] 實未可知。梁玉繩云：「老彭始見《論語》、《大戴禮記・虞戴德》。殷賢大夫。亦曰殷彭。案老彭疑彭祖之裔，舊以為即彭祖，恐非。」[124] 梁氏指出老彭本諸《論語》，其言是也。《論語・述而》云：

> 子曰：「述而不作，信而好古，竊比於我老彭。」(7.1)

此即〈古今人表〉所本。又第二等上中仁人有女潰者，班固自註：「陸終妃，生六子：一曰昆吾，二曰參胡，三曰彭祖，四曰會乙，五曰曹姓，六曰季連。」[125] 其中可見彭祖，則班固以老彭與彭祖為二人。梁玉繩云：

> 彭祖乃彭姓之祖，與老彭為二人。老者，尊稱，蓋其裔也。故表列彭祖二等，老彭三等。彭祖綿壽永世，《莊子・釋文》引晉崔譔、李頤註《荀子・修身》註竝云：鏗，

123　楊伯峻：《論語譯註》（香港：中華書局，1984 年），頁 66。

124　梁玉繩：《人表考》，載《史記漢書諸表訂補十種》，卷 3，頁 573。

125《漢書》，卷 20，頁 873-874。

堯臣，七百歲。《神仙傳》云七百六十七歲，《列子・力命》云壽八百，《楚辭》註云事堯至八百歲，《水經註》、《莊子・釋文》引《世本》同。《史・五帝紀》敍堯、舜十臣，置彭祖於禹、益、皋、夔之閒，而顓項傳三百五十年，嚳傳四百年，加唐、虞一百五十年，政得八百。彭祖當生高陽中世，則壽七百較實。高誘註《呂子・情欲》、〈為欲〉、〈執一〉諸篇，皆言七百歲。《潛夫論・讚學》曰顓項師老彭，猶云顓項氏耳。若老彭是殷初人，表列成湯時，漢包咸《論語》註殷賢大夫，《大戴禮・虞戴德》稱商老彭，《後漢書・張衡傳》稱殷彭，俱可取證。[126]

據梁說，彭祖與老彭為二人，故班固分而列之。其中彭祖以長壽見稱，乃堯時之人；老彭則據包咸說、《大戴禮記》、《後漢書》等，蓋為殷商早期賢人。

管仲

〈古今人表〉列管仲為第二等上中仁人。在《論語》中，孔子曾稱許七人為仁[127]，其中論述較為詳審有二，一為顏淵，二為管仲。《論語》有關管仲之評價具見以下四章：

> 子曰：「管仲之器小哉！」或曰：「管仲儉手？」曰：「管氏有三歸，官事不攝，焉得儉？」「然則管仲知禮手？」

126　梁玉繩：《人表考》，載《史記漢書諸表訂補十種》，卷 2，頁 531-532。

127　七人分別為微子、箕子、比干 (18.1)、伯夷、叔齊 (7.15)、管仲 (14.9、14.16、14.17)、顏淵 (6.7)。

曰：「邦君樹塞門，管氏亦樹塞門。邦君為兩君之好，有
反坫，管氏亦有反坫。管氏而知禮，孰不知禮？」(3.22)

或問子產。子曰：「惠人也。」問子西。曰：「彼哉！
彼哉！」問管仲。曰：「人也。奪伯氏駢邑三百，飯疏食，
沒齒無怨言。」(14.9)

子路曰：「桓公殺公子糾，召忽死之，管仲不死。」
曰：「未仁乎？」子曰：「桓公九合諸侯，不以兵車，管仲
之力也。如其仁！如其仁。」(14.16)

子貢曰：「管仲非仁者與？桓公殺公子糾，不能死，
又相之。」子曰：「管仲相桓公，霸諸侯，一匡天下，民到
於今受其賜。微管仲，吾其被髮左衽矣。豈若匹夫匹婦
之為諒也，自經於溝瀆而莫之知也？」(14.17)

如就〈憲問〉所引三章觀之，孔子對管仲評價甚高，以為其不
徇舊主（公子糾），反而輔佐桓公，能令百姓受其恩惠。時人似
乎對管仲之行為有所非議，以為「未仁乎」，惟孔子則謂管仲
乃仁。阮元云：「管仲不必以死子糾為仁，而以匡天下為仁，
蓋管仲不以兵車會諸侯，使天下之民無兵革之災，保全生民性
命極多。仁道以愛人為主，若能保全千萬生民，其仁大矣。
故孔子極許管仲之仁，而略其不死公子糾之小節也。」[128] 至
於〈八佾〉所引，孔子明確批評管仲不知禮。準此，是管仲一

---

128 阮元：〈論語論仁篇〉，載阮元：《揅經室集》（北京：中華書局，1993 年），
一集卷 8，頁 190。

人，而孔子評價迴異。徐剛以為「孔子責管仲以非禮，是就實際發生的事實而言；他許管仲以仁，是看到管仲的實質，深明大義」，[129] 徐說有理可參。〈古今人表〉將管仲列為第二等上中仁人，明顯是〈憲問〉所引三章之結論，班固以管仲為仁，實與孔子之想法相符。翁聖峰云：「在儒家之外，除管仲居二等，李悝、田子方、西門豹在三等，其他諸家均被列在四等以下。」[130] 翁說可補。此因班固所據乃係《論語》，孔子既許管仲為仁人，則班固自是列之上中仁人，此實班氏據孔子立說之明證，而不在管仲本身是否儒家。

大師摯等八人

大師摯、亞飯干、三飯繚、四飯缺、鼓方叔、播鼗武、少師陽、擊磬襄八人為古代樂官，具體生平事跡無考，惟《論語・微子》載文一章，如下：

> 大師摯適齊，亞飯干適楚，三飯繚適蔡，四飯缺適秦，鼓方叔入於河，播鼗武入於漢，少師陽、擊磬襄入於海。（18.9）

大師為樂官之長，亞飯、三飯、四飯皆古代樂官名。古時天子、諸侯用飯時都得奏樂，故設眾多樂官之職。鼓方叔，乃名方叔

129　徐剛：《孔子之道與論語其書》（北京：北京大學出版社，2009 年），頁 231。
130　翁聖峰：〈《漢書・古今人表》試論〉，載《輔仁國文學報》第 13 卷（1998 年），頁 194。

的擊鼓者；鼗乃小鼓，兩旁有耳，播為搖義，此人名武；少師乃樂官之佐，陽為人名；擊磬襄或謂即師襄子也。〈古今人表〉八人按序並在第三等上下智人之列。據〈古今人表〉所載，班固以為八人約生活於商末周初之時。班氏以此八人納入〈古今人表〉，八人之序次與《論語》之文全同，可見班氏之依據實為《論語》。

衛靈公及衛國眾臣

　　孔子周遊列國之時，多次訪衛，時靈公為衛君，其人不能重用孔子，故孔子最終離衛返魯。衛靈公無道，《論語‧憲問》具言之，且《史記‧孔子世家》載其「與孔子語，見蜚鴈，仰視之，色不在孔子」，〈古今人表〉次其為第九等下下愚人。《左傳‧襄公二十九年》謂「衛多君子，未有患也」，可見即使靈公昏庸無道，然衛國多有德之士，遂使國不亡也。〈古今人表〉載有衛臣史魚、公叔文子、仲叔圉、祝佗、王孫賈等，俱見《論語》。梁玉繩引錢大昕曰：「衛靈無道而不喪邦，由仲叔圉三人之力，故皆入第四等。此用《論語》說。」[131] 以下為《論語》引及衛臣之章節：

　　　子曰：「直哉史魚！邦有道，如矢；邦無道，如矢。君子哉蘧伯玉！邦有道，則仕；邦無道，則可卷而懷之。」（15.7）

---

131 梁玉繩：《人表考》，載《史記漢書諸表訂補十種》，卷 4，頁 665

　　子問公叔文子於公明賈曰：「信乎，夫子不言，不笑，
不取乎？」公明賈對曰：「以告者過也。夫子時然後言，
人不厭其言；樂然後笑，人不厭其笑；義然後取，人不厭
其取。」子曰：「其然？豈其然乎？」(14.13)

　　子言衛靈公之無道也，康子曰：「夫如是，奚而不
喪？」孔子曰：「仲叔圉治賓客，祝鮀治宗廟，王孫賈治
軍旅。夫如是，奚其喪？」(14.19)

其中最宜關注為〈憲問〉(14.19)，此章除言及衛靈公無道外，
更道三位分工合作之衛臣，分別是仲叔圉、祝鮀、王孫賈。〈古
今人表〉具列三人，皆在第四等，其序次與《論語》所載相同。
至於史魚素有正直之名，《孔子家語‧困誓》更有載史魚以「屍
諫」之事。公叔文子為衛國大夫，在《左傳‧定公六年》、〈十三
年〉、《禮記‧檀弓下》有載其事。死後諡為「貞惠文子」。[132]〈憲
問〉(14.13) 所引謂公叔文子在適當時候才說話，高興了才笑，
應該取才取，行為適切，亦是有德之人。準此，〈古今人表〉列
此衛臣五人，皆據《論語》所載。

伯夷、叔齊

　　伯夷與叔齊為兄弟，商末孤竹君之子，見載《論語》。知
在《論語》以前，典籍所載無伯夷、叔齊之人。《論語》嘗數次
援引伯夷、叔齊，具見如下：

---

132 《禮記註疏》，載《十三經註疏（整理本）》，卷 10，頁 340。

子曰：「伯夷、叔齊不念舊惡，怨是用希。」（5.23）

冉有曰：「夫子為衛君乎？」子貢曰：「諾；吾將問之。」入，曰：「伯夷、叔齊何人也？」曰：「古之賢人也。」曰：「怨乎？」曰：「求仁而得仁，又何怨？」出，曰：「夫子不為也。」（7.15）

齊景公有馬千駟，死之日，民無德而稱焉。伯夷叔齊餓於首陽之下，民到於今稱之。其斯之謂與？（16.12）

子曰：「不降其志，不辱其身，伯夷、叔齊與！」（18.8節錄）

考《論語》引伯夷、叔齊四次，其中〈述而〉（7.15）所引最為重要。〈述而〉（7.15）言二人「求仁而得仁」，可見孔子以仁稱許二人，是以〈古今人表〉據此而廁夷、齊於第二等上中仁人之列。司馬遷編撰《史記》，而為夷、齊立傳，並援引《論語》（5.23）、（7.15）之文。許由、務光、伯夷、叔齊，皆古代有德之人，然許由、務光後世少人論之，伯夷、叔齊則多有討論，司馬遷以為正是孔子曾經論述之故。否則，伯夷、叔齊亦一如許由、務光等無人問津。

隱逸之士

孔子生時，禮崩樂壞，因欲救天下，遂周遊列國。在周遊列國過程之中，孔子多次遇上隱士，其實亦代表了當時天下士

人出處進退之態度。〈古今人表〉載有儀封人、長沮、桀溺、丈人、何蕢、楚狂接輿等六人,具見《論語》,其文如下:

> 儀封人請見,曰:「君子之至於斯也,吾未嘗不得見也。」從者見之。出曰:「二三子,何患於喪乎?天下之無道也久矣,天將以夫子為木鐸。」(3.24)

> 長沮、桀溺耦而耕,孔子過之,使子路問津焉。長沮曰:「夫執輿者為誰?」子路曰:「為孔丘。」曰:「是魯孔丘與?」曰:「是也。」曰:「是知津矣。」問於桀溺。桀溺曰:「子為誰?」曰:「為仲由。」曰:「是魯孔丘之徒與?」對曰:「然。」曰:「滔滔者天下皆是也,而誰以易之?且而與其從辟人之士也,豈若從辟世之士哉?」耰而不輟。子路行以告。夫子憮然曰:「鳥獸不可與同羣,吾非斯人之徒與而誰與?天下有道,丘不與易也。」(18.6)

> 子路從而後,遇丈人,以杖荷蓧。子路問曰:「子見夫子乎?」丈人曰:「四體不勤,五穀不分。孰為夫子?」植其杖而芸。子路拱而立。止子路宿,殺雞為黍而食之,見其二子焉。明日,子路行以告。子曰:「隱者也。」使子路反見之。至則行矣。子路曰:「不仕無義。長幼之節,不可廢也;君臣之義,如之何其廢之?欲潔其身,而亂大倫。君子之仕也,行其義也。道之不行,已知之矣。」(18.7)

> 子擊磬於衛,有荷蕢而過孔氏之門者,曰:「有心哉,擊磬乎!」既而曰:「鄙哉,硜硜乎!莫己知也,斯己而已矣。深則厲,淺則揭。」子曰:「果哉!末之難矣。」(14.39)

> 楚狂接輿歌而過孔子曰：「鳳兮鳳兮！何德之衰？往者不可諫，來者猶可追。已而，已而！今之從政者殆而！」孔子下，欲與之言。趨而辟之，不得與之言。（18.5）

此中《論語》五章，皆奇人異士與孔子之對話。儀封人以為天下無道雖久，終將以孔子為木鐸。長沮、桀溺乃避世之士，希望遊說孔子和弟子歸隱不仕。荷蓧丈人亦為不仕之隱者，直斥子路為「四體不勤，五穀不分」。荷蕢過門者亦隱士，孔子聽其音而知其難以說服。楚狂接輿始見《論語》，其言今之從政者無可救藥，以為孔子不應繼續迷失。此等隱逸之士，《論語》皆載其事跡，因其人能與孔子相會，亦有德，故〈古今人表〉乃據《論語》而接連廁諸第四等。

4. 僅見於《論語》之人物

考之《漢志》，典籍散佚者十居其九，傳世者實如吉光片羽，彌足珍貴。[133] 有些人物僅見《論語》，〈古今人表〉既有載之，自是以之為本。翁聖峰云：「所評判的人物如果事跡明顯，則智慧、道德、事功三者往往被拿來做為綜合性判準。」[134] 翁

---

133 陳登原云：「吾人但取《漢書‧藝文志》以校《隋書‧經籍志》，取《隋書‧經籍志》以校金門詔之《明史經籍志》，取《明史經籍志》以校《四庫總目》，則吾人對於先人之典籍淪亡，文獻難徵，不將為之泫然？曹卷圃言：『自宋以來，書目十有餘種，粲然可觀。按實求之，其書十不存四五。』今去曹氏時，又二百餘年矣，其損失更可知已。」〔陳登原：《古今典籍聚散考》（上海：華東師範大學出版社，2010 年），頁 3。〕此可知古籍散佚極多，今所存者不過十之一二而已。

134 翁聖峰：〈《漢書‧古今人表》試論〉，頁 185。

說不必然，此因人物即使事跡不明，惟先秦舊典有所記載，班固亦置於〈古今人表〉之中，此蓋班固所本，不必待事跡詳細然後方能明。

朱張、少連

朱張、少連，二人乃孔子稱道之古逸民，言行無可考，生活年代不詳。二人惟見《論語》，少連亦尚見於《禮記・雜記下》。[135] 梁玉繩以為〈古今人表〉載朱張、少連乃本諸《論語》，其言是也。二人見於《論語・微子》：

> 逸民：伯夷、叔齊、虞仲、夷逸、朱張、柳下惠、少連。子曰：「不降其志，不辱其身，伯夷、叔齊與！」謂「柳下惠、少連，降志辱身矣，言中倫，行中慮，其斯而已矣。」謂「虞仲、夷逸，隱居放言。身中清，廢中權。我則異於是，無可無不可。」（18.8）

逸民乃「節行超逸」之人，[136] 顏師古以為是「有德而隱處者」。[137] 此中言及逸民七人，後分析其中六者，唯朱張不言。錢穆云：「蓋朱張之言行，孔子時已無可得稱，故孔子但存其名，不加

---

135 《禮記・雜記下》云：「孔子曰：『少連、大連善居喪，三日不怠，三月不解，期悲哀，三年憂，東夷之子也！』」（《禮記註疏》，載《十三經註疏（整理本）》，卷 42，頁 1398。）孔子以為少連善守孝道而知禮。

136 何晏云：「逸民者，節行超逸也。」（《論語註疏》，載《十三經註疏（整理本）》，卷 18，頁 288。）

137 《漢書》，卷 21 上，頁 955。

論列耳。」[138] 即使孔子之時已不知其事跡，然〈古今人表〉據
《論語》而廁之第二等上中仁人之列。

達巷黨人

達巷是街巷之名，黨人是其所居之人。生卒年不詳。《論
語・子罕》云：

> 達巷黨人曰：「大哉孔子！博學而無所成名。」子聞
> 之，謂門弟子曰：「吾何執？執御乎？執射乎？吾執御
> 矣。」（9.2）

此章達巷黨人稱讚孔子，以為博學無所不能。梁玉繩云：「達
巷黨人惟見《論語》。達巷者，黨名，此黨之人，即項囊也。又
作項託，亦曰后囊，亦曰太項，亦曰童子，七歲為孔子師。其
人短折，十歲而亡。保定府滿城縣南門有先聖大王祠，號小兒
神。」[139] 梁氏謂達巷黨人即項託，即《戰國策・秦策五》所謂
「七歲而為孔子師」者。[140] 古人姓名多有不同稱呼，〈古今人表〉
題為「達巷黨人」，位廁第三等上下智人之列，乃班固據《論語》
而立之證。

138　錢穆：《論語新解》（台北：東大圖書公司，1991 年第 2 版），頁 662。

139　梁玉繩：《人表考》，載《史記漢書諸表訂補十種》，卷 3，頁 610。

140　劉向集錄：《戰國策》（上海：上海古籍出版社，1998 年），卷 7，頁 282。

周之八士

周代有八位賢士，分別是伯達、伯适、仲突、仲忽、叔夜、叔夏、季隨、季騧。[141]〈古今人表〉具列八人，緊接排列，皆在第四等，八人之序次與《論語‧微子》（18.11）所次相同。其文如下：

> 周有八士：伯達、伯适、仲突、仲忽、叔夜、叔夏、季隨、季騧。（18.11）

《論語》此章在言周代人才之盛。其中仲突之「仲」，〈古今人表〉作「中」；仲忽之「忽」，〈古今人表〉作「曶」。王先謙指出「即《論語》『周八士』也」，[142] 皆明班固所本。

大夫僎等

大夫僎，公叔文子家臣，名僎。事跡無考。此人僅見《論語‧憲問》。其文如下：

---

141 此周之八士，時代不詳。潘重規云：「此八人，鄭玄以為成王時，劉向、馬融以為宣王時。相傳是一個母親連接生下來的四對雙生子，所以依着伯、仲、叔、季的順序排列，而且每對雙生子的名字各自押韻。第一次生的，名字伯達、伯适。第二次生的，名叫仲突、仲忽。第三次生的，名叫叔夜、叔夏。第四次生的，名叫季隨、季騧。但其詳今已無考。」（潘重規：《論語今註》，台北：里仁書局，2000 年，頁 416。）黃懷信云：「此蓋孔子舉有周一代伯、仲、叔、季行之名士，各有二，故為八士，非一母所生，亦非一王之時人。」（《論語彙校集釋》，卷 18，頁 1657。）可見八士是否一母所生，人言人殊，莫衷一是。今姑存二說如上。

142《漢書補註》，卷 20，頁 1036。

公叔文子之臣大夫僎，與文子同升諸公。子聞之，
曰：「可以為『文』矣。」（14.18）

〈古今人表〉列大夫僎於第五等。錢大昕云：「即《論語》大夫
僎。」[143] 此人無其他事跡，唯《論語》載之，則〈古今人表〉所
據必為《論語》。

魯大師

大師，樂官名。此處言魯大師，即魯國之樂官也。《論語·
八佾》云：

子語魯大師樂，曰：「樂其可知也：始作，翕如也；
從之，純如也，皦如也，繹如也，以成。」（3.23）

孔子告訴魯國樂官演奏音樂之道理。〈古今人表〉廁魯太師
於第五等。梁玉繩云：「案此太師不定是師摯，故註疏但云樂
官名。或疑〈表〉重出，非也。」[144] 梁氏以為魯太師與師摯是
二人，考師摯見《論語·微子》（18.9），〈古今人表〉亦有之。
〈古今人表〉據《論語》為文，自是以之為二人，梁說是也。
孫國仁云：「非必太師摯也，表別列太師摯，此當是師金，
見《莊子·天運》。《釋文》李云：『師，魯太師也，金，其名

143 錢大昕：《廿二史考異》（南京：江蘇古籍出版社，1997 年），卷 6，頁 144。
144 梁玉繩：《人表考》，載《史記漢書諸表訂補十種》，卷 5，頁 732。

也。』」[145] 孫氏以為魯大師為師金，純屬臆測之辭。然魯大師既只見於《論語》，則〈古今人表〉據以入文者必為此書，當無可疑。

又中中第五等的魯太師、公明賈、陳亢、子服景伯、林放、陳司敗、陳子禽、陽膚、尾生高、申棖、師冕等十一人俱見《論語》，可知班固編撰〈古今人表〉之依據。

公明賈

公明賈，朱熹《集註》以為「公明姓，賈名，亦衛人」。[146]〈古今人表〉廁於第五等。《論語‧憲問》載有孔子與公明賈之對話：

> 子問公叔文子於公明賈曰：「信乎，夫子不言，不笑，不取乎？」公明賈對曰：「以告者過也。夫子時然後言，人不厭其言；樂然後笑，人不厭其笑；義然後取，人不厭其取。」子曰：「其然？豈其然乎？」（14.13）

孔子與公明賈討論公叔文子之為人。李零云：「《集註》推測是衛人，姓公明，名賈。《禮記》的〈檀弓上〉、〈祭儀〉有公明儀，《孟子》的〈滕文公上〉、〈滕文公下〉和〈萬章上〉有公明儀、公明高。公明確實是氏。衛有公孟氏，如公孟縶（衛靈公的兄

---

145 孫國仁：《漢書人表略校》，載《史記漢書諸表訂補十種》，頁 1044。
146《四書章句集註》，論語集註，卷 7，頁 152。

弟）、公孟彄（公孟縶的兒子）。齊也有公孟綽。古書中，明、
盟、孟是通假字，如孟津作明津或盟津，古文字也有把作行輩
字的孟寫成盟的例子。公明氏疑是公孟氏。」[147] 據李零說，公
明、公盟、公孟相通，公明賈或於其他文獻有徵。然而，〈古
今人表〉引作公明賈，即僅見於《論語》者，可見班固撰表之所
重及依據。

　　〈古今人表〉尚有載錄其他唯見《論語》之人物，如林放、
陳司敗、陽膚、師冕、齊伯氏、闕黨童子、衛公孫朝、尾生
晦、互鄉童子等。此等人物只見《論語》，必為班固編撰〈古今
人表〉所參。

5.〈古今人表〉與《論語》評價有異

孔子不居聖而位列上上聖人

　　〈古今人表〉將人物分為九等，其中第一等為上上聖人，
班固重儒術，故列孔子於第一等，並題為「仲尼」。且孔子亦
為全篇最後一位聖人。然而，在《論語》裏，孔子多次否認自
己是聖人，只強調是好學不已之人而已，《論語・公冶長》：
「十室之邑，必有忠信如丘者焉，不如丘之好學也」（5.28）。孔
子甚至清楚直接指出「若聖與仁，則吾豈敢？」（7.34 節錄），
可知孔子並不以自己為聖人或仁人。班固如據《論語》編撰〈古
今人表〉，則不當廁孔子於第一等上上聖人之列。

147《喪家狗：我讀〈論語〉》，附錄，頁 109。

孔子在生之時，時人弟子已有稱其為「聖人」者。《論語・子罕》云：

> 大宰問於子貢曰：「夫子聖者與？何其多能也？」子貢曰：「固天縱之將聖，又多能也。」子聞之，曰：「大宰知我乎！吾少也賤，故多能鄙事。君子多乎哉？不多也。」(9.6)

子貢指出上天讓孔子成為大聖，又多才多藝。至孔子死後，後學便開始樹聖，而自以為聖人之徒。《孟子・公孫丑上》云：

> 昔者子貢問於孔子曰：「夫子聖矣乎？」孔子曰：「聖則吾不能，我學不厭而教不倦也。」子貢曰：「學不厭，智也；教不倦，仁也。仁且智，夫子既聖矣。」(3.2 節錄)

在這裏，孔子曾表示不願當聖人，自己只是學之不厭和教而不倦。可是，子貢還是一廂情願指出孔子既仁且智，便是聖人矣。此話是否真出子貢，不得而知。此因上引《論語・述而》(7.34) 之文並無子貢之答語，然則此處子貢直言孔子「既聖」，或出孟子之潤飾。到了漢代，司馬遷編撰《史記・孔子世家》，文末曰：「天下君王至於賢人眾矣，當時則榮，沒則已焉。孔子布衣，傳十餘世，學者宗之。自天子王侯，中國言六藝者折中於夫子，可謂至聖矣！」[148] 司馬遷已直呼孔子為「至聖」矣。

148《史記》，卷 47，頁 1947。

《漢書》乃繼《史記》而作，班固自然承繼司馬遷對孔子之評
價，因而列孔子為上上聖人，而不依從《論語》之説法。翁聖
峰謂〈古今人表〉「肯定了以孔子為首的儒家地位，彰顯孔子紹
繼前聖的歷史地位，使得數千年以儒家為歷史文化的重心更加
穩固」。[149]

子產列為第二等上中仁人

公孫僑，字子產，鄭大夫，《論語》凡三見。三段文字具
列如下：

> 子謂子產，「有君子之道四焉：其行己也恭，其事上
> 也敬，其養民也惠，其使民也義。」(5.16)

> 子曰：「為命，裨諶草創之，世叔討論之，行人子羽
> 修飾之，東里子產潤色之。」(14.8)

> 或問子產。子曰：「惠人也。」問子西。曰：「彼哉！
> 彼哉！」問管仲。曰：「人也。奪伯氏駢邑三百，飯疏食，
> 沒齒無怨言。」(14.9)

《論語‧公冶長》所載者，乃言子產之德。〈憲問〉14.8 者，言
鄭國制定外交辭令十分審慎，子產是最後把關之人。至於〈憲

---

149 翁聖峰：〈《漢書‧古今人表》試論〉，頁 187。

問〉14.19 條，據此而知管仲當較子產為佳，但〈古今人表〉置二人於第二等上中仁人之部。孔子以管仲為仁，則班固置管仲於上中仁人乃為合理。而班固亦置子產於仁人之列，則與《論語》原意不合。司馬遷《史記‧鄭世家》云：「二十三年，諸公子爭寵相殺，又欲殺子產。公子或諫曰：『子產仁人，鄭所以存者子產也，勿殺！』乃止」，又〈太史公自序〉云：「子產之仁，紹世稱賢。」可見司馬遷以為子產為仁者，則〈古今人表〉廁子產於上中仁人之列，未必據之《論語》，或實參諸《史記》。

齊桓公（第五等）、晉文公（第四等）

齊桓公、晉文公皆為春秋五霸，據《論語‧憲問》所載，孔子對二人之評價大抵以齊桓公較高。其曰：

子曰：「晉文公譎而不正，齊桓公正而不譎。」（14.15）

譎，詭詐；正，正直。晉文公之詭詐，如《左傳‧僖公二十八年》天王狩於河陽之事，晉文公實召天子而使諸侯朝之，以臣召君。齊桓公之正直，則如《左傳‧僖公四年》所載，齊桓公伐楚，責其苞茅不入於周室，義正詞嚴。據此大抵孔子以為齊桓公較晉文公為佳。然而，〈古今人表〉廁齊桓公於第五等，晉文公為第四等，與《論語》之評價顯有不同，又篇首云：「齊桓公，管仲相之則霸，豎貂輔之則亂。可與為善，可與為惡，是謂中人」。可知齊桓公易受大臣唆擺，乃中中之人，賢人輔之則善，無德者輔之則惡。班固特於篇首加以說明，知其不以

《論語》所載為據矣。朱一新《漢書管見》云：「齊桓晚節不終，故居於次。管仲相之則伯，豎刁輔之則亂，可善可惡，是為中人列於五等之故。班氏已明言之矣。桓之伯由於仲，今列仲於上中，則非不知伯首之功盛也。仲列於仁人，即孔子許仲為仁之意。」[150] 朱氏以為班固列管仲於第二等上中仁人，列齊桓公於第五等，乃在表明管仲之功。

甯武子（第二等）

甯武子，衛國世卿，名俞。其事見《左傳》及《論語》。〈古今人表〉列之為第二等上中仁人。《論語·公冶長》之文如下：

> 子曰：「甯武子，邦有道，則知；邦無道，則愚。其知可及也，其愚不可及也。」(5.21)

準此，孔子以為甯武子為智人，則班固如據《論語》立說，甯武子應只列於上下智人之列。張蓓蓓以為班固亦推崇甯武子，「亦列在二等。所謂知可及而愚不可及，甯武子若居於三等『智人』之列，似乎便不足以見出其人的超卓了」。[151] 其實，《論語》不過是〈古今人表〉所參考眾多典籍之一，班固雖主《論語》，卻不必只據《論語》，其以甯武子為仁人，定必另有所據。

---

150 朱一新：《漢書管見》，載吳平、曹剛華、查珊珊輯：《漢書研究文獻輯刊》（北京：國家圖書館出版社，2008 年），第六冊，卷 2，頁 15b。

151 張蓓蓓：〈漢書古今人表對論語中人物的品第〉，頁 36。

第三節

漢人對孟子思想的呈現 —— 孟母故事與孟子學說

孟母姓名，史書無載。延祐三年（1316年），元仁宗追封孟子父為邾國公，母為邾國宣獻夫人，不稱姓名。明代成化十八年（1482年），劉濬《孔顏孟三氏志》始謂「孟子之父激公宜，母仉氏，或云李氏」，及後明清兩代普遍使用。孟母是孟子的母親，後世多以為孟母影響孟子甚深，如劉向所編《列女傳》：「孟子長，學六藝，卒成大儒之名。君子謂孟母善以漸化」。據此，是孟子之學術，其光輝之人格，皆承傳自其母。細究孟子之學術淵源，授受不明，或謂私淑諸人，或謂受自子思之門人，至其家學，罕有所論。楊伯峻說：「關於他的父母，我們知道得很少。」[152] 孟母故事，主要見於《韓詩外傳》和劉向所編《列女傳》。本文即以此等記述為主線，討論孟母故事與孟子學說之關係，並略述孟母故事出現之因由。

一、漢代之孟母故事

孟子是戰國中後期人，除了《孟子》以外，其事跡亦見戰國秦漢其他典籍。如《戰國策・燕策一・燕王噲既立》便載有孟子說齊宣王之辭；《荀子・非十二子》有荀子批評思孟學派之語。孟母則不然，其人雖然早於孟子，但先秦典籍全無孟母

---

152 楊伯峻：《孟子譯註》（北京：中華書局，1960年），導言，頁1。

之記載。今所見孟母事跡，最早為西漢韓嬰所編《韓詩外傳》，以及劉向所編《列女傳》。此後孟母事跡逐漸發展，成為中國古代母親教子之典範。《韓詩外傳》云：

> 孟子少時誦，其母方織，孟輟然中止，乃復進，其母知其諠也，呼而問之曰：「何為中止？」對曰：「有所失復得。」其母引刀裂其織，以此誡之，自是之後，孟子不復諠矣。孟子少時，東家殺豚。孟子問其母曰：「東家殺豚何為？」母曰：「欲啖汝。」其母自悔而言曰：「吾懷妊是子，席不正不坐，割不正不食，胎教之也。今適有知而欺之，是教之不信也。」乃買東家豚肉以食之，明不欺也。《詩》曰：「宜爾子孫繩繩兮。」言賢母使子賢也。（卷九）

《韓詩外傳》的作者為韓嬰，《史》、《漢》具載其事。其人乃文帝時博士，景帝時為常山王太傅，武帝時嘗與董仲舒論於上前。總之，韓嬰編撰《韓詩外傳》之時，不會後於漢武帝。此亦今所首見孟母故事。此言孟母事跡者二，一為斷機教子，二為買豚明信。二者之中，斷機教子之事後見《列女傳·母儀傳》，文字有詳略之分；買豚明信事則僅見《韓詩外傳》。[153] 又，買豚明信一事，似乎本於《韓非子·外儲說左上》，但買豚明

---

[153] 陳士珂《韓詩外傳疏證》（台北：新文豐出版公司據文淵樓叢書本影印，1989 年），卷 9，頁 1a-2a。載有《韓詩外傳》之互見文獻，其中卷 9 此段有關孟母之文，亦僅載錄《列女傳》斷機教子之文，明先秦兩漢傳世文獻之中，僅有此文與《外傳》之文互見。

信的卻非孟子母親而是曾子，其曰：

> 曾子之妻之市，其子隨之而泣。其母曰：「女還，顧
> 反為女殺彘。」妻適市來，曾子欲捕彘殺之。妻止之曰：
> 「特與嬰兒戲耳。」曾子曰：「嬰兒非與戲也。嬰兒非有知
> 也，待父母而學者也，聽父母之教。今子欺之，是教子欺
> 也。母欺子，子而不信其母，非所以成教也。」遂烹彘也。
> （32.71）

此言曾妻上市集，小孩子跟在後面哭泣。曾妻欺騙孩子，説自
己會在市集上殺豬回來吃。可是，回來以後，曾妻並沒有這樣
做，曾子卻打算捉豬而殺之。曾妻以為不過是和小孩開玩笑，
不必在意。曾子反對，以為小孩並不是開玩笑的對象。小孩知
識尚淺，父母怎樣他們便會學着怎樣。欺騙了孩子，便是教之
學會騙人。母親欺騙孩子，以後孩子便不相信母親了，此並非
合適的教育方法。於是，曾子遂殺豬而烹之以明信。兩者不同
之處，乃在曾子是殺豬而食，孟母則是買東家豚肉而食之。惟
情節之相類，或可為孟母故事之淵源張本。

　　及至成帝之時，劉向《列女傳》所載孟母故事更為豐富。
《列女傳》共有七篇，分七大主題，分別是母儀、賢明、仁智、
貞順、節義、辯通、孽嬖。《列女傳·母儀傳》載錄十五人，
皆是帝王賢人之母，有益於後嗣，功勞極大，孟母即在其中。
黑田彰謂《列女傳》「收集了可作為『興國顯家』之榜樣的『賢

妃、貞婦』的故事」。[154] 鄭先彬云：「《列女傳》中記述三十位
母親的事跡，其中〈母儀〉十五位，〈仁智〉七位，〈節義〉六
位，〈辯通〉二位。在她們中，有仁明賢德的國母，有通達知
禮的卿相之母，有好善慕義的民間母親，還有守節執事的保
母及乳母。劉向以極大的熱情謳歌了這些母親形象，一些母
親的嘉言懿行，千載之下，猶令人感奮不已。」[155]「《列女傳》
中還刻畫了一些通達知禮、善於教化的慈母形象。她們在兒
子出生後，有意識地培養兒子的高尚品德，教給他們合乎社
會要求的禮節，使他們成為德才兼備、有益於社會的人。」[156]
「〈鄒孟軻母〉中的孟軻之母，堪稱是中國歷史上最典型的母
親。」[157]

　　《列女傳‧母儀》載有〈鄒孟軻母〉，其中述及孟母四事，
每事之後或引《詩》，以明孟母之德。今具載其文如下：

　　　　鄒孟軻之母也，號孟母。其舍近墓，孟子之少也，
　　　嬉遊為墓間之事，踴躍築埋。孟母曰：「此非吾所以居處
　　　子。」乃去，舍市傍。其嬉戲為賈人衒賣之事。孟母又曰：
　　　「此非吾所以居處子也。」復徙舍學宮之傍。其嬉遊乃設
　　　俎豆，揖讓進退。孟母曰：「真可以居吾子矣。」遂居。

154　黑田彰：〈列女傳圖概論〉，載《中國典籍與文化》第八十六期 (2013 年)，頁
　　　107。
155　鄭先彬：《劉向〈列女傳頌圖〉研究》(南京：鳳凰出版社，2013 年)，頁
　　　169-170。
156　鄭先彬：《劉向〈列女傳頌圖〉研究》，頁 171。
157　鄭先彬：《劉向〈列女傳頌圖〉研究》，頁 171。

及孟子長，學六藝，卒成大儒之名。君子謂孟母善以漸化。《詩》云：「彼姝者子，何以予之？」此之謂也。

孟子之少也，既學而歸，孟母方績，問曰：「學所至矣？」孟子曰：「自若也。」孟母以刀斷其織。孟子懼而問其故，孟母曰：「子之廢學，若吾斷斯織也。夫君子學以立名，問則廣知，是以居則安寧，動則遠害。今而廢之，是不免於廝役，而無以離於禍患也。何以異於織績而食，中道廢而不為，寧能衣其夫子而長不乏糧食哉？女則廢其所食，男則墮於修德，不為竊盜，則為虜役矣。」孟子懼，旦夕勤學不息，師事子思，遂成天下之名儒。君子謂孟母知為人母之道矣。《詩》云：「彼姝者子，何以告之？」此之謂也。

孟子既娶，將入私室，其婦袒而在內，孟子不悅，遂去不入。婦辭孟母而求去，曰：「妾聞夫婦之道，私室不與焉。今者妾竊墮在室，而夫子見妾，勃然不悅，是客妾也。婦人之義，蓋不客宿。請歸父母。」於是孟母召孟子而謂之曰：「夫禮，將入門，問孰存，所以致敬也；將上堂，聲必揚，所以戒人也；將入戶，視必下，恐見人過也。今子不察於禮，而責禮於人，不亦遠乎？」孟子謝，遂留其婦。君子謂孟母知禮而明於姑母之道。

孟子處齊，而有憂色。孟母見之曰：「子若有憂色，何也？」孟子曰：「不敏。」異日閒居，擁楹而嘆。孟母

見之曰：「鄉見子有憂色，曰不也。今擁楹而嘆，何也？」
孟子對曰：「軻聞之：君子稱身而就位，不為苟得而受賞，
不貪榮祿。諸侯不聽，則不達其上。聽而不用，則不踐其
朝。今道不用於齊，願行而母老，是以憂也。」孟母曰：
「夫婦人之禮，精五飯，羃酒漿，養舅姑，縫衣裳而已矣。
故有閨內之修，而無境外之志。《易》曰：『在中饋，無攸
遂。』《詩》曰：『無非無儀，惟酒食是議。』以言婦人無
擅制之義，而有三從之道也。故年少則從乎父母，出嫁則
從乎夫，夫死則從乎子，禮也。今子成人也，而我老矣。
子行乎子義，吾行乎吾禮。」君子謂孟母知婦道。《詩》
云：「載色載笑，匪怒匪教。」此之謂也。

　　頌曰：孟子之母，教化列分。處子擇藝，使從大倫。
子學不進，斷機示焉。子遂成德，為當世冠。

以上四事，一為孟母三遷，二為斷機教子，三為善為姑母，四
為深知婦道。

　　一為孟母三遷之事。孟家始居墳墓之旁，孟子只愛做些築
埋之事，孟母遂遷居。後居於市場之旁，孟子常在學習商人叫
賣。孟母再遷居，終至學宮之旁。孟子的遊玩變成了擺弄俎豆
祭器，學習禮儀。孟母以為此乃適合兒子居住之地，日後孟子長
大，習六藝，成一代大儒，孟母以濡染之法教導兒子實居功至偉。

　　二為斷機教子之事。孟子放學回家，孟母正在紡織，並問
及孟子之學習情況。孟子唯唯否否，孟母遂剪斷織機上的線，
以明中途而廢之理。孟子知之，於是日夜勤奮學習。

　　三為善為姑母之事。孟子見其妻在臥室穿着不整，因而離去，其妻遂向孟母辭別。孟妻以為孟子見其衣衫不整便勃然大怒，等同視之為客人。為客者實不可久居別人家中，因而求去。孟母教訓孟子，以明夫婦相處之禮。孟子知錯，立刻留住其妻。

　　四為深知婦人之道。孟子在齊為官，面有憂色。孟母問其故。孟子以為君子出仕，當不求封賞，不貪圖富貴。齊王不能重用孟子，孟子欲離齊，惜乎孟母年紀已大，故孟子陷於兩難之局。孟母以為婦人早已知道應該如何應付，女性年少時聽命於父母，出嫁後聽從夫君，夫死後自當聽命兒子。當時孟子已是成人，而孟父已死，自當聽於兒子。孟母鼓勵孟子，指出孟子當做應做的事，而自己則行當行之禮。在四件事之中，孟母形象鮮明突出，謂之「中國歷史上最典型的母親」，固其宜也。

　　有關《列女傳》之資料來源，《漢書‧劉向傳》載「向睹俗彌奢淫，而趙、衞之屬起微賤，踰禮制。向以為王教由內及外，自近者始。故採取《詩》《書》所載賢妃貞婦，興國顯家可法則，及孽嬖亂亡者，序次為《列女傳》，凡八篇，以戒天子。」準此而論，《列女傳》所載故事當有所依據，來自《詩》與《書》。今考孟母事跡，有見載《韓詩外傳》者，實《漢書》所謂採於《詩》也。惟《列女傳》所載孟母四事，僅斷機教子亦見《韓詩外傳》，其他三事則不然。據《〈古列女傳〉與先秦兩漢典籍重見資料彙編》所載，孟母事跡亦僅互見於《韓詩外傳》，[158] 並無其他文獻

---

158 詳參何志華、朱國藩、樊善標編著：《〈古列女傳〉與先秦兩漢典籍重見資料彙編》（香港：香港中文大學出版社，2004年），頁28-31。

來源。朱彝尊《經義考》卷 236 譚貞默《孟子編年略》條下載：
「孟母三遷、斷織諸事，不見《史記》。《韓詩外傳》所載在《史
記》前。劉向《列女傳》所載尤詳。」指出孟母二事《史記》不
載。《韓詩外傳》年代比起《史記》稍早，孟母事跡以《列女傳》
所載最為詳細。岡村繁云：

> 根據前面所引《漢書·劉向傳》的一段文字，劉向在
> 編撰《列女傳》時，其傳記資料中採入了《詩》、《書》經
> 文中的相關記載，但是這裏所講的《詩》、《書》無疑並非
> 指《詩經》、《書經》。因為在《詩經》、《書經》中全然未見
> 《列女傳》中那樣詳細的傳記敍述，並且《列女傳》所載傳
> 記包括大量《詩經》、《書經》出現以後的春秋戰國時代的
> 故事，甚至可以並不過分地說，這類內容佔全書的大部。
> 正如荒城孝臣所曾指出的那樣，很可能劉向所依據的《詩
> 經》是從其父祖輩作為家學承傳下來的魯詩學派的傳統解
> 說者。[159]

岡村氏所推論大抵有理可信。《列女傳》不可能每篇皆直接來
自《詩經》與《尚書》，畢竟二書與《列女傳》性質截然不同，
《列女傳》多引《詩》證事，僅為佐證而已。誠然，《列女傳》旨
在以女子之事勸戒天子，與《詩》之諷諫殊途同歸。鄭先彬指
出《列女傳》的資料來源，約有三端：一為史傳中的史料，二

---

159 岡村繁著、陸曉光譯：《漢魏六朝的思想和文學》，載王元化主編：《岡村繁全
　　集》第參卷（上海：上海古籍出版社，2002 年），頁 3。

為源於經傳和諸子，三為源自劉向校書過程中累積的異文和傳說。[160] 在經傳和諸子一項之中，鄭氏以為「《列女傳》中的很多材料來自於儒家的經傳，主要是《詩經》和《尚書》，在〈母儀〉的十四篇中，有九篇來自於經傳」，「特別是《韓詩外傳》，劉向幾乎把其中的所有材料都徵集到自己的三部書中去了。當然，劉向在吸收這些材料的時候，都不是原文照搬，而是根據自己的需要作了選擇，並進行了加工處理」。[161] 鄭氏所言，尚有可商之處。以孟母故事為例，其可信者，乃是其中有來自《韓詩外傳》之處；其可商者，在《韓詩外傳》兩則孟母故事之中，《列女傳》只取其一（斷機教子），且不能排比對讀，並不同源；復據其他典籍補述三則，即全篇「鄒孟軻母」不足四分之一採自《韓詩外傳》。

　　至於二書內容相合之一段，前賢如陳士珂已加指出。細意對讀二書，可見除了個別字詞，如「方績」、「刀裂其織」等，其他字句俱不能排比對讀。在《韓詩外傳》中，孟子因為忘記學習內容，斷斷續續，致使孟母割斷織布以為警誡。在《列女傳》中，孟子在外學習後回家，孟母問其進度，而孟子唯唯否否，只言沒有二樣。孟母以為孟子如此態度並不認真，因此割斷織布以為警誡。二事有相同之處，但在文句、內容之詳略上，大有不同。此等情況，劉殿爵稱之為「不同源重文」。劉殿爵云：「古書重文互見是極普遍的現象。重見文字大體可分

160　鄭先彬：《劉向〈列女傳頌圖〉研究》，頁 31-32。

161　鄭先彬：《劉向〈列女傳頌圖〉研究》，頁 32。

兩類，一類是同源的重文，一類是不同源的重文。兩者明顯
不同，不容易混淆。同源重文之間有個別互相不同的異文，
甚或有詳略之別，但必定可以一字一字相對排比起來。不同
源的文字則不然，即使內容無甚差別，文字卻無法一字一字排
比起來。」[162] 準此，即《列女傳》故事有所謂源自《韓詩外傳》
者，但亦不盡相同，劉向或有《韓詩外傳》以外之根據。古代
典籍屢有災厄，《韓詩外傳》、《列女傳》所載孟母故事必非孟
母故事之首創，然就今傳世文獻而論，則又不見更早之源頭，
必待他日地不愛寶，典籍重現，而漢代孟母故事之所本當可探
跡索隱。

二、孟子學說與孟母故事

　　孟母故事不見於戰國、秦、漢初，而今首見於漢武帝或以
後。劉潔云：「『孟母教子』的最早記錄在西漢，此時距孟子生
活的年代已有二三百年，從先秦典籍裏找不到任何佐證，因此
這些故事可能有也可能無，不必把它們全部據為信史。」[163] 孟
子事跡出現在先，孟母故事見於其後。其實，比合《韓詩外傳》
與《列女傳》，有關孟母事跡共計五事，皆與儒家孟子學說息
息相關。

---

162 劉殿爵：〈秦諱初探〉，《中國文化研究所學報》第十九卷（1998 年），頁
251。

163 劉潔：《〈列女傳〉史源學考察：兼論〈列女傳〉所反映先秦至秦漢婦女觀念的
變遷》（北京：人民出版社，2016 年），頁 163。

首為《韓詩外傳》載孟母買豚明信之事。儒家強調待人以誠信，五倫便是「父子有親，君臣有義，夫婦有別，長幼有序，朋友有信」（《孟子》5.4 節錄）。「信」是朋友之間強調的核心價值。「誠者，天之道也；思誠者，人之道也。至誠而不動者，未之有也；不誠，未有能動者也」（《孟子》7.12 節錄）指出誠信是自然的規律，追求誠是做人的規律。極端誠心而不能使別人感動的，是天下所無之事；不誠心則不能感動別人。人應該追求誠信，要做到誠信待人，此亦立身處世之關鍵。更有甚者，「大人者，言不必信，行不必果，惟義所在」（《孟子》8.11）指出有德者說話不必句句守信，行為不一定要貫徹始終，但要與義同在，做事要合乎義，依義而行。孟子因見鄰人殺豬，不明所以，遂問母親殺豬何為。孟母大抵以為鄰人殺豬，事不關己，便亂說欲給孟子吃。說話一出，孟母便已後悔。因懷孕之時，一直嚴守胎教，希望孟子長大後可以成為言而有信之人。如今，孟子已長，自己卻欺騙孟子，於理有虧。於是，孟母遂赴鄰人住處，買下所殺之豬而烹食之，以明不欺孟子。

重視誠信，本是儒家之所重。然而，儒家之五常嘗經歷發展，孔子之時，較為重視仁、義、禮；孟子之時，強調四端，仁、義、禮、智並重；至西漢武帝時，董仲舒擴充為仁、義、禮、智、信之「五常」。《禮記·中庸》：「仁者，人也，親親為大。義者，宜也，尊賢為大。親親之殺，尊賢之等，禮所生也。」可見孔子以為仁以愛人為核心，義以尊賢為核心，禮即對仁和義的具體規定。孟子在仁義禮之外加入「智」，構成四端：「惻隱之心，人皆有之；羞惡之心，人皆有之；恭敬之心，

人皆有之；是非之心，人皆有之。惻隱之心，仁也；羞惡之心，義也；恭敬之心，禮也；是非之心，智也。仁義禮智，非由外鑠我也，我固有之也，弗思耳矣」(《孟子》11.6 節錄)。孟子重性善，以為人皆有四端，此乃性善之先在條件，求則得之，捨則失之。後世視孔子為儒家之創始人，及至孟子，孔、孟儒家已不盡相同。至漢代，董仲舒提倡罷黜百家，獨尊儒術，此時儒家又結合陰陽五行，以經學思想為主導，與先秦儒家有同有異。在孟子的仁、義、禮、智以外，董生又加入「信」，在〈賢良對策〉裏，指出「仁義禮智信五常之道」(義原作「誼」，智原作「知」)，以此五者為恆常長久之法則。準此，雖然《孟子》書中有重信之文，然「仁義禮智信」五者在漢代既為「五常」，而《韓詩外傳》之編撰年代又與董仲舒相若，則《韓詩外傳》謂孟母教子以信之舉，亦屬漢人之所增飾。

次為孟母三遷之事。劉潔云：「必須承認，此事有美化附會聖母形象的因素。但筆者認為，『孟母三遷』的意義主要還在於它所反映的思想，而非事之有無和發生在何人身上。」[164] 指出「孟母三遷」一事有美化孟母的成分。此外，「孟母三遷」之事所重在於其所反映的思想，即環境教育論的重要性。孟母重視對孟子的教導，三遷其居，從墳墓旁、市場旁，直到遷至學宮旁，孟家才安定下來。顯而易見，習染影響人性甚巨。《論語》提及「性相近也，習相遠也」(17.2)，因周遭環境習染不

---

164 《〈列女傳〉史源學考察：兼論〈列女傳〉所反映先秦至秦漢婦女觀念的變遷》，頁 157。

同，以致及後相距越遠。孟子的相關理論，更是將習染的作用
討論甚悉。「富歲，子弟多賴；凶歲，子弟多暴，非天之降才
爾殊也，其所以陷溺其心者然也」（《孟子》11.7 節錄），豐收之
年，人多懶惰；災荒之年，人多強暴；此非其人之本性有異，
實亦周遭環境使其心性變異。《孟子》還有一個學習方言的故
事，亦說明習染的重要性：

> 孟子謂戴不勝曰：「子欲子之王之善與？我明告子。
> 有楚大夫於此，欲其子之齊語也，則使齊人傅諸？使楚人
> 傅諸？」
> 曰：「使齊人傅之。」
> 曰：「一齊人傅之，眾楚人咻之，雖日撻而求其齊也，
> 不可得矣；引而置之莊嶽之間數年，雖日撻而求其楚，
> 亦不可得矣。子謂薛居州，善士也，使之居於王所。在於
> 王所者，長幼卑尊，皆薛居州也，王誰與為不善？在王所
> 者，長幼卑尊皆非薛居州也，王誰與為善？一薛居州，獨
> 如宋王何？」（《孟子》6.6）

孟子問戴不勝如欲習齊語，應當找齊人講授，還是楚人講授
呢？答案自然是以齊人講授。孟子續云，如以齊人講授，卻使
楚人在旁擾之，縱使每天逼其說齊語，亦不可能做到。反之，
如使其於齊都臨淄鬧市生活幾年，縱使每天逼其說楚語，亦是
不可能。宋君居於宮中，如果身邊盡是好人，則何以宋君會不

善呢？因此，君之不善，實因所處環境有不善之人。習染之下，可以為善，可以為不善，全仗四周環境之好與壞。由是觀之，孟母三遷之事跡，重視後天習染，與孟子之環境教育論可謂同出一轍。孟子云：

> 故凡同類者，舉相似也，何獨至於人而疑之？聖人，與我同類者。故龍子曰：「不知足而為屨，我知其不為蕢也。」屨之相似，天下之足同也。（《孟子》11.7 節錄）

孟子以為同一類的事物，皆大抵相同，人性亦如是。人性本善，不善者乃是後天習染所致。孟母三遷之事，與此理論框架頗為相類。

孟母三遷之事，始出《列女傳》，此前無任何相關論述。東漢王充《論衡·率性》嘗言「孟母之徙宅」，用了孟母三遷之典故。在二十四史之中，《晉書》、《魏書》、《北史》、《宋史》等，皆有援引孟母事跡為說之例。元人關漢卿《狀元堂陳母教子》第三折《中呂粉蝶兒》有「人都說孟母三移」之句。不單在史籍、文學作品裏出現孟母三遷，童蒙讀物《三字經》將孟母三遷收錄其中，更是此事流傳極廣之明證。《三字經》中有「昔孟母，擇鄰處；子不學，斷機杼」，[165] 此書傳

---

165 王應麟：《三字經》（香港：天地圖書有限公司，2003 年），頁 16-17。

為宋人王應麟編撰，清人王相、章太炎皆持此見。[166] 此中二句已包括孟母三遷，以及斷機教子二事，可見孟母事跡對後世之影響。

三為孟母斷機教子之事。此事並見《韓詩外傳》與《列女傳》，二書所載同為一事，然文字未能逐字逐句排比對讀，蓋為不同源之重文。在此事中，孟母教導兒子做事要專心致志，心無旁騖，否則一事無成。孟子學說亦有相類記載：

> 孟子曰：「無或乎王之不智也。雖有天下易生之物也，一日暴之，十日寒之，未有能生者也。吾見亦罕矣，吾退而寒之者至矣，吾如有萌焉何哉？今夫弈之為數，小數也；不專心致志，則不得也。弈秋，通國之善弈者也。使弈秋誨二人弈，其一人專心致志，惟弈秋之為聽。一人雖聽之，一心以為有鴻鵠將至，思援弓繳而射之，雖與之俱學，弗若之矣。為是其智弗若與？曰：非然也。」（《孟子》11.9）

孟子指出弈棋雖為小事，但二人同向弈秋學習，一人專心致志，一人不能集中，常常以為有鴻鵠即將飛來，要援弓而射之。結果，二人雖同隨弈秋學藝，卻有高下之分。因此，專心

---

166 王相云：「宋儒王伯厚先生作《三字經》以課家塾。」（王相：〈三字經訓詁序〉，載《三字經》，頁 14。）又章太炎云：「《三字經》者，世傳王伯厚所作。」（章太炎：〈重訂三字經序〉，載《三字經》），頁 188。可見王氏、章氏皆以《三字經》為王應麟編撰。

致志實乃做事成功的關鍵。孟母斷機教子之事，乃漢前所無，大抵與孟子專心致志之論一脈相承，同樣強調專心致志對學習之重要性。

四為孟母善為姑母之事。此事見載《列女傳》。此中涉及禮與權的問題，皆孟子所曾討論。堅守原則固然是儒家之所重，然而在適當時候，取捨無可避免。至於孟子討論權衡輕重而作取捨之例，莫過於其與淳于髡討論男女授受不親一事：

> 淳于髡曰：「男女授受不親，禮與？」
>
> 孟子曰：「禮也。」
>
> 曰：「嫂溺，則援之以手乎？」
>
> 曰：「嫂溺不援，是豺狼也。男女授受不親，禮也；嫂溺，援之以手者，權也。」
>
> 曰：「今天下溺矣，夫子之不援，何也？」
>
> 曰：「天下溺，援之以道；嫂溺，援之以手，子欲手援天下乎？」（《孟子》7.17）

男女之間不親手遞接東西，大抵是當時禮制。淳于髡知道孟子是守禮之人，所以提出假設性之問題。淳于髡問孟子，如果嫂嫂遇溺，會否伸手援救。孟子以為嫂溺而不救援，那是豺狼的行為。男女授受不親是禮制，可是嫂溺而以手援之，那是權衡變通的做法。此可見孟子為人處事靈活，能夠因應實際情況而行權。

在孟母善為姑母之事上，當時孟子因為妻子衣衫不整便勃

然大怒，意欲休妻。孟母得知，遂教訓孟子何謂真正之禮，孟子心悅誠服，立刻留住其妻。顯而易見，此事亦與孟子行權之事頗為一致。又，王應麟《困學紀聞》云：

> 《列女傳》：「孟母曰：『《禮》，將入門，問孰存，將上堂，聲必揚，將入戶，視必下。』」今《曲禮》闕二句。《孟子》曰：「放飯流歠，而問無齒決。」亦本於《曲禮》。

王氏以為《列女傳》所言有援引《禮記・曲禮》之處。《禮記・曲禮》之成篇年代，世無定論。王鍔云：「《禮記・曲禮》成篇於春秋末期戰國前期是比較符合實際的，整理編集者可能是曾子或其弟子。」[167] 大抵孟母故事有與《禮記・曲禮》相合之文。孟母處世靈活，不拘於禮，為人通情達理，與孟子之行權並無二致。

五為孟母深明婦人之道一事。此中涉及孟子之去齊。孟子一生周遊列國，嘗至鄒、魯、滕、宋、魏、齊等國，見鄒穆公、魯平公、滕文公、宋康王、梁惠王、齊宣王等諸侯。其中孟子在齊、梁所待時間較長，在齊時任卿，惟在伐燕一事之上，與齊宣王意見相異，最終只能出走離齊，不事不賢之君。《孟子》書中有關孟子離齊之事，多有提及。考孟子離齊之時，孟母不一定在世。據《孟子・梁惠王下》「魯平公將出」章（2.16）所載，魯平公之嬖人臧倉謂孟子之「後喪踰前喪」者，

167　王鍔：《禮記成書考》（北京：中華書局，2007年），頁110。

即孟子在孟母喪禮的規格上超越孟父喪禮。準此，孟母在孟子見魯平公時已經去世。孟子曾兩次赴齊國，首在威王之時，此在宣王之世。如上文所言，因齊人伐燕之事，孟子不同意齊宣王的做法，終至離齊。[168] 由是觀之，孟母之喪在前，孟子去齊在後，《列女傳》所言「今道不用於齊，願行而母老，是以憂也」，[169] 處處為母親擔心，實不可能。誠然，孟子嘗於齊威王與齊宣王在位時兩次到齊，兩次離齊。如其為第一次離齊之時，孟母或許尚在人世。然而，觀乎《列女傳》謂「軻聞之：君子稱身而就位，不為苟得而受賞，不貪榮祿。諸侯不聽，則不達其上。聽而不用，則不踐其朝」，孟子首次離齊乃因宋康王欲行仁政，故孟子離齊赴宋，並非諫君不聽而非走不可。《孟子·公孫丑下》有四則文字（《孟子》4.11-4.14）詳記孟子離齊之事，乃在齊人伐燕之後，即齊宣王在位時事。因此，《列女傳》所記顯為附會孟子離齊之事所致，孟母實不可能於彼時仍與孟子對話。

準上所論，孟母故事多與孟子學說相符，孟母固然真有其人，對孟子大抵影響深遠，但就傳世典籍所載，其事跡皆屬後出，未能找到漢前之確切依據，部分更不可能出自孟母，頗有漏洞。反之，稽查《孟子》，則孟母事跡皆可尋得根源，其實皆與孟子學說相合。概言之，孟子可受孟母影響，故其學說皆與孟母故事相合；或者，孟母事跡存疑，故後世取孟子學說以充

---

168 參楊伯峻：《孟子譯註》（北京：中華書局，1960 年），前言，頁 2-3。

169 王照圓撰、虞思徵點校：《列女傳補註》，頁 34-35。

實其故事；或者，孟母故事皆出漢代，可視為儒家孟子學說在漢代的發展，亦未可知。

第四節
小結

本章的第一節討論了司馬遷在編撰《史記・孔子世家》時的文獻依據。「高山仰止，景行行止。雖不能至，然心鄉往之」，司馬遷視孔子為偶像，立志撰《史記》以繼《春秋》，首為孔子立傳，升格「世家」。據前文所論，可總之如下：

第一，司馬遷以遊歷之所及為孔子立傳。《史記》採用史料眾多，亦兼有司馬遷親身見聞。據〈孔子世家〉及〈太史公自序〉，知其曾親赴山東，「涉汶、泗，講業齊、魯之都，觀孔子之遺風，鄉射鄒、嶧」；「適魯，觀仲尼廟堂車服禮器，諸生以時習禮其家，余祇徊留之不能去云。」據此可知司馬遷曾作遊歷訪問，實地調查。即使〈孔子世家〉不可能撰寫於二十歲之齡，如上考察亦為他日撰史奠下良好基礎。

第二，《論語》是孔子生平諸家共信之史料，然其獨立成章，沒有先後關係。如欲採用《論語》資料以作孔子生平事跡之繫年，難度甚大。《史記・孔子世家》乃首篇孔子傳記，採用《論語》57章，就全書486章而言，只佔少數。〈孔子世家〉之有關孔子事跡之採錄與繫年雖偶有錯失，然瑕不掩瑜。今人閱讀孔子生平，〈孔子世家〉仍為最重要依據。王韋云：「帝王

本紀及〈孔子世家〉本非太史公力量所及，然採經摭傳，其用心亦勤矣，雖時有淺陋，而往往能識其大者。」[170]

第三，孔子生平疑年甚多，前人眾說紛紜，莫衷一是。由於春秋時代各國繫年不一，而孔子又嘗周遊列國，故其生平可議尚多。崔述《洙泗考信錄》、錢穆《孔子傳》、韋政通《孔子》等各有所據，討論已多，可見〈孔子世家〉不足之處。然而，司馬遷首事之難，應加體會，且繫年有理者遠較有誤者為多，此不可不察也。

第四，司馬遷升格孔子入世家，理由充分。《史記》乃紀傳體通史，其中包括世家，旨在載錄輔拂股肱之大臣。孔子不仕周，即在魯國亦只曾短時間出仕，何可勝任世家。然而，司馬遷既不以成敗論英雄，且《史記》之「垂空文以斷禮義，當一王之法」實本《春秋》。質言之，《史記》亦可用以量度世間事物。此外，《史記》亦歌頌孔子整理《六經》之材料，對後世影響深遠，又為漢制法。最後，孔子後代不絕，能世其家，比起其他諸侯有過之而無不及。凡此種種，皆使司馬遷將孔子載入世家。

本章的第二節取用班固《漢書・古今人表》為例，討論了篇中以《論語》作為品評人物標準的寫作方法。兩漢乃經學時代，《漢書》亦為宗經之鉅著，「當世甚重其書，學者莫不諷誦焉」。[171]《漢書》其文雅馴，多用儒家經典入文，班固甚至以儒

---

170 《史記評林》，卷 47，頁 27a 眉批。
171 范曄：《後漢書》(北京：中華書局，1965 年)，卷 40 上，頁 1354。

家學說作為評論人物之依據。據上文討論，可知〈古今人表〉
與《論語》關係密切，今總之如下：

首先，孔子撰《春秋》，令亂臣賊子懼，垂空文以斷禮義，
當一王之法。〈古今人表〉以《論語》所載人和事為品第人物之
依據，深具《春秋》筆法之精神。表中只著人名，不及事跡，
有古人而無今人。時人觀之，即可對號入座，而知今人之等
第，錢大昕謂此表「表章正學，有功名教」。[172]

其次，〈古今人表〉所評人物之等第，多據《論語》為說。
前人學者如錢大昕、梁玉繩；今人學者如張蓓蓓、翁聖峰等
亦皆有述之。其中梁玉繩每多指出〈古今人表〉所載人物「始
見」、「惟見」《論語》，據此而可知班固編撰〈古今人表〉之
所據矣。

再者，〈古今人表〉所載人物不少為事跡無考，僅見《論
語》。〈古今人表〉悉載之，其評第標準只能源自《論語》。且
〈古今人表〉將人分九等，班固於〈古今人表〉篇首已表明乃依
據孔子所言。可知〈古今人表〉評第之框架乃據《論語》而建立。

最後，班固博極羣書，〈古今人表〉雖以《論語》為宗，卻
不只據《論語》。誠如上文所言，〈古今人表〉所載人物雖多據
《論語》為說，然《論語》所載事跡過簡者，班固亦必訪尋其他
典籍，以作評第之依據。

本章的第三節討論孟母故事在漢代之記載，以及其與孟子
學說之關係，可總之如下：

172〈跋漢書古今人表〉，載《潛研堂文集》，卷28，頁461。

第一，《韓詩外傳》和《列女傳》乃今所見最早之孟母故事，此前無可考。此中二書俱載斷機教子之事，唯《韓詩外傳》所載較為簡約，而《列女傳》所載頗為詳審，二者實為不同源重文。至於《列女傳》所載共有四事，撤除斷機教子一事與《韓詩外傳》有所相似以外，餘下三事俱最早見於《列女傳》。總之，後世有關孟母事跡共有五事，出現之時代俱在西漢中葉或以後。

第二，孟母故事所反映之思想實源於《孟子》之學。孟母三遷、斷機教子、善為姑母、善為婦人、買東家豚不欺孟子之事，其實皆可於《孟子》書中尋得理論之端倪。較之《韓詩外傳》、《列女傳》所載，孟母故事暫不見漢前之依據，或可視為孟子學說在漢代的發展。

第三，孟母故事對後世影響深遠。孟子之家教如何，先秦時代無明證，至漢世始見孟母故事，後世漸有發展，孟母故事更見宋代《三字經》之中，成為童蒙教育的材料。孟母故事出現在西漢時代，亦可視為當時重視家庭教育的證據。

附表：〈孔子世家〉引《論語》各篇次數及相關統計數字

《論語》篇名	章節數量[173]	〈孔子世家〉引用次數，以及各章編號*		〈孔子世家〉引用次數所佔百分比	
				《論語》	《史記》
學而	16	0		0	0
為政	24	2	19, 23	8	3
八佾	26	3	9, 14, 23	12	5
里仁	26	0		0	0
公冶長	28	3	22, 22, 13	11	5
雍也	30	1	28	3	2
述而	38	13	14, 23, 19, 17, 25, 13, 8, 9, 10, 22, 3, 32, 21	34	22
泰伯	21	0		0	0
子罕	31	9	5, 18, 4, 1, 10, 11, 2, 7, 9	29	15
鄉黨	27	7	1, 2, 4, 3, 20, 8, 12	26	12
先進	26	2	23, 9	8	3
顏淵	24	2	11, 18	8	3
子路	30	3	10, 7, 3	10	5
憲問	44	2	39, 35	5	3
衛靈公	42	4	13, 1, 2, 3	10	7
季氏	14	0		0	0
陽貨	26	3	5, 5, 7	12	5
微子	11	6	3, 4, 6, 7, 5, 8	55	10
子張	25	0		0	0
堯曰	3	0		0	0
		60			100%

* 序次按〈孔子世家〉引用時的次序。部分曾重複引用，均列在此表。

---

173 此欄《論語》一篇所含章節之總數，據楊伯峻《論語譯註》而來。

第二章

外來文化帶來的衝擊 —— 六朝的孔子及其弟子

　　六朝是一個特別的時代，顧名思義，六朝牽涉了六個朝代，說的就是三國時代、兩晉、南朝的宋、齊、梁、陳，合共六個朝代，這個時代的一切都很難一概而論，唯有動盪是其共同特色。原本大一統的漢帝國崩解了，國家再度陷入分裂，西晉雖然有短暫統一，但到了東晉便已是偏安一隅。長期分裂的局面，文化的交往比起從前更為頻繁。外來的宗教思想，新出的文體，同樣賦予了孔門師弟子種種細微變化。其實，孔門師弟子還是孔門師弟子，他們自身不會有甚麼變化，新事物的湧現，原有的東西便會起變化。

　　佛教在東漢時期傳入中國，在亂離的世代裏，抓住了人心的弱點，傳播得特別迅速。馬克思說，宗教是人類的鴉片。人類相信了宗教，便有所寄託和依賴，以及安心。儒家不是宗教，甚至不是信仰，而是學術思想與主張。兩漢是儒家的年代，乃是獨尊儒術。因此，要弘揚佛教，必須藉助儒家。簡言之，佛家要儒家為自己站台支持。要做到這點並無難度，因孔

孟已死，本就無反抗之可能。而且在經學思想籠罩下的孔子，也不見得輕易的讓人看出他的原貌。在佛典裏安插孔子及其弟子，無論是要藉孔門弟子之口道出儒家之不是，抑或透過比較以見佛家更高於儒家，如此的例子都是在在可見。

　　人們要接受新的事物，通常都是透過本身認識的事物作為中介，輾轉而生出認知。佛教東傳，以及佛教利用儒家，正是這樣的關係。儒家思想有着與中國農村社會極為相近的本質 —— 家族本位。儒家與中國社會究竟是中國人採用儒家方式行事，抑或是儒家思想本來就十分適合中國社會，關係錯綜複雜，難以言詮。但是，中國社會與儒家思想密不可分，當無可疑。佛教思想則不然，尤其是原始佛教。佛法修行在家、出家本分差異，出家可以較為專心致志，在家則不免有各種束縛與障礙。可以看出「家」是關鍵，儒家思想是家族本位，仁是孔子的核心思想，而孝悌是仁的根本。孝是父母與子女，悌是兄弟之間，說的都是家庭。當然，儒家思想終極是為了政治服務，而佛教看似不是，佛祖釋迦牟尼是一個逃離政治枷鎖的人。中國傳統社會以農立國，農業社會的特色正是以家族為本位，人的勞動力是最寶貴的資源。因此，農業社會的重人精神與儒家思想相契合。歷經戰國秦漢，先不管孔子儒家的本質是否保存，在弘揚佛教者的眼中，當時的儒家實在不可輕易「放過」。所謂「放過」，不是指要做些甚麼趕盡殺絕之舉，而是要如何好好利用。利用有正用，也有反用。正用的時候，佛典會藉孔門師弟子之舉措，說明佛理。這就等同儒家人物的生平事跡完全放任佛教徒使用，甚或創作一些新的故事。

此等做法也不是甚麼新鮮事，此因《莊子》裏的孔門師弟子便多以這種形式出現。不過莊周的思想偏向究竟如何，也是一個複雜的學術爭論，此不贅述。反用就是透過孔門師弟子的口中，或者是借用他們的主張、生平事跡，而說明儒家不如佛家。

　　利用孔門師弟子作為中介的戰術，在今天看來確實是成功。佛教在六朝以驚人的速度在中國傳播，來到中國的佛教也逐漸帶有中國特色。當我們看到即使三武滅佛也阻止不了佛教在民間廣泛傳播，便知道佛教之可入民心乃建基於其傳播策略之成功，而孔門師弟子也間接地出了一分力。

　　魯迅〈魏晉風度及文章與藥及酒之關係〉說：「曹丕的一個時代可說是『文學的自覺時代』。」這個時期，文人有意創作文學作品，文章不再只為政治、為學術而服務，更多的表現個人意志。我們再看看小說。小說不是新事物，在《漢書・藝文志・諸子略》的九流十家裏，便已經出現了「小說家」。不過，他們創作的小說與今天屢在諾貝爾文學獎得獎的小說卻是大相逕庭。在歷代的書厄之下，大部分圖書早已不復傳世。小說家的情況最悲慘，《漢書・藝文志》所載錄的小說，今天一部也沒有流傳下來。《莊子・外物》謂「飾小說以干縣令，其於大道亦遠矣」，大抵小說與大道的追求相距甚遠。《論語・子張》有所謂「小道」，《荀子・正名》則有「小家珍說」，諸家所言「小說」似乎都是不合大道的。到了東漢，桓譚直指小說便是一些「叢殘小語」，〈藝文志〉所載錄的便是這類的「小說」。六朝時候的志怪小說與志人小說，有較強的故事性，故事背後也有理

念，與〈藝文志〉的小說又有所不同，更為偏向我們今天強調敍事、人物、情節的小說。

一代有一代的文學，六朝小說是具有代表性的文學體裁。志怪小說記載了許多神異鬼怪的故事，這自然是跟時代動盪，因致百姓迷信、求仙等關係密切。在人與事的虛構中，一般選擇是人不虛構，而是故事虛構。孔門師弟子為人所共知，人氣極高，無可奈何地成為被入文的對象。或許，我們會以為這是不可思議，但事實告訴我們，時代越早的歷史人物，其生平事跡、學術思想等，皆是層積疊累而成的。因此，孔門師弟子出現在六朝小說裏，也就無可避免地被賦予了不少嶄新的情節與故事。

孟子在六朝文獻裏出現得極少。一向以來，孔孟並稱，而以孔子為重，孟子只是陪襯角色。但是最佳男配角並不好當，易角也是時有發生的事情。或許我們也會奇怪，孔子身邊的配角理應是顏淵、子路這些學生，為甚麼孟子會如此地位崇高呢？事實上，如果我們到孔廟參觀，自必發現在大成殿裏，孔子居中，而旁有四配。四配分別是復聖顏淵、述聖子思、宗聖曾參、亞聖孟軻。前面三人，無可爭議，也不用爭議，一個是孔子愛徒，一個是孔子長孫，一個既是弟子也是長孫的老師，合而言之，皆曾與孔子有真實的接觸，關係密切。唯有孟子，除了自言是孔學之後，以及封孔子為偶像以外，時代毫不相合，無緣接觸孔子，卻在死後得以配享孔子，實在是一段奇特的歷程。孟子的升格，路途遙遠，道阻且長，到宋代方告成功。六朝時甚至見到最多的是孔顏並稱，不枉宋人常言「孔顏

樂處」。畢竟，孔子最為愛惜的就是顏淵，《論語・先進》便接
連有幾章「顏淵死」的記載。顏淵之死，孔子悲傷不已，除了
是愛徒之逝，更多是出於學問可能中絕的慨嘆。孔子不認識孟
子，而後來卻漸漸以孔孟並稱，也是一種後人對孔孟思想的閱
讀使然。

第一節
佛教典籍裏的孔子及弟子

一、孔門十哲之重要

　　孔子乃儒家學派創始人。孔子生活在禮崩樂壞的春秋時
代，以恢復周文為己任。他知其不可為而為之，周遊列國，欲
時君可用己說以救世。孔子重仁，強調的是人與人之關係。
孔門之教首重在學，後人視孔子為萬世師表，乃因其人以學習
為教授學生之第一要事。《論語》全書論學之章節甚多，雖然
編者未明，惟今本《論語》首為〈學而〉，[1] 第一節即云「學而時
習之，不亦說乎」，以學為先；孔子亦自道「若聖與仁，則吾
豈敢？抑為之不厭，誨人不倦」，以為一生所重在於學習而不
厭。錢穆《論語新解》於「學而時習之」條下云：「孔子一生重

1　今所見諸本《論語》皆二十篇，如何晏《論語集解》本、朱熹《四書章句集註》
　　本、阮刻本《十三經註疏》本《論語註疏》等皆然。

在教，孔子之教重在學。孔子之教人以學，重在學為人之道。本篇各章，多務本之義，乃學者之先務，故《論語》編者列之全書之首。又以本章列本篇之首，實有深義。學者循此為學，時時反驗之於己心，可以自考其學之虛實淺深，而其進不能自己矣。」[2]

　　孔門弟子三千，受業身通者七十有二人，又有孔門十哲之說。所謂弟子三千，未足採信，前人已有所懷疑。錢穆云：「則孔子門人，固僅有七十之數。烏得三千哉？」[3] 三千之數，可與戰國四公子養士之風合看，顧立雅云：「弟子三千人的說法已是過分誇大了。可是《孟子》及若干其他典籍都說弟子七十人，也許這個就是最高的人數。」[4] 可見弟子三千之說並不可信。司馬遷謂孔門「身通六藝者七十有二人」，此 72 者亦未必實指。就《論語》所見，此中 72 者，只有 27 人事跡可考。[5] 其中又以孔門十哲事跡較詳，後世作品以其人其事入文亦多。孔門十哲之名字，首見《論語·先進》：「德行：顏淵，閔子騫，冉伯牛，

2　《論語新解》，頁 4。

3　錢穆：《先秦諸子繫年》（北京：商務印書館，2001 年），頁 71。

4　顧立雅 (H.G.Creel) 著、王正義譯：《孔子與中國之道》（台北：韋伯文化國際出版有限公司，2003 年），頁 63。

5　李零指出《史記·仲尼弟子列傳》載有孔門弟子 77 人，分成兩類，一類是「顯有年名及受業聞見於書傳」者，一類是「無年及不見書傳」者，前者有 35 人，其中有 27 人見於《論語》；後者 42 人，都不見於《論語》。（詳參《喪家狗：我讀〈論語〉》，附錄，頁 81。）此 27 人包括顏路、冉耕、仲由、漆雕啟、閔損、仲弓、冉有、宰予、顏淵、巫馬施、高柴、宓不齊、子貢、原憲、樊須、澹臺滅明、陳亢、公西赤、有若、卜商、言偃、曾參、子張、司馬耕、公冶長、南宮括、曾皙。

仲弓。言語：宰我，子貢。政事：冉有，季路。文學：子游，子夏。」此中德行、言語、政事、文學者，即後人所謂孔門四科，當中又以德行為先，故十位弟子之中以顏淵居首。

第一，顏回，字子淵，小孔子三十歲。劉殿爵云："If Confucius looked upon Yen Yuan as a son, he must have looked upon Tzu-lu as a friend."[6] 孔子與顏淵關係密切，亦師亦父，循循善誘。可惜顏淵 33 歲而髮盡白，早死，孔子悲慟不已。[7] 在孔門弟子之中，唯顏淵可稱仁。其「簞食瓢飲」之事，雖貧窮而不改其樂道之心，最受後世學者歌頌。《論語》提及顏淵 24 次。

第二，閔損，字子騫，小孔子 15 歲。《論語》提及閔損 5 次。閔損位次孔門德行之科，以孝行著稱於世。

第三，冉耕，字伯牛，小孔子 7 歲。《論語》提及伯牛 2 次。伯牛亦次德行之科，孟子以其人為「善言德行」。[8]

6　D. C. Lau, "The Disciples as They Appear in the Analects." In D. C. Lau (Trans.), *The Analects*. Hong Kong: The Chinese University Press, 1992. p.256.

7　有關顏淵之卒年，前賢頗有爭論。據《顏子評傳》所載，「有顏子享年 18 歲（《淮南子・精神訓》註、《列子・力命篇》），29 歲（蔣伯潛《諸子通考・孔子弟子》），31 歲（《孔子家語》卷 9），32 歲（《文選・辨命論》引《家語》），39 歲（張劍光《顏子卒年小考》），41 歲（《論語正義・雍也》註引李氏鍇《尚史》）等幾種主要說法。」〔顏景琴、張宗舜：《顏子評傳》（濟南：山東友誼出版社，1994 年），頁 55。〕又《顏子評傳》云：「對顏子生卒年的眾多說法經過詳細考查後，我們認為，李氏鍇《尚史》與江氏永《鄉黨圖考》的說法：『顏子卒伯魚之後，按《譜》，孔子七十而伯魚卒，是顏子卒當在孔子 71 之年。顏子小孔子三十歲，是享年四十有一矣。』是可信的。」（《顏子評傳》，頁 57。）

8　《孟子註疏》，載《十三經註疏（整理本）》，卷 3 上，頁 93。

　　第四，冉雍，字仲弓，小孔子 29 歲。仲弓亦以德行著稱，且其器量寬弘，孔子以為可使南面。《論語》提及仲弓 7 次。

　　第五，冉求，字子有，小孔子 29 歲。冉有博藝善政，並熟習於軍旅之事。《論語》提及冉有 16 次。

　　第六，仲由，字子路，小孔子 9 歲。子路與孔子關係密切，亦師亦友，其為人忠信勇決，質樸率真。《論語》提及子路 38 次。

　　第七，宰予，字子我，年歲無考。宰予位列孔門言語之科，孟子以為宰予「善為說辭」，[9]「智足以知聖人」。[10]《論語》提及宰予 5 次。

　　第八，端木賜，字子貢，小孔子 31 歲。子貢天資敏達，能言善道，善於學習。《論語》提及子貢 38 次。

　　第九，言偃，字子游，小孔子 45 歲。言偃與卜商並列孔門文學之科，王夫之以其為「傳禮樂之遺文，集《詩》《書》之實學」。[11]《論語》提及言偃 8 次。

　　第十，卜商，字子夏，小孔子 44 歲。子夏尤長於《詩》，據《史記》所載，「孔子既沒，子夏居西河教授，為魏文侯師」。《論語》提及子夏 19 次。

　　下文利用《孔子資料匯編》、《孔子弟子資料匯編》所輯錄孔子及其弟子事跡為據，結合古文獻電子資料庫，稽查和討論

9　《孟子註疏》，載《十三經註疏（整理本）》，卷 3 上，頁 93。

10　《孟子註疏》，載《十三經註疏（整理本）》，卷 3 上，頁 95。

11　王夫之：《四書訓義》（清光緒潞河啖柘山房刻本），卷 13，頁 4a。

六朝佛教文獻裏孔門十哲的概況。先論佛教在中國之傳播，以見其如何藉助孔門儒家學説作為弘揚學説之媒介，此後分門別類討論佛典所見孔子事跡，並及佛典裏之孔門十哲。

二、早期佛教在中國之傳播

佛教自西漢末年傳入中國後，西域僧侶如安世高等佛教翻譯家已經開始將佛典翻譯引入中國。《中國佛教史》云：「佛教傳入中國的初期，為了在中國站住腳，先要與中國本土的宗教迷信特別是道教相融合。」據袁宏《後漢紀》所載，東漢人所理解的佛教乃是能有神通，「變化無方，無所不入」，與《莊子》之「神人」、「至人」相差無幾；「專務清淨」、「息意去欲而欲歸於無為」亦與黃老道家相近 [12]。

傳統以來，中國是小農經濟的社會，此中與重視宗法關係的儒家文化關係密切。在儒家文化之中，孔子及其弟子自是弘揚儒家文化的關鍵點。孔門儒家一直在文化傳統上被視為傳統、權威，直至上世紀初期的新文化運動仍視孔子為重點批評的對象。[13] 因此，在佛教傳入中國之時，如何面對儒家的人和事，實為關鍵。《列子・仲尼》有以下的小故事：

---

[12] 詳參袁宏：《後漢紀》，載張烈（點校）：《兩漢紀》（北京：中華書局，2002年），卷 10，頁 187。

[13] 後文第四章第二節〈孟子的反權貴特質 —— 五四運動打孔不打孟〉有詳細討論。

　　　　商太宰見孔子曰：「丘聖者歟？」孔子曰：「聖則丘何

敢，然則丘博學多識者也。」商太宰曰：「三王聖者歟？」

孔子曰：「三王善任智勇者，聖則丘不知。」曰：「五帝聖

者歟？」孔子曰：「五帝善任仁義者，聖則丘弗知。」曰：

「三皇聖者歟？」孔子曰：「三皇善任因時者，聖則丘弗

知。」商太宰大駭，曰：「然則孰者為聖？」孔子動容有閒，

曰：「西方之人，有聖者焉，不治而不亂，不言而自信，不

化而自行，蕩蕩乎民無能名焉。丘疑其為聖。弗知真為聖

歟？真不聖歟？」商太宰嘿然心計曰：「孔丘欺我哉！」

　　唐代釋道宣在《廣弘明集・歸正篇》亦嘗援引此事。《列子》此
文指出，孔子在春秋末年時已知道西方有「聖人」，其能「不治
而不亂，不言而自信，不化而自行」，超越古代之三皇、五帝、
夏商周開國君主等。顯而易見，此乃魏晉時期老莊道家學者編
造，並非真相，卻藉孔子之口，美化佛教。

　　在南北朝時期，鳩摩羅什、佛陀跋陀羅等佛教翻譯家來
華傳教，弘揚佛法。佛教東傳，為了爭取信眾，多藉孔門儒家
人物以附會佛事，或說明佛理。其中尤以梁武帝時僧祐所編之
《弘明集》，最多借用孔門師弟子之事跡以說理。劉立夫、胡
勇指出，《弘明集》「從不同角度反映了此一時期佛教的基本教
義、傳播狀況以及佛教與儒家、道教等本土思潮的相互關係」，
「從思想史的角度看，儒佛道三教論爭是《弘明集》涉及最多的
問題，許多文章常常提及『周孔與佛』或『孔老與佛』，其中的
周孔就代表儒家，孔老代表儒、道二教，佛即代表佛教。以此
而言，《弘明集》也就是一部以佛教為主體的反映漢魏兩晉南

北朝時期的三教關係的文集。」[14] 此可見《弘明集》闡析佛教教義之方法與取向。李小榮云：「《弘明集》是我國佛教史上現存最早護法弘教之文獻匯編。」[15]《弘明集》所載篇章不時援引孔門弟子事跡，利用儒家人物以證儒、釋關係。《中國佛教史》指出《弘明集》「有一些文章是圍繞以下重要內容編排的」，其一是「回答人們的疑問，反擊對佛教的種種批評，論證佛教與儒家傳統思想的社會功能一致，對維護封建綱常和統治秩序也是有利的。如卷一牟子的《理惑論》、未詳作者的《正誣論》（當著於東晉）、卷三東晉孫綽的《喻道論》」。總而言之，《弘明集》載有不少弘揚佛教的文章，其中不少內容俱是圍繞儒家的人和事，藉儒家以突出佛教的特色，以及佛家之與傳統文化相合。本篇之撰，以六朝佛教典籍（以《弘明集》所載為本）為基礎，結合先秦儒家典籍所載，探討佛教如何藉助儒家人物事跡以宣揚宗教信仰，並以此改造或增添儒家人物的事跡。

三、佛教典籍中的孔子 ── 藉孔子以弘揚佛法

　　孔子為儒家最重要的人物。因此，佛教典籍經常援引孔子事跡，並加改造，以迎合其傳播佛教的目的。但更多時候，佛教典籍皆標舉儒、佛兩家相通之處，用以吸引信徒。僧祐編撰

14　僧祐（編撰）；劉立夫、胡勇（譯註）：《弘明集》（北京：中華書局，2011年），前言，頁 1、7-8。又，《弘明集校箋》之前言認為：「若從思想史角度分析，本集討論最為集中者無非是三教之關係問題」，此所言「三教」自必是儒釋道。

15　釋僧祐（撰）；李小榮（校箋）：《弘明集校箋》（上海：上海古籍出版社，2013 年），前言，頁 8。

《弘明集》的宗旨，「就在於駁斥異端，為佛教辯誣禦侮，從而
達到弘道與明教之目的」。[16]

1. 孔子作為傳統文化的代表

在《弘明集》不少篇章內，俱有以孔子與他人並稱，作為
傳統文化的代表。其中尤以周、孔並稱最為多，如堯、舜、
周文王、周武王等，亦在《弘明集》諸篇並稱周、孔之列。舉
例如下：

> 夫覺海無涯，慧鏡圓照。化妙域中，實陶鑄於堯、
> 舜；理擅繫表，乃埏埴乎周、孔矣。──《弘明集序》

> 佛道至尊至大，堯、舜、周、孔曷不修之乎？──
> 《牟子理惑論》

> 且堯、舜、周、孔，各不能百載，而末世愚惑。──
> 《牟子理惑論》

> 佛與周、孔，但共明忠孝信順。──《正誣論》

> 是周、孔、老、莊，誠帝王之師。──《正二教論》

---

16   《弘明集校箋》，前言，頁21。

然自上古帝皇，文、武、周、孔。——《譙王書論孔釋》

在《弘明集》裏，以周、孔並稱者，計有 54 次。《弘明集》全書 14 卷，除卷 9、卷 13 無周、孔並稱外，其他各卷皆有之。所謂周、孔，周即周公旦、孔即孔子。周公制禮作樂，匡扶周室，乃周代得以長治久安之功臣。孔子以周公為偶像，《論語・述而》曰：「甚矣吾衰也！久矣吾不復夢見周公！」孔子以為年紀日大，已經很長時間沒有在做夢時看見周公旦。日有所思，夜有所夢，孔子一生希望的是拯救禮崩樂壞的社會，而制禮作樂者正是周公。久不見周公，是孔子深知與救世越走越遠。總之，以周、孔並稱，是用兩人代表儒家的傳統文化。

2. 佛教與孔門儒家無別

儒家不是宗教流派，更多的是一種哲學思想、生活態度。佛教傳入中國，要走進老百姓的生活，比附儒家，以為佛教與儒家相去不遠，乃是重要方法。如《正誣論》云：「佛與周、孔，但共明忠孝信順，從之者吉，背之者凶。」[17] 此言佛教與周公、孔子相同，都會強調忠孝信順，依此而行便當吉利，否則

17　《正誣論》，載《弘明集校箋》，卷 1，頁 75。本文在《弘明集》引文以後，一般略作解說，其白話翻譯參考自劉立夫、魏建中、胡勇譯註《弘明集》北京中華書局 2013 年版，不另出註。

便有不幸。其實，在孔子的學說裏，並不作吉和凶的對比，佛教則不然。

又如宗炳《明佛論》云：「今黃帝、虞舜、姬公、孔父，世之所仰而信者也。觀其縱蠻升天，龍潛鳥颺，反風起禾，絕粒絃歌，亦皆由窮神為體。……凡厥光儀符瑞之偉，分身湧出，移轉世界，巨海入毛之類，方之黃、虞、姬、孔，神化無方。向者眾瑞之晻曖顯沒，既出形而入神，同惚怳而玄化，何獨信此而抑彼哉？冥覺法王，清明卓朗，信而有徵，不違顏咫尺，而昧者不知，哀矣哉！」[18] 此處以軒轅黃帝、虞舜、周公（姬公）、孔子（孔父）並稱，以為四人皆世人所敬仰。反風，即風向倒轉。《尚書・金縢》云：「王出郊，天乃雨，反風，禾則盡起。」《後漢書・和帝紀》：「昔楚嚴無災而懼，成王出郊而反風」，李賢註：「成王疑周公，天乃大風，禾則盡偃；王乃出郊祭，天乃反風起禾。」[19] 可見「反風起禾」所言乃周公旦。黃帝乘龍升天，虞舜得帝堯二女預警而脫險，周公自亡為武王延壽禱告而感動上蒼，孔子在陳蔡絕糧仍弦歌不衰，四人皆是老百姓所信仰的大聖人。可是，四人如此神異事跡，其實都是以用盡精神為根本，所以才能夠得到感應回報而無時空局限。大凡光儀、符瑞的瑰偉相好，以及分身湧出、移轉世界、巨海入毛之類的神通，與黃帝、虞舜、周公、孔子一樣，都是神化無方的。至於祥瑞之事的昏暗與顯盛，已經超出形質而進入神靈之境，與老子的所謂惚恍之道而同時變化。因此，實不必只相信

18　《明佛論》，載《弘明集校箋》，卷 2，頁 95、97。
19　《後漢書》，卷 4，頁 182。

老子的道而要貶抑佛教的神。得大智慧已覺悟的法王，乃是清明卓朗，使人信服而有驗證。如此方是與孔子之教並不背離，可是當世愚昧之人卻不知道。此可見《明佛論》從傳統聖人出發，以孔子陳蔡絕糧為例，指出與佛教相同，皆是因誠心禱告而感動上蒼。其實，據《史記・孔子世家》所載，「不得行，絕糧。從者病，莫能興。孔子講誦弦歌不衰。」「於是使子貢至楚。楚昭王興師迎孔子，然後得免。」由是觀之，孔子所以得脫，乃因派遣子貢出使楚國，結果楚王指派軍隊營救孔子一行，因此而免禍；而非因誠心禱告而感動上蒼。

又，《弘明集》卷3載有《喻道論》一文，全篇以問答形式出之，就佛和佛道、周孔之教與佛教的關係、出家是否違背孝道等問題以作論證，主張佛教、儒家一致。其中有以下一段：

> 或難曰：周、孔之教，以孝為首。孝德之至，百行之本；本立道生，通於神明。故子之事親：生則致其養，沒則奉其祀；三千之責，莫大無後；體之父母，不敢夷毀。是以樂正傷足，終身含愧也。而沙門之道：委離所生，棄親即疏；刑剔鬚髮，殘其天貌；生廢色養，終絕血食；骨肉之親，等之行路；背理傷情，莫此之甚。而云弘道敷仁，廣濟羣生，斯何異斬刈根本條枝幹，而言文殞碩茂？未之聞見「皮之不存，毛將安附」，此大乖於世教，子將何以祛之？
>
> 答曰：此誠窮俗之甚所惑，倒見之為大謬，諮嗟而不能默已者也。夫父子一體，惟命同之。故母嚙其指，兒心懸駭者，同氣之感也。其同無間矣，故唯得其歡心，

> 孝之盡也。父隆則子貴，子貴則父尊，故孝之為貴，貴能立身行道，永光厥親。若匍匐懷袖，日御三牲，而不能令萬物尊己，舉世我賴；以之養親，其榮近矣。夫緣督以為經，守柔以為常，形名兩絕，親我交忘，養親之道也。

人或有詰難，以為周孔教化以孝德為要，將孝道視為所有德行的基本，本立道生，進而通於神明。所以，子女孝順父母，在生時應該盡心贍養，逝世後則應恭敬祭拜。此外，周孔之教最重子嗣，故有「不孝有三，無後為大」的說法，又有「身體髮膚，受之父母，不敢毀傷」之說，可知儒家向來注重身體髮膚之養護。因此，樂正子一足受傷，終生愧疚不安，覺得對不起父母。但是，佛教提倡出家棄親，遠離親人接近陌生人；剃除鬚髮，殘損上天所賦予的容貌；父母在生時廢除服侍敬養，父母死後斷絕對祖宗的祭祀。將骨肉之情，視如路人，違情背理，實屬過分。可是，佛教卻以為自己是弘揚道德敦行仁愛，廣澤羣生，實在是奇論怪談。俗謂「皮之不存，毛將焉附？」佛教此舉實在背離人世教化。《喻道論》答云，上述說法實為世俗迷惑所致，顛倒本末、是非，荒謬之至，讓人嗟歎而不能不發議論。父子一體，乃是天命所言。母親咬指頭，兒子自會感到恐懼擔心，此母子同氣相感之故。此等相同是沒有間隔的，故孝道之根本，乃在使父母歡心。在現實生活裏，父親隆盛則兒子自得顯貴，兒子顯貴則父親必受尊崇。故兒子孝順最可貴者，乃在於樹立品格、遵行大道，而能光宗耀祖。如果父母在世之時，只知道在其身邊打轉；父母逝世後，只知道以三

牲供奉和拜祭，而不能弘道濟世，使天下萬物皆依賴於我。以
這種方法奉養雙親，其光榮非常淺近，實在是沒有甚麼值得稱
道。如果能夠恆守中道，順其自然，使事物的內外、親人和我
都能相互隔絕遺忘，此方為最根本的事親之道。

　　細考之，此所言佛教「緣督以為經，守柔以為常，形名兩
絕，親我交忘」與孔門儒家的孝道是否相同，實屬存疑。且看
《論語》所載孔子論孝：

　　　　子曰：「父在，觀其志；父沒，觀其行；三年無改於
　　父之道，可謂孝矣。」（1.11）

　　　　孟懿子問孝。子曰：「無違。」樊遲御，子告之曰：「孟
　　孫問孝於我，我對曰，無違。」樊遲曰：「何謂也？」子
　　曰：「生，事之以禮；死，葬之以禮，祭之以禮。」（2.5）

　　　　孟武伯問孝。子曰：「父母唯其疾之憂。」（2.6）

　　　　子游問孝。子曰：「今之孝者，是謂能養。至於犬馬，
　　皆能有養；不敬，何以別乎？」（2.7）

　　　　子夏問孝。子曰：「色難。有事，弟子服其勞；有酒
　　食，先生饌，曾是以為孝乎？」（2.8）

孔子以為當父親在世之時，要觀察他的志向；父親過世了，
要考察他的行為；若是對父親的合理部分，長期地不加改變，

可以説做到孝了。説的是重視現世、重視生活。又，孟懿子向孔子問孝道，孔子指出不要違背禮節。樊遲不解，孔子以為父母在生的時候，依規定的禮節侍奉他們；死了，依規定的禮節埋葬他們，祭祀他們。此話表面上觸及死後世界，實際上可以結合「慎終追遠，民德歸厚」來看，則孔門儒家仍以現世為上，只是視死如生而已。死者不能感受，所重只是在世者得到安心。又，孟武伯問孝，孔子以為為人父母者只是為孝子的疾病發愁。這也是關心現世的生活而已。又，子游問孝，孔子指出所謂的孝，就是説能夠養活父母便是了。對於狗馬都能夠得到飼養；若不存心嚴肅地孝順父母，那養活父母和飼養狗馬便不能分別。此言養育父母，所説的也就是活在現世。子夏問孝，孔子以為兒子在父母前經常有愉悦的容色，是件難事。有事情，年輕人效勞；有酒有餚，年長的人吃喝，這不可算得上是孝。這裏可見孔子關心的是侍奉父母之心，而不僅是吃喝，所言的乃是孝心更為重要。凡此種種，皆可見孔子所言的孝是現世的，不及死後世界；佛教所言的使親人和我做到相互隔絕遺忘，根本上與孔門儒家大相逕庭，並不相同。

3. 藉孔子所言以説佛教義理

在漢代以後，孔子已是至聖，儒家文化成為學術上、思想上的權威。因此，在弘揚佛教之時，藉助孔子所言以説理乃是《弘明集》所載各篇宣揚佛教的慣用方法。例如《明佛論》云：

今世之所以慢禍福於天道者，類若史遷感伯夷而慨者也。夫孔聖豈妄說也哉？稱「積善餘慶，積惡餘殃」，而顏、冉夭疾，厥胤蔑聞；商臣考終，而莊周賢霸。凡若此類，皆理不可通。然理豈有無通者乎？則納慶後身，受殃三塗之說，不得不信矣。雖形有存亡，而精神必應，與見世而報，夫何異哉？但因緣有先後，故對至有遲速，猶一生禍福之早晚者耳。然則孔氏之訓，資釋氏而通，可不曰玄極不易之道哉！

此言世人常以一時之禍福而慨歎天道不公，此皆有如司馬遷之感歎伯夷行善而得惡報。《明佛論》更援引孔子話語，以為「積善之家，必有餘慶；積不善之家，必有餘殃」（《周易・坤・文言》）。可是，孔門弟子顏淵、冉有早死，連後代都沒有留下；反之，商臣篡逆而壽終，其子莊王有賢德最終成就霸業。凡此種種，似乎於理不通。然而，真理不會有不貫通的地方。因此，死後享福報、受苦難的說法，實在不能不相信。雖然形體有存亡，但精神不滅，必定有所報應，這與現世獲得報應沒有太大差別。大抵只是每個人的因緣有先後，所以導致報應有遲有速，好比一生的禍福報應有早和晚。準此，孔子在這方面的教訓，加上佛教的三世觀報應的思想就更為通達，實際上是玄妙深微且萬古不變的至道。此言「善有善報，惡有惡報」的具體情況。孔子、司馬遷屢屢稱讚伯夷，可是伯夷不得善終，餓死於首陽之山。顏淵、冉有皆孔門十哲，卻亦皆早死，沒有後嗣。《明佛論》以為在儒家的基礎上，如果運用佛教的三世果

報觀以分析，則可知今之未有善報，實出禍福之先後，因緣未到而已。如以三世觀之，則必善惡到頭終有報，可見藉助佛家道理以通儒家之道。

又如釋僧順《答道士假稱張融三破論》，乃借用儒家主張以凸顯佛教道理：

> 論云：不朝宗者。釋曰：「孔子云：『儒有上不臣天子，下不事公侯』，儒者，俗中之一物，尚能若此，況沙門者方外之士乎？昔伯成子高、子州支伯且希玄慕道，似不近屑人事。」

此處論說不朝見帝王。解釋引孔子說，以為儒生對上不稱臣於天子，對下不侍奉諸侯。儒者乃俗世的一類，尚且能夠如此，何況出家的世外之人呢！從前有伯成子高、子州支伯只希求玄學仰慕大道，所以不接近並輕屑凡俗之事。大抵此處藉儒家不臣天子不事公侯以凸顯僧人之不屑於人事，表明佛教較諸儒家為高。

4. 以佛教道理批評孔門儒家

《弘明集》所載各篇，論及孔門儒家，以其廣為人知，且乃傳統以來所習。各篇甚至採用佛教道理批評孔門儒家，以為儒不如佛，其中更有採用莊周之文譏諷孔子。如曹思文《難神滅論》云：

原尋論旨，以無鬼為義。試重詰之曰：孔子菜羹瓜祭，祀其祖禰也。《禮》云：「樂以迎來，哀以送往。」神既無矣，迎何所迎？神既無矣，送何所送？迎來而樂，斯假欣於孔貌；途往而哀，又虛淚於丘體。斯則夫子之祭祀也。欺偽滿於方寸，虛假盈於廟堂，聖人之教，其若是乎？而云聖人之教然也，何哉？

此文以佛教道理批評孔子，以為儒不如佛。文中指出反覆研尋《神滅論》，其旨意在立無鬼之義，對此，可以進而駁斥。孔子曾以菜羹瓜果祭祀祖宗，《禮記》載「以樂迎之，以哀送之」，如果無神識，又何所迎何所送。迎來之時高興不過是裝模作樣，送走之時淚灑墳墓乃是虛情假意。如此，則孔子所倡的祭禮，方寸之間皆為欺偽，廟堂儀式亦皆虛假擺設，聖人的禮教當非如是。可是，世人即以此為聖人之教。在孔門儒家的學說裏，究竟有沒有鬼神存在呢？佛教以此詰難儒家，以為按照儒家對祭祀的重視，實在是承認有鬼神。其實，孔子強調祭如在，祭神如神在。「吾不與祭，如不祭」(3.12)，所重在於祭祀的參與，視死如生。面對子路的提問，孔子有以下的答案：

季路問事鬼神。子曰：「未能事人，焉能事鬼？」曰：「敢問死。」曰：「未知生，焉知死？」(11.12)

孔子面對子路的問題，其回答已經肯定了儒家重現世的取向。鬼神之事，只屬存而不論。因此，佛教乃是引伸孔子所言，並以此作批評。

　　又，批評孔子，不止佛家。早在戰國時代，莊周便嘗對孔門學說多有批評。準此，在《弘明集》各篇亦有藉助與《莊子》相類之文以評論孔門儒家者，如釋道盛《啟齊武帝論檢試僧事》云：

　　　　昔者仲尼養徒三千，學天文者則戴圓冠，學地理者則履方屨。楚莊周詣哀公曰：「蓋聞此國有知天文地理者不少，請試之。」哀公即宣令國內知天文者着圓冠，知地理者着方屨來詣門，唯有孔丘一人，到門無不對。故知餘者皆為竊服矣。

孔門弟子數量，眾說紛紜。此所言「養徒三千」，大抵源自戰國養士之風所致。此言孔子養徒三千，學天文者則戴圓冠，學地理者則穿着方屨。莊子向魯哀公表明欲試驗魯國知曉天文地理的人，魯哀公即宣令國內知天文地理者皆至宮門接受考察。唯有孔子來到門口無所不對，因此知道其他人都是假的。這裏表面上稱讚孔子，實際上批評孔子之養徒不過徒具儒者的形式，而與孔子相去甚遠。此故事典出《莊子‧田子方》，但文字上不盡相同。《莊子‧田子方》之文如下：

　　　　莊子曰：「魯少儒。」哀公曰：「舉魯國而儒服，何謂少乎？」莊子曰：「周聞之，儒者冠圓冠者，知天時；履句屨者，知地形；緩佩玦者，事至而斷。君子有其道者，未必為其服也；為其服者，未必知其道也。公固以為不然，何不號於國中曰：『無此道而為此服者，其罪死』？」

於是哀公號之五日，而魯國無敢儒服者，獨有一丈夫儒服
而立乎公門。公即召而問以國事，千轉萬變而不窮。莊
子曰：「以魯國而儒者一人耳，可謂多乎？」

顯而易見，《莊子》與《弘明集》所言為同一事，然文字相差頗
遠，不能逐字逐句排比對讀。劉殿爵教授云：「重見文字大體
可分兩類，一類是同源的重文，一類是不同源的重文。兩者明
顯不同，不容易混淆。同源重文之間有個別互相不同的異文，
甚或有詳略之別，但必定可以一字一字相對排比起來。不同
源的文字則不然，即使內容無甚差別，文字卻無法一字一字排
比起來。」[20]《莊子》與《弘明集》的關係正是屬於「不同源的重
文」，「無法一字一字排比起來」。

　　又，《弘明集》所載篇章有借用莊子語以論孔子者，僧順
法師《答道士假稱張融三破論》云：

　　避役之談，是何言歟？孔子願喙三尺者，雖言出於
口，終不以長舌犯人；則子之喙三丈矣，何多口之為累，
傷人之深哉！

此文原在討論有關出家之人不是君子，只不過是在逃避徭役。
僧順法師指出，逃避徭役的說法並不成立。孔子希望嘴有三尺
長的人，即使話從嘴裏說出來，最終也不要因為長舌多話而冒

20　劉殿爵：〈秦諱初探〉，《中國文化研究所學報》第十九卷（1998 年），頁
　　251。

犯他人。文中最後藉此語，指出對方嘴有三尺之長，説如此奇
怪的話，因而害人頗深。此中所言「孔子願喙三尺者」，典出
《莊子・徐无鬼》，原文云：

> 仲尼之楚，楚王觴之，孫叔敖執爵而立，市南宜僚受
> 酒而祭曰：「古之人乎！於此言已。」曰：「丘也聞不言之
> 言矣，未之嘗言，於此乎言之。市南宜僚弄丸而兩家之難
> 解，孫叔敖甘寢秉羽而郢人投兵。丘願有喙三尺。」

《莊子》本為汪洋恣肆，詭奇怪異，書中所載孔門師弟子事跡，
多不真實。此言孔子到楚國，楚王宴請，孫叔敖執酒器站立，
市南宜僚取酒祝祭，以為古時的人會在這種情景下講話。孔子
回答，指出自己聽過無言的言論，願在此分享。市南宜僚善弄
丸鈴，使兩家的危難獲得解除；孫叔敖安寢恬臥手執羽扇，使
楚人停止兵伐。自己並不願多嘴。其實，孔子從來強調適時才
發言，唯恐多言多敗，更討厭佞者。因此，多口本非孔子本意，
且此論本出《莊子》，更與孔子原意大相逕庭。《弘明集》此文
取之，實藉孔子以褒揚佛家。

5. 為孔子事跡賦予新義

　　《弘明集》所載孔子事跡，時而賦予新義，引伸發揮，以符
合其為佛家教義說理之處。如慧遠法師《三報論》云：

　　故尋理者，自畢於視聽之內。此先王即民心而通其
　分，以耳目為關鍵者也。如今合內外之道，以求弘教之
　情，則知理會之必同，不惑眾塗而駭其異。若能覽三報以
　觀窮通之分，則尼父之不答仲由，顏、冉對聖匠而如愚，
　皆可知矣。亦有緣起，而緣生法雖豫入諦之明，而遺受未
　忘，猶以三報為華苑，或躍而未離於淵者也。

此為原本孔門故事賦予新意義。此言追求至理者僅限於耳目
視聽之娛樂。先王不離民心而通達其職責，也是以耳目感覺為
界限的。如果合佛、儒、道諸家之道，以求弘揚佛教的精神，
就會知道彼此之間的精神實質是相同的，就不會迷惑於眾多途
徑而驚駭其間的差異。如果能考察三報，通達一切奧妙，則孔
子不回答子路提出的鬼神生死問題，顏淵、冉有對孔子的教導
「不違、愚蠢」，便皆可理解。又有緣起之説，因緣生法界萬象，
雖然進入四諦的智慧，但不忘儒家之仁愛學説。三報這樣的理
論也是如此，雖然屬於因緣學説，但也沒有離開儒家學説的體
系。其實，孔子之不回答子路的問題，與三報（現報、生報、
後報）無關，純粹因為儒家只重現世的精神，故不回應子路有
關死後世界的提問。至於顏淵、冉有，皆遵從孔子所言而沒
有違背：

　　子曰：「吾與回言終日，不違，如愚。退而省其私，
　亦足以發。回也，不愚。」(2.9)

此言孔子整天和顏淵講學，顏淵從不提反對意見和疑問，像個蠢人。等顏淵回去自己研究，卻也能發揮自身能力，可見顏淵並不愚蠢。顏淵的「不違如愚」，實與佛教三報觀沒有直接關係。這代表孔子教導乃是至理，捨用心遵從以外無他途。顏淵之不答，與佛教之今生以外的來世等沒有關係。

又，據《史記‧孔子世家》所言「孔子狀類陽虎」，是孔子在長相上與陽虎有所相似，因而在匡地之時為匡人所誤圍。蕭琛《難滅神論》為孔子與陽虎相貌相似一事賦予新義，其曰：

> 難曰：論云「豈有聖人之神，而寄凡人之器，亦無凡人之神，而託聖人之體」，今陽貨類仲尼，項籍似帝舜，即是凡人之神，託聖人之體也。珉玉鷖鳳，不得為喻，今珉自名珉，玉實名玉。鷖號鷄鷖，鳳曰神鳳，名既殊稱，貌亦爽實。今舜重瞳子，項羽亦重瞳子，非有珉、玉二名，唯睹重瞳相類。

據范縝《神滅論》言，「豈有聖人之神，而寄凡人之器，亦無凡人之神，而託聖人之體。」事實上，陽虎類似孔子，項籍類似虞舜，這就是凡人之神，寄託於聖人之體。珉和玉、鷖和鳳區別之說，並不是很恰當的比喻。珉本自名為珉，玉就是玉，鷖號鷄鷖，鳳曰神鳳，名稱本自不同，其質當然有別。但是虞舜重瞳，項羽亦重瞳，並不像珉玉那樣有二名，而在重瞳這一點是共同的。其實，孔子狀類陽虎，本是事實。而且，陽虎年紀較長，不可能是「陽虎類仲尼」，而是「孔子狀類陽虎」，《難滅

神論》所言不實。至於《難滅神論》藉此而論陽虎是凡人之神，
卻寄託在聖人之體，自是過份引伸，未必有理。

四、儒家不如佛家？──孔門弟子與六朝佛典

　　孔門弟子眾多，以下集中討論孔門十哲在六朝佛教典籍裏
出現的狀況。孔門四科十哲，皆屬孔門高弟子，以下在四科之
中選取若干例子細言之。

1. 顏淵

　　顏淵乃孔子最愛惜的學生，孔子曾對顏淵多番稱讚。《論
語・雍也》：「回也，其心三月不違仁，其餘則日月至焉而已
矣。」(6.7) 此處孔子稱讚顏淵能夠做到其心三月不違背仁德。
又如同篇：「賢哉，回也！一簞食，一瓢飲，在陋巷，人不堪其
憂，回也不改其樂。賢哉，回也！」(6.11) 稱譽顏淵賢德，此
文前後兩次「賢哉，回也」，孔子推崇顏淵之情盡見。錢穆《論
語文解》指出文末「賢哉，回也」句乃「呼應結」。顏淵雖是孔
子愛徒，但生活條件困乏，苦不堪言，卻仍安貧樂道，但仍讓
孔子憂心。《論語・先進》：「回也其庶乎，屢空。賜不受命，
而貨殖焉，億則屢中。」(11.19) 孔子以為顏淵的學問道德已
經差不多了，可是非常窮困。反之，子貢不安本分，囤積投機，
猜測行情，竟每每猜對了。宗炳《明佛論》有就顏淵的「屢空」
作引伸：

　　　　佛經所謂變易離散之法，法識之性空，夢幻影響，泡
沫水月，豈不然哉？顏子知其如此，故處有若無，撫實若
虛，不見有犯而不挍也。今觀顏子之屢空，則知其有之實
無矣。況自茲以降，喪真彌遠，雖復進趨大道，而與東走
之疾，同名狂者，皆違理謬感，遁天妄行，彌非真有矣。
況又質味聲色，復是情偽之所影化乎。

佛經提及佛身變易離散的神通，法識的緣起性空之理，認為世
間一切如夢幻、影響、泡沫、水月，此說並不誤。正因為顏淵
知曉事物如此的道理，故能做到雖然處於實有之中，卻如同在
虛無之中，受到別人的觸犯或無禮也不計較。現在來體察顏淵
的貧困生活，則能明白他確實是把實有當作虛無。自此以後，
人們越來越遠離真諦，即便想再要進趨正道，卻也只是名同實
異了。人們的生活違背真理，遁天妄行，早就不是真正的實
有。更何況人們所執着的那些形質、氣味、聲響、顏色，其實
都是人的情慾思想所幻化出來。顏淵的「屢空」，所指乃是在
生活物質上的缺乏，伴隨的是精神上的滿足。簞食瓢飲的生活
條件，並不改變顏淵樂道之心。此處《明佛論》借用顏淵事跡，
結合自身的道理以引伸佛教教義。儒家的安貧樂道，樂天知
命，皆在目前、在現世。即使論及果報，也不過是傳統農業社
會對大自然、對人生的往復循環的一種驗證，與宗教信仰的關
係並不密切。

　　顏淵早卒，孔子更有「天喪予」（11.9）之悲慟！又伯牛身
患重疾（6.10），皆可見有德未必壽考，仁人而不得善終。《弘

明集》所載諸文對此皆有描述，並言「顏、冉」，復以佛理作解釋。舉例如下：

> 今世之所以慢禍福於天道者，類若史遷感伯夷而慨者也。夫孔聖豈妄說也哉？稱『積善餘慶，積惡餘殃』，而顏、冉夭疾，厥胤蔑聞；商臣考終，而莊則賢霸。凡若此類，皆理不可通。然理豈有無通者手？則納慶後身，受殃三塗之說，不得不信矣。雖形有存亡，而精神必應，與見世而報，夫何異哉？但因緣有先後，故對至有遲速，猶一生禍福之早晚者耳。然則孔氏之訓，資釋氏而通，可不曰玄極不易之道哉！——宗炳〈明佛論〉

> 七十二子，雖復升堂入室，年五十者，曾無數人：顏夭冉疾，由醢予族，賜滅其鬚；匡、陳之苦，豈可勝言？忍飢弘道，諸國亂流，竟何所救？以佛法觀之，唯見其衰，豈非世物宿緣所萃邪？若所被之實理，於斯猶未為深弘。若使外率禮樂，內修無生，澄神於泥洹之境，以億劫為當年，豈不誠弘哉？——宗炳〈答何衡陽書〉

> 〈洪範〉說生之本，與佛同矣。至乎佛之所演，則多河漢，此溺於日用矣。商臣極逆，後嗣隆業；顏、冉德行，早夭無聞。——鄭鮮之〈神不滅論〉

宗炳〈明佛論〉亦藉儒家人物以明佛理。世人每多因一時之禍福而慨歎天道不公，如司馬遷感歎伯夷行善事而惡報即為一例。

《周易・坤・文言》亦指出：「積善之家，必有餘慶。積不善之家，必有餘殃。」相傳孔子作〈文言〉，因此孔子似乎亦強調善惡有報。可是，顏淵與伯牛夭疾，沒有子嗣；反之，楚成王太子商臣篡逆卻能壽終，至其子莊王有賢德而終成霸業。此等例子，〈明佛論〉以為儒家之因果關係似有不通。此處藉顏、冉為説，其為人也仁德而未能壽考，因果雖然未報，只是遲速而已。

　　又，宗炳〈答何衡陽書〉以為孔門七十二賢能年壽過五十者，寥寥可數。其中顏淵早逝，伯牛得病，子路死於衛國內亂，宰予因作亂而遭滅族，子貢滅鬚而為婦人。孔子及其弟子亦有匡地之厄，凡此種種，可見賢人之落難多不勝數。孔門師弟子周遊列國，欲救禮崩樂壞之世，卻皆逢不幸。宗炳以為倘以佛理觀之，只能得見彼等之哀，然則其遭際蓋亦前世宿緣所致。孔門弟子所行之道實未深弘，只能外修禮樂，在內未有修及無生，以致滅盡煩惱和度脱生死之泥洹之境（即涅槃，又作泥曰、般泥洹等）。因此，其屢遭厄難，乃學道不深所致。準此，宗炳此文取顏淵、伯牛為説，只為説明二人之仁德未能弘深，儒家之學並不能使之超脱。

　　至〈神不滅論〉所言，亦謂顏淵、伯牛早夭；至若楚成王太子商臣篡逆卻能壽終，其子莊王更有賢德而終成霸業。此文引用顏、冉之事，亦旨在説明佛家之因果報應而已。

2. 子貢

　　子貢乃孔門十哲之一，屬言語科。子貢能言善道，乃孔子晚年時之重要弟子。根據《史記・仲尼弟子列傳》所載，齊欲

伐魯，孔門弟子爭相出仕以解難，「子路請出，孔子止之。子張、子石請行，孔子弗許。子貢請行，孔子許之」。孔子乃知人善任的老師，明白學生才能各異，因此在子路、子張、子石、子貢等四人之中，只選擇口才出眾的子貢出使各國。結果，「子貢一出，存魯，亂齊，破吳，彊晉而霸越。子貢一使，使勢相破，十年之中，五國各有變」[21]。此子貢之才能可見矣。佛教典籍亦有以子貢事跡入文，宗炳〈答何衡陽書〉即有「賜滅其鬚」句。宗炳以為儒家治國雖不乏短暫的和平昌盛，但不會長久。孔子賢弟子 72 人，學識雖高，但壽命能超過的 50 歲的絕無幾人，其中子貢在衛蒯聵之亂中割掉鬍鬚方得脫身。子貢滅鬚之事，見《論衡・龍虛》：「子貢滅鬚為婦人，人不知其狀」[22]。其實，細考孔門弟子壽命，顏淵實屬短命，固無可疑，而子貢則不然。子貢生於公元前 520 年，卒於公元前 456 年，年壽遠超 50 歲。宗炳〈答何衡陽書〉以為孔門弟子忍飢捱餓弘揚儒家之道，對於諸國的混亂流弊，竟然甚麼都挽救不了。質言之，宗炳所言未必符合事實真相。前引《史記・仲尼弟子列傳》所言，子貢出使，使十年之內五國形勢有變，實際上已是有極大的影響力了。

21　《史記》，卷 67，頁 2201。

22　黃暉：《論衡校釋》（北京：中華書局，1990 年），卷 6，頁 292。宗炳〈答何衡陽書〉所言即本此。然子貢滅鬚之事，《太平御覽》卷 374 引曹大家《幽通賦》註曰：「衛蒯聵亂，子羔滅髭鬚，衣婦人衣逃，得出。曰：『父子爭國，吾何為其間乎？』」〔李昉等：《太平御覽》（北京：中華書局，1960 年），卷 374，頁 1a。〕此言子羔，與《論衡》、《答何衡陽書》言貢者有異。據《墨子・非儒下》「子貢、季路輔孔悝亂乎衛」〔孫詒讓：《墨子閒詁》（北京：中華書局，1986 年），卷 9，頁 278〕、《鹽鐵論・殊路》「子路仕衛，孔悝作亂，不能救君出亡，身菹於衛；子貢、子皋逃遁，不能死其難」〔王利器：《鹽鐵論校註》（北京：中華書局，1992 年），卷 5，頁 271〕，此子皋即子羔，則滅鬚為婦人事，子貢或亦在其中。

又，釋慧通《駁顧道士夷夏書》一文乃代表當時佛教對夷夏之論的看法，其中在援引子貢事跡，作為「淫妖之術，觸正便挫」的佐證。其曰：

> 「大道既隱，小成互起。辯訥相傾，孰與正之？」夫正道難毀，邪理易退。譬若輕羽在高，遇風則飛；細石在谷，逢流則轉。唯泰山不為飄風所動，磐石不為疾流所迴。是以梅李見霜而落葉，松柏歲寒之不凋，信矣。夫淫妖之術，觸正便挫。子為大道，誰為小成？想更論之，然後取辯。若夫顏回見東野畢之馭，測其將敗；子貢觀邾魯之風，審其必亡。子何無知，若斯之甚！故標愚智之別，撰賢鄙之殊，聊舉一隅，示子望能三反。

此言大道已經隱退，各種小的修煉成就競相興起，善於辯解或木訥無語的人相互傾軋，誰能糾正如此情況。其實所謂正道，是難以被毀滅的，邪惡的理論卻容易被擊退。就好像輕盈的羽毛在高空，遇到風就飛起來；細小的石頭在山谷，到溪流就旋轉。只有泰山不會因為暴風而動搖，盤石不會因為湍急的水流而迴旋，因此梅李遇見霜露就落葉，松柏在天氣寒冷的時候卻不凋零。因此，淫邪的道術遇上正道就會挫敗。如欲執行大道之禮，則誰願意興起小成之術。這就好像顏淵看見東野稷駕馭的馬，預測他會失敗；子貢看邾魯兩君的作風，知道他們一定死亡。釋慧通談論愚笨的人和智慧的人的區別，以及賢能和鄙陋之人的區別，故上舉一例，希望對方能夠理解更多。此處援

引子貢之事，典出《左傳・定公十五年》。細考《左傳》原文，重點在於「邾子執玉高，其容仰」，魯定公「受玉卑，其容俯」，而禮是「死生存亡之體」。邾子高仰是驕，定公卑俯是替，「驕近亂，替近疾」，因此二人皆死亡。由是觀之，《左傳》原文討論重點在於禮，而《駁顧道士夷夏書》所言則在淫邪的道術遇上正道就會挫敗，二者取向實有所不同。

3. 子路

　　子路亦孔門十哲之一，屬政事科。子路年紀只比孔子小九歲，屬孔門大師兄，與孔子亦師亦友。子路性格衝動，孔子嘗多次勸阻。又因其性衝，好勇鬥狠，孔子因材施教，循循善誘，每多就其行為多所批評。《論語》諸篇載有子路的性格，今列舉如下：

　　　　子曰：「道不行，乘桴浮於海。從我者，其由與？」子路聞之喜。子曰：「由也好勇過我，無所取材。」(5.7)

　　　　子謂顏淵曰：「用之則行，捨之則藏，唯我與爾有是夫！」子路曰：「子行三軍，則誰與？」子曰：「暴虎馮河，死而無悔者，吾不與也。必也臨事而懼，好謀而成者也。」(7.11)

　　　　閔子侍側，誾誾如也；子路，行行如也；冉有、子貢，侃侃如也。子樂。「若由也，不得其死然。」(11.13)

第一段引孔子所言，以為自己主張行不通了，想坐個木筏到海外去，跟隨者恐怕只有子路！子路知之，十分高興。可是，孔子以為子路這個人太勇敢了，好勇的精神大大超過了自己，沒有甚麼可取。第二段文字孔子對顏淵說，如果得到重用，便努力起來；不受重用，便將本領收藏，能夠做到這樣收放自如只有顏淵和自己。子路聽到此話後，便問孔子，如果要率領軍隊，會找誰共事？孔子回應，以為赤手空拳和老虎搏鬥，不用船隻去渡河，這樣死了都不後悔的人，我是不和他共事的。如要選取與他共事的，一定是面臨任務便恐懼謹慎，善於謀略而能完成的人。第三段寫閔子騫站在孔子身旁，恭敬而正直；子路侍奉時，樣子很剛強；冉有、子貢侍奉時，則溫和而快樂。孔子高興起來，因為學生各有不同。不過，孔子又說，像子路這樣，恐怕不得好死。比合三文，可見孔子對學生認識頗深，亦了解到子路在性格上的特點，以至為其命運感到擔憂。佛教典籍裏的子路，亦多提及其性格衝動的特點，例如何承天《答宗居士書》云：

> 昔在東邑，有道含沙門自吳中來，深見勸譬，甚有懇誠，因留三宿，相為說練形澄神之緣，罪福起滅之驗，皆有條貫。吾拱聽讜言，申旦忘寢，退以為士所以立身揚名、著信行道者，實賴周、孔之本。子路稱「聞之，而未之能行，唯恐有聞」，吾所行者多矣，何遽捨此而務彼？又尋稱情立文之制，知來生之為奢，究終身不已之哀，悟受形之難再。聖人我師，周、孔豈欺我哉？

此言作者從前住在東邑，有沙門名為道含，從吳中來，見識深遠，勸說明白，為人誠懇。何承天因而留其住宿三天，沙門為作者解說淨化心靈、修煉形體，以求超脫因緣，以及罪福起滅的驗證，說得很有條理和系統。作者恭聽沙門正直的言論，通宵達旦，並以為士人之所以能夠立身揚名、著信行道，實有賴周、孔之教。作者援引子路作言，聽說了卻沒有行動，唯恐有所聽聞。作者以為自己所行很多，怎麼捨此而務彼。又想到古代「稱情立文」的制度，知道來生仍然能轉世為人是一種很奢侈的事。面對父母的死亡，終生都感到悲哀，由此領悟到很難再次形成身體之形。聖人是我們的老師，周、孔難道會欺騙我們嗎？在這段文字裏，何承天以大量儒家文獻入文，以見佛教道理與傳統儒家相去不遠。此處援引子路云云，典出《論語‧公冶長》之文：「子路有聞，未之能行，唯恐有聞。」（5.14）子路有所聞，還沒有能夠去做，只怕又有所聞。說的是子路性急，行事爭先。結合《論語》其他狀寫子路的章節，可知此實為子路的缺點。何承天反而用此作為行動需快而及時的佐證，其實與《論語》原意不甚相符，也為此文賦予了新義。

　　又，子路性格衝動，在孔子眾弟子之中必先回答老師所問，然因思慮未周，每為孔子所抑。王謐《答桓太尉》云：

　　　　答曰：夫神道設教，誠難以言辨。意以為大設靈奇，示以報應，此最影響之實理，佛教之根要。今若謂三世為虛誕，罪福為畏懼，則釋迦之所明，殆將無寄矣。常以

> 為周、孔之化，救其甚弊。故言跡盡乎一生，而不開萬
> 劫之塗。然遠探其旨，亦往往可尋。孝悌仁義，明不謀
> 而自周；四時之生殺，則矜慈之心見。又屢抑仲由之問，
> 亦似有深旨。但教體既殊，故此處常昧耳。靜而求之，
> 殆將然乎？殆將然乎？

此言神道設教，實在是難以言辨。作者王謐以為大設靈奇，
示以報應，是最具影響的實理，也是佛教的根本要點。如今假
設認為三世為虛誕，罪福為畏懼而設，那麼釋迦之所明悟的大
道，最終將無寄託了。作者常常認為周、孔的教化，重點在於
挽救社會的嚴重弊害，因此他們的語言事跡只能窮盡一生，而
不能展開萬劫之途。然而，遠探周孔的宗旨，可見孝悌仁義與
佛教不謀自同是很明顯的；順應四時之生殺，則矜慈之心在在
可見。又比如孔子不回答子路有關生死的提問，也似有深遠旨
意。但教化體系既然不同，因此在這方面並不明顯。靜而求之，
大抵正是如此。事實上，子路問及鬼神之事〔見《論語・先進》
(11.12)，具見上文，此處不贅〕，孔子不加回答，所表現的乃是
儒家重現世的積極精神，並非有甚麼三世禍福的想法。王謐所
言，其實是過度引伸，未必符合《論語》原文的旨意。

4. 子夏

孔門十哲之一，屬文學科。《論語》所謂孔門四科，其中
文學一科的概念與今天所言文學不盡相同。楊伯峻云：「文

學——指古代文獻，即孔子所傳《詩》、《書》、《易》等。」[23] 在
《論語》中，有見子夏與孔子討論《詩》。《論語·八佾》云：

> 子夏問曰：「『巧笑倩兮，美目盼兮，素以為絢兮。』
> 何謂也？」子曰：「繪事後素。」曰：「禮後乎？」子曰：「起
> 予者商也！始可與言《詩》已矣。」(3.8)

子夏問孔子，「有酒窩的臉笑得美呀，黑白分明的眼流轉得媚
呀，潔白的底子上畫着花卉呀」，這幾句詩是甚麼意思？孔子回
答說，這是先有紙，然後畫花的意思。子夏進一步引伸，以為是
不是先有仁義，後有禮樂呢？孔子稱讚子夏，以其為能夠啓發自
己的人，以後可以跟子夏討論《詩》。就此文所見，子夏正是孔
門弟子之熟悉《詩》者，故能位次文學一科。在《弘明集》卷六
釋道恒《釋駁論》有「商也慳悋」句，亦在援引子夏故事，其文曰：

> 又且志業不同，歸向途乖，岐逕分轍，不相領悟；
> 未見秀異，故其宜耳。古人每歎才之為難，信矣。周號
> 多士，亂臣十人；唐、虞之盛，元凱二八。孔門三千，並
> 海內翹秀，簡充四科，數不盈十：於中伯牛廢疾，回也六
> 極，商也慳悋，賜也貨殖，予也難雕，由也兇愎，求也聚
> 斂，任不稱職；仲弓雖騂，出於犁色，而舉世推德，為人
> 倫之宗，欽尚高軌，為搢紳之表，百代詠其遺風，千載仰
> 其景行。

23　楊伯峻：《論語譯註》（北京：中華書局，1980 年），頁 110。

此言志向事業不盡相同，皈依的道路不同，道路也會分岔，所以不能相互領會曉悟。沒有見到對方的優異突出之處，所以發生這種情況十分正常。古人常慨歎人才難得，乃是事實。周朝嘗言讀書人很多，但能治理天下的臣子也不過十人。堯舜時代，人才也只有八愷八元。孔門弟子三千，稱得上全國傑出的人才，能夠滿足四科要求者，也不過十人。其中伯牛生病，顏淵早死，子夏吝嗇，子貢做買賣，宰予難以教導，子路兇暴，冉有搜刮財富，任不齊不能勝任所擔當的職務。仲弓雖然出身低微，但普天下都推崇其德行，是世間社會人與人之間倫理關係的宗師，為人們所崇敬。仲弓高尚的行為規範，是有官職的或表率，百代百姓歌頌他遺留下來的風骨，千載百姓景仰他高尚的德行。這裏的「商也慳恡」，典出《論語‧子路》，其曰：

> 子夏為莒父宰，問政。子曰：「無欲速，無見小利。欲速，則不達；見小利，則大事不成。」（13.17）

此言子夏成為莒父的縣長，問如何管治。孔子以為不要圖快，不要顧小利。圖快，反而不能達到目的；顧小利，就辦不成大事。孔子教學，每多因材施教，此處既言「見小利」，則子夏或易受小利所吸引，因而顯得吝嗇。據《釋駁論》所言，大抵以子夏之吝嗇為缺點，其實孔子教導子夏治國而「無見小利」，亦未必與吝嗇有直接關係，但可作為延伸閱讀之一隅。

第二節

志怪小説裏的孔門弟子

　　何滿子云：「志怪小説亦常與人事密合。非僅刻畫鬼神，每肖人事；抑且多取歷史人物與實有事變，依從結撰，遂與紀世事之野史接壤。」[24] 孔門弟子乃歷史上之儒家人物，其人和事代表了儒家文化之點滴。自秦漢以至六朝，孔門弟子形象逐漸變化，其出現不單亦不必只在儒家典籍，反映出各個學術流派主張之消長。又魯迅云：「中國本信巫，秦漢以來，神仙之説盛行，漢末又大暢巫風，而鬼道越熾；會小乘佛教亦入中土，漸見流傳。凡此，皆張皇鬼神，稱道靈異，故自晉訖隋，特多鬼神志怪之書。」[25] 指出六朝時志怪小説特盛，乃因秦漢以來神仙巫術釋氏之言皆主鬼神所使然。其中，漢代讖緯之學乃是六朝志怪小説裏怪異元素之關鍵。

　　本節以《論語》和《史記・仲尼弟子列傳》所載為基礎，利用古文獻電子資料庫（包括漢達文庫、漢籍電子文獻、中國基本古籍庫等）及工具書（如《古微書》、《七緯》、《緯書集成》、《孔子弟子資料彙編》）等，稽查和討論六朝志怪小説裏有關孔

24　何滿子：《唐前志怪小説輯釋小引》，李劍國：《唐前志怪小説輯釋》（上海：上海古籍出版社，1986 年），頁 3。

25　魯迅：《中國小說史略》（北平：北新書局，1927 年），頁 37。

門弟子故事和形象之發展與變化。所謂六朝者，[26] 言人人殊。
本文以香港中文大學中國文化研究所劉殿爵中國古籍研究中
心「魏晉南北朝」資料庫所載典籍為基礎。

一、漢代讖緯裏之孔門弟子

　　周予同云：「兩漢以來的孔子只是已死的孔子；他隨着經
濟組織、政治現象與學術思想的變遷，而換穿着各式各樣奇怪
的服裝。」[27] 徐興無〈作為匹夫的「玄聖素王」——讖緯文獻中
的孔子形象與思想〉、〈異表：讖緯與漢代的孔子形象建構〉、[28]
邢義田〈漢代孔子見老子畫像的社會思想史意義〉等，皆詳析
孔子形象在漢代讖緯和畫像上之變化。不單是孔子，作為孔門
儒家學說之重要傳播者，孔門弟子同樣起着各式各樣之變化。
以下且就漢代讖緯所見孔門弟子稍作分析：

　　　　孔子制作《孝經》，使七十二弟子向北辰星而磬折，

26　有關「六朝」所指，眾說紛紜，莫衷一是。唐人許嵩《建安實錄》以東吳、東
　　晉，以及南朝之宋、齊、梁、陳等建都康之六個朝代命名為六朝。宋人司
　　馬光《資治通鑑》則以曹魏、兩晉，以及以及南朝之宋、齊、梁、陳等有繼
　　承關係之六個朝代命名為六朝。至於清人嚴可均輯《全上古三代秦漢三國六
　　朝文》，其中「六朝文」之部，兼包《全後魏文》、《全北齊文》、《全後周文》
　　以及《全隋文》。然則其所謂六朝者，泛指後漢以後至隋統一天下以前之時
　　期。本文所謂六朝，亦以三國兩晉南北朝為限，蓋取其廣義也。

27　周予同：〈緯讖中的孔聖與他的門徒〉，朱維錚編：《周予同經學史論著選擇》
　　（上海：上海人民出版社，1983 年），頁 292。

28　徐興無〈異表：讖緯與漢代的孔子形象建構〉，《經緯成文：漢代經學的思想
　　與制度》，頁 248-280。

使曾子抱《河》、《洛》事北向。孔子簪縹筆,絳單衣,向
北辰而拜。告備於天曰:《孝經》四卷,《春秋》、《河》、
《洛》凡八十一卷,謹已備。天乃虹鬱起,白霧摩地,赤
虹自上下化為黃玉,長三尺,上有刻文。孔子詭受而讀之
曰:「寶文出,劉季握,卯金刀,在軫北,字禾子,天下
服。」(曾參)——《孝經緯・孝經援神契》

「《孝經》者,篇題就號也。所以表悟括意,敘中書名
出義,見道曰著。一字苞十八章,為天地喉襟,道要德
本,故挺以題符篇冠就。曾子撰斯,問曰:『孝文乎,駁
不同何?』子曰:『吾作《孝經》,以素王無爵之賞、斧鉞
之誅,故稱明王之道。』曾子避席復坐。子曰:『居,吾
語女,順孫以避災禍,與先王以託權。』目至德要道以題
行,首仲尼以立情性,言子曰以開號,列曾子示撰輔,
《書》《詩》以合謀。」(曾參)——《孝經緯・孝經鈎命決》

孔子在庶,德無所施,功無所就,志在《春秋》,行
在《孝經》。孔子曰:吾志在《春秋》,行在《孝經》。以《春
秋》屬商,以《孝經》屬參。(子夏、曾參)——《孝經緯・
孝經鈎命決》

魯哀公十四年,孔子夜夢三槐之間、豐沛之邦有赤
煙氣起,乃呼顏淵、子夏往視之,驅車到楚西北范氏街,
見芻兒摘麟傷其左前足,薪而覆之。孔子曰:『兒來,汝
姓為誰?』兒曰:『吾姓為赤誦,名子喬,字受紀。』孔子

曰：『汝豈有所見耶？』兒曰：『見一禽，巨如羔羊，頭上有角，其末有肉。』孔子曰：『天下已有主也。為赤劉，陳項為輔，五星入井從歲星。』兒發薪下麟示孔子，孔子趨而往，麟蒙其耳，吐三卷圖，廣三寸，長八寸，每卷二十四字。其言赤劉當起曰：『周亡，赤氣起，火耀興，玄丘制命，帝卯金。』（顏淵、子夏）——《孝經讖·孝經援神契》

孔子作《春秋》一萬八千字，九月而書成，以授游、夏之徒，游、夏之徒不能改一字。（子游、子夏）——《春秋微》

孔子謂子夏曰：得麟之月，天當有血書魯端門。子夏至期往，逢一郎，言門有血書，往寫之，血蜚為赤鳥，他為帛。鳥消，書出，署曰《演孔圖》。（子夏）——《春秋微·春秋說題辭》

昔孔子受端門之命，制《春秋》之義，使子夏等十四人求周史記，得百二十國寶書，九月經立。（子夏）——《春秋微·春秋說題辭》

得麟之後，天下血書魯端門曰：趨作法，孔聖沒，周姬亡，彗東出，秦政起，胡破術，書記散，孔不絕。子夏明日往視之，血書飛為赤鳥，化為白書，署曰《演孔圖》，中有作圖制法之狀。（子夏）——《春秋緯·春秋演孔圖》

顏回尚三教，變虞夏如何？曰：教者所以追補敗政、靡弊、涸濁，謂之治也。舜之承堯，無為易也。（顏淵）——《樂緯·樂稽耀嘉》

子路感雷精而生，尚剛好勇，親涉衛難，結纓而死，孔子聞而覆醢。每聞雷鳴，乃中心惻怛。故後人忌焉，以為常也。（子路）——《論語讖·論語比考讖》

子路與子貢過鄭神社，社樹有鳥，子路搏鳥神，社人牽攣子路。子貢說之，乃止。（子路、子貢）——《論語讖·論語比考讖》

水名盜泉，仲尼不漱。里名勝母，曾子斂襟。（曾參）——《論語讖·論語比考讖》

邑名朝歌，顏淵不捨。七十弟子掩目，宰予獨顧，由歷墮車。（顏淵、宰予、子路）——《論語讖·論語比考讖》

叔孫氏之車子曰鉏商，摣於野而獲麟焉，眾莫之識，以為不祥，棄之五父之衢。冉有告孔子曰：「有麕肉角，豈天下之祅乎？」夫子曰：「今何在？吾將觀焉。」遂往，謂其御高柴曰：「若求之言，其必麟乎。」到視之曰：「今宗周將滅，無主，孰為來哉？茲日麟出而死，吾道窮矣。」乃作歌曰：「唐虞之世麟鳳遊，今非其時來何由，麟兮麟

分我心憂。」（冉有、高柴）——《論語讖・論語摘衰聖承進讖》

孔子胸應矩是謂儀古，顏淵山庭日角，曾子珠衡犀角。子貢山庭斗繞口，南容井口。（顏淵、曾參、子貢、南容）——《論語讖・論語摘輔象》

仲弓鈎文在手，是謂知始。宰我手握戶，是謂守道。子游手握文雅，是謂敏士。公冶長手握輔，是謂習道。子夏手握正，是謂受相。（仲弓、宰予、子游、公冶長、子夏）—《論語讖・論語摘輔象》

仲尼為素王，顏淵為司徒，子貢為司空，又左丘明為素臣。（顏淵、子貢）——《論語讖・論語摘輔象》

樊遲山額，有若月衡，反宇陷額，是謂和喜。（樊遲）——《論語讖・論語摘輔象》

澹臺滅明岐掌，是謂正直。（澹臺滅明）——《論語讖・論語摘輔象》

顏回有角額，似月形。淵，水也。月是水精，故名淵。（顏淵）——《論語讖・論語撰考讖》

孔子謂子夏曰：「羣鵒至，非中國之禽也。」（子夏）——《禮緯・禮稽命徵》

孔子謂子夏曰：「禮以修外，樂以制內，丘已矣夫。」
（子夏）——《禮緯・禮稽命徵》

以上所見二十二則讖緯之文，皆見孔門弟子，其中有與孔
子同時出場，亦有弟子獨當一面，言行舉止外貌具見者。此中
牽涉十四人，今列如下：

顏回，字子淵，小孔子 30 歲。《論語》提及顏淵 24
次，讖緯載有顏淵 6 次。

冉雍，字仲弓，小孔子 29 歲。《論語》提及仲弓 7
次，讖緯載有仲弓 1 次。

冉求，字子有，小孔子 29 歲。《論語》提及冉有 16
次，讖緯載有冉有 1 次。

仲由，字子路，小孔子 9 歲。《論語》提及子路 38
次，讖緯載有子路 3 次。

宰予，字子我，年歲無考。《論語》提及宰予 5 次，
讖緯載有宰予 2 次。

端木賜，字子貢，小孔子 31 歲。《論語》提及子貢
38 次，讖緯載有子貢 3 次。

言偃，字子游，小孔子 45 歲。《論語》提及子游 8
次，讖緯載有子游 2 次。

卜商，字子夏，小孔子 44 歲。《論語》提及子夏 19
次，讖緯載有子夏 9 次。

以上為孔門四科十哲其中八位，此外，十哲尚有閔損與伯
牛，本皆德行之科，惟漢代讖緯之中並沒有相關記載。以下六
位，本不在十哲之列，然讖緯亦嘗論之。

曾參，字子輿，小孔子 46 歲。曾參何以不在十哲之列，
前人討論甚多。[29] 曾參事親至孝，為人稱頌。傳儒家之道，「守
約」二字乃其精神之所重。《論語》提及曾參 15 次，讖緯載有
曾參 5 次。

澹臺滅明，字子羽，小孔子 39 歲。澹臺滅明為人正直，
行不由徑，不抄小路。惟其狀貌甚惡，終離開孔門，孔子後亦
追悔之，以為「以貌取人，失之子羽」。[30]《論語》提及澹臺滅
明 1 次，讖緯載有澹臺滅明 1 次。

公冶長，字子長。生卒年不詳。公冶長乃賢德之人，故孔
子以女兒嫁之。《論語》提及公冶長 1 次，讖緯載有公冶長 1 次。

29　或可試從《論語》之分章入手。《論語・先進》「子曰：從我於陳蔡者，皆不
　　及門也」(11.2)章，鄭玄以為與「德行：顏淵，閔子騫，冉伯牛，仲弓。言語：
　　宰我，子貢。政事：冉有，季路。文學：子游，子夏」(11.3)章當合，陸德
　　明云：「鄭云以合前章，皇別為一章。」(《經典釋文》，卷 24〈論語音義〉，頁
　　12b。)邢昺云：「鄭氏以合前章，皇氏別為一章。」(《論語註疏》，《十三經
　　註疏（整理本）》，卷 11，頁 160。)據此知鄭玄本《論語》合此二章，皇侃《義
　　疏》本則分之。朱熹《集註》亦從鄭說，並引程頤云：「四科乃從夫子於陳、
　　蔡者爾，門人之賢者固不止此。曾子傳道而不與焉，故知十哲世俗論也。」
　　準此，所謂孔門十哲者，蓋與孔子厄於陳蔡之弟子矣。是以賢弟子如有不在
　　十哲之列者，乃因不共此厄而已，非謂孔門之賢德者盡在於此。(《四書章句
　　集註》，論語集註，卷 6，頁 123。)

30　《史記》，卷 67，頁 2206。

南宮适，姓南宮，名适，字子容。生卒年不詳。南容為人進退有道，行事謹慎且有口才。《論語》提及南容 2 次，讖緯載有南容 1 次。南容與南宮敬叔是否一人，歷來頗有爭論。詳見前文《漢書・古今人表》並見「南容」（第三等）與「南宮敬叔」（第四等）之討論。

高柴，字子羔，小孔子 30 歲。高柴為人謹厚純篤，能孝，亦嘗出仕。《論語》提及高柴 2 次，讖緯載有高柴 1 次。

樊須，字子遲，《史記・仲尼弟子列傳》謂其小孔子 36 歲，《孔子家語》則謂小 46 歲。觀乎《左傳・哀公十一年》嘗載魯齊郎之戰，時冉有為左帥，樊遲為車右，而季孫言「須也弱」。據《史記》則樊遲已 32 歲，《家語》則尚且 22 歲，所謂「弱」者，唯《家語》所載年歲可足稱之。樊遲並不敏慧，然其人勤學好問，似在其他弟子之上。《論語》提及樊遲 6 次，讖緯載有樊遲 1 次。

以上所載孔門弟子 14 人，此中事跡皆見漢代讖緯，較諸《論語》、《史記・仲尼弟子列傳》而言，此等事跡皆未嘗見於前書，今獨見於讖緯之中，乃漢人對孔門弟子在各方面之改造，當中有對六朝志怪小說之啟迪，具見後文討論。

二、六朝志怪小說裏之孔門弟子

漢末以後，政治動蕩，社會混亂，百姓追求信仰，並寄託心靈於神道。上引魯迅《中國小說史略》之言，以為神仙之說盛行、佛教之傳入，乃六朝志怪小說盛行之主因。侯忠義《漢魏六朝小說史》以為有五項原因：巫風、方術之興盛與傳播；

佛教傳入與佛經翻譯；批判政治黑暗、追求自由愛情與幸福
生活之思想；對鬼神態度之轉變；文人和方士作為小說作家。
今以孔門弟子為考察對象，可見六朝志怪小說作者以此入文，
多與《論語》和《史記・仲尼弟子列傳》所載有異，更多是取
材自漢代讖緯之書，並在原有記載以外之空間遊弋，為孔門弟
子賦予新形象。此中又以干寶《搜神記》，以及殷芸《小說》載
錄孔門弟子事跡最多，故下文即以此二書為基礎，並輔之以其
他六朝志怪小說，以見孔門弟子在六朝之變化。

1. 孔子之輔助

在不少六朝志怪小說裏，孔門弟子不是主角，而是以輔助
孔子之形式出場。如在《搜神記》卷四〈麟書〉：

> 《孝經右契》曰：魯哀公十四年，孔子夜夢三槐之間，
> 豐、沛之邦，有赤煙氣起，乃呼顏回、子夏俱往觀之。駈
> 車到楚西北范氏之廟，見芻兒捶麟，傷其左前足，束薪而
> 覆之。孔子曰：「兒來，汝姓為誰？」兒曰：「吾姓為赤松，
> 字時僑，名受紀。」孔子曰：「汝豈有所見手？」兒曰：「吾
> 所見一禽，如麕，羊頭，頭上有角，其末有肉，方以是西
> 走。」孔子曰：「天下已有主也。為赤劉，陳、項為輔，
> 五星入井，從歲星。」兒發薪下麟示孔子，孔子趨而往，
> 麟蒙其耳，吐三卷書，廣三寸，長八寸。每卷二十四字，
> 其言赤劉當起，曰：「周亡，赤氣起，大燿興，玄丘制命，
> 帝卯金。」孔子精而讀之。

考之此文，上引《七緯》以為即屬《孝經援神契》之文；《初學記》卷 29、《六帖》卷 95、百卷本《記纂淵海》卷 4、《山堂肆考》卷 217 所引皆以為出自《搜神記》。宋代類書《太平御覽》卷 889 以為出自《孝經右契》，《古今合璧事類備要》別集卷 62 同。相較而言，《初學記》時代較早，以為出自《搜神記》，其說較為可信。《御覽》引書屢見不善，此處顯為漏掉原書書名，而以引文「孝經右契」四字置首，《古今合璧事類備要》不知其誤，直接抄錄，因與之同。此文既出《孝經》讖緯，《搜神記》之孔門弟子形象便與讖緯無別，可知志怪小說或有源於漢代讖緯。此文孔門弟子（顏淵、子夏）只是配角。哀公十四年時，孔子夜夢豐沛一帶有赤色煙氣，遂召喚顏淵、子夏同往觀之。孔子在范氏街之路上看見一小孩打麒麟，孔子問之，知小孩姓赤松，名時僑，字受紀。孔子遂問小孩看見甚麼，小孩表示看見鹿狀、羊頭、有角、角端有肉之動物。孔子因謂天下有主，赤帝子劉，陳勝、項羽為輔佐。小孩取火使孔子見麟。[31] 麒麟見孔子，孔子掩耳，麒麟吐出三卷圖，寬三寸，長八寸，每卷圖有 24 字。此意赤帝子劉邦即將興起，而「周朝滅亡，赤氣升起，火德興旺，玄聖孔丘頒布天命，皇帝姓劉。」大抵寓意劉邦將代周而興，建立漢朝。漢儒以為孔子為漢制法，又以為漢室皇權天授，因而生出此類故事。其事涉虛妄神怪，自為六朝小說所好，故《搜神記》納入此文。

又如殷芸《小說》，姚振宗嘗言此書特色，其曰：「案此殆是梁武帝作《通史》時事，凡此不經之說為《通史》所不取者，

31　麟為何物，前人未有表明。楊伯峻《春秋左傳註》（北京：中華書局，1995 年版，頁 1680）以為或即長頸鹿。詳參拙著〈絕筆於獲麟〉，《國學新視野》2017 年 9 月秋季號，頁 132-135。

皆令殷芸別集為《小說》，是此《小說》因《通史》而作，猶《通史》之外乘也。」[32] 以此論《小說》之書，其所載故事大抵即正史以外之補充，代表了主要故事之周邊發展。其中卷二〈周六國前漢人〉所載孔子之遊山：

> 孔子嘗遊於山，使子路取水，逢虎於水所，與共戰，攬尾得之，內懷中；取水還，問孔子曰：「上士殺虎如之何？」子曰：「上士殺虎持虎頭。」又問曰：「中士殺虎如之何？」子曰：「中士殺虎持虎耳。」又問：「下士殺虎如之何？」子曰：「下士殺虎捉虎尾。」子路出尾棄之。因恚孔子曰：「夫子知水所有虎，使我取水，是欲死我。」乃懷石盤，欲中孔子。又問：「上士殺人如之何？」子曰：「上士殺人使筆端。」又問曰：「中士殺人如之何？」子曰：「中士殺人用舌端。」又問：「下士殺人如之何？」子曰：「下士殺人懷石盤。」子路出而棄之，於是心服。

這個故事記載孔子與子路共遊山，而孔子使子路取水，子路於水源處遇虎，攬虎尾而殺之。子路之勇可見。然而，孔子以為子路只屬下士之舉，子路不服，欲以所懷石盤擊打孔子，而孔子同樣以為只有下士才會如此攻擊別人。於是，子路放棄擊打孔子之念，明白老師乃欲其成為上士之道理，心悅而誠服。

32　姚振宗：《隋書經籍志考證》（上海：上海古籍出版社據浙江圖書館藏開明書店鉛印師石山房叢書本影印，1995 年），卷 32，頁 499。

據殷芸原註，此文出自專門載錄孔門師弟子神怪事跡之《衝波傳》。[33] 在子路遇虎之故事裏，孔子仍然是主角，重點是如何令到子路心悅誠服。當然，因材施教與循循善誘都在其中。至於子路雖是配角，然其「性鄙，好勇力，志伉直」[34] 仍是不變，保存先秦兩漢以來之子路形象。志怪小說所載，一般而言較為誇張失實，此文亦不例外。子路因老師使其至有虎之處取水，因欲擊殺孔子，實涉虛妄，本不必然，實乃此事之志怪根本。

又如殷芸《小說》所載另一則故事：

> 顏淵、子路共坐於門，有鬼魅求見孔子，其目若日，其形甚偉。子路失魄口噤；顏淵乃納履拔劍而前，捲握其腰，於是化為蛇，遂斬之。孔子出觀，歎曰：「勇者不懼，知者不惑，仁者必有勇，勇者不必有仁。」

諸部《小說》皆未載此則故事出處。余嘉錫云：「此條不註書名，以下條及子路取水條推之，必《衝波傳》也。蓋此四條皆引《衝波傳》，而總註於末條之下耳。其事頗與《搜神記》十九記子路殺大鯷魚事相類，疑即一事，傳聞異詞，要之皆荒謬不可據。」[35] 余氏以為較諸殷芸引書情況而言，此文仍當出《衝波

33　參李劍鋒：〈《衝波傳》：一部關於孔子及其弟子故事的志怪小說〉，《魯東大學學報（哲學社會科學版）》2010 年第 27 卷第 5 期，頁 64-68。

34　《史記》，卷 67，頁 2191。

35　余嘉錫：《殷芸小說輯證》，載余嘉錫：《余嘉錫論學雜著》（北京：中華書局，2007 年），頁 296。

傳》。余說是也。此則所重仍在孔子，顏淵、子路之形象有所顛覆，此以顏淵為拔劍斬蛇者，而子路則是「失魄口噤」。考諸《論語》，子路有「兼人」[36] 之勇，且「好勇」[37] 甚於孔子，自是事無所畏。可是子路在《小說》裏卻因見鬼魅而大驚，失魂落魄，口不能言。反之，簞食瓢飲，[38]「髮盡白，蚤死」[39] 之顏淵，卻是勇猛無比，抵擋鬼魅。鬼魅意欲求見孔子，終為子路所滅，孔子至此方告現身，故事之末，作者結合兩則《論語》以說理，分別是：

> 子曰：「知者不惑，仁者不憂，勇者不懼。」（9.29）

> 子曰：「有德者必有言，有言者不必有德。仁者必有勇，勇者不必有仁。」（14.4）

《小說》之文結合以上兩則《論語》，因成「勇者不懼，知者不惑，仁者必有勇，勇者不必有仁。」孔子以此兩則《論語》評價顏淵與子路，大抵顏淵為仁者而有勇，反之子路貌似勇猛而實不然。

　　史家載事，大多提取傳主生平事跡之關鍵，援筆為文。然歷史事件每每留有大量空間，填補歷史縫隙便成為小說家創作

36　《論語・先進》(11.22)。
37　《論語・公冶長》(5.7)。
38　《論語・雍也》(6.11)。
39　《史記》，卷 67，頁 2188。

之要事，也是小說所以耐人尋味之重要原因。以下《搜神記‧五酉》便屬此類：

> 孔子厄於陳，弦歌於館中。夜有一人，長九尺餘，着皂衣高冠，大叱，聲動左右。子貢進，問：「何人耶？」便提子貢而挾之。子路引出，與戰於庭，有頃未勝。孔子察之，見其甲車閒時時開如掌，孔子曰：「何不探其甲車，引而奮登？」子路如之，沒手仆於地。乃是大鯷魚也，長九尺餘。孔子歎曰：「此物也，何為來哉？吾聞物老則羣精依之，因衰而至。此其來也，豈以吾遇厄絕糧，從者病乎？夫六畜之物及龜蛇魚鱉草木之屬，久者神皆憑依，能為妖怪，故謂之五酉。五酉者，五行之方，皆有其物；酉者老也，故物老則為怪矣。殺之則已，夫何患焉！或者天之未喪斯文，以是繫予之命乎？不然，何為至於斯也？」弦歌不輟。子路烹之，其味滋，病者興。明日遂行。

此文甚為有趣。根據《論語‧衛靈公》：「在陳絕糧，從者病，莫能興。子路慍見曰：『子亦有窮乎？』子曰：『君子固窮，小人窮斯濫矣。』」（15.2）又，《史記‧孔子世家》亦記孔子與弟子厄於陳蔡，其曰：「於是乃相與發徒役圍孔子於野。不得行，絕糧。從者病，莫能興。孔子講誦弦歌不衰。」此後孔子以《詩‧小雅‧何草不黃》為問，考核子路、子貢、顏淵「『匪兕匪虎，率彼曠野』。吾道非邪？吾何為於此？」孔子以顏淵所言為是，最後孔子派遣「子貢至楚。楚昭王興師迎孔子，然後

得免」。此記孔子厄於陳，在住處彈琴唱歌。至晚上有 19 尺高之黑衣人突然來臨，並大聲吼叫。子貢問此人從何而來，即被其挾走。子路將黑衣人引出房間，與之大戰，頃之而未勝。孔子在旁觀察，及見黑衣人之衣甲與兩腮之間常如手掌般張開，以為此乃其弱點，可向彼處加強攻擊。子路知悉，遂擊退之，竟見原來黑衣人實一大鯷魚也。孔子以為遇此怪物，乃因其時困於陳、蔡，從者絕糧，神靈遂依附在六畜動物之上，變成妖怪而來襲。孔子博學多才，以為五方之物，老而成為妖怪，謂之「五酉」。把五酉殺死了，便沒有值得擔憂之事。是以孔子弦歌不衰，不受打擾。子路把鯷魚妖怪殺死後，取之烹煮，味道鮮甜，病者吃後皆得好轉，第二天便可繼續上路。考鯷魚變成妖怪之事，自是虛妄而不可能，惟干寶編纂此書，其目的本為「撰記古今怪異非常之事」[40]，故亦不足為奇。在此事中，展示了孔子之博學、子路之勇武，此皆按照前世有關孔子、子路之性格特點發展而來。《論語》、《史記》載孔門弟子「從者病，莫能興」如何解決呢？史無明文。因此，《搜神記》便有斬殺鯷魚吃之的神筆。鯷魚「味滋」，吃後遂使「病者興」，結果翌日便可起行。《晉書》評論《搜神記》時指出干寶「博採異同，遂混虛實」，[41] 今就子路大戰鯷魚一事觀之，即可知悉此混合虛實之意，亦是利用歷史遺留下來之空隙，由小說家為歷史創造證據。

40　干寶：〈撰《搜神記》請紙表〉，載《新輯搜神記》，頁 17。

41　房玄齡：《晉書》（北京：中華書局，1974 年），卷 82，頁 2150。

2. 獨當一面之孔門弟子

除了是輔助孔子之重要人物，孔門弟子在六朝志怪小說每
多各擅勝場，獨當一面。其實，即使在《論語》裏，亦有孔門
弟子之間對話而不涉孔子者，故《漢書・藝文志》才有：「《論
語》者，孔子應答弟子時人及弟子相與言而接聞於夫子之語
也。當時弟子各有所記。夫子既卒，門人相與輯而論篹，故謂
之《論語》。」可知《論語》本有老師不在而弟子相與討論之部
分，當中亦可見孔門弟子之鮮明形象。

殷芸《小說》載有子路與顏淵在洙水見五色鳥之故事。其曰：

> 子路、顏回浴於洙水，見五色鳥。顏回問子路曰：
> 「由，識此鳥否？」子路曰：「識。」回曰：「何鳥？」子路
> 曰：「熒熒之鳥。」後日，顏回與子路又浴於泗水，更見
> 前鳥，復問：「由，識此鳥否？」子路曰：「識。」回曰：「何
> 鳥？」子路曰：「同同之鳥。」顏回曰：「何一鳥而二名？」
> 子路曰：「譬如絲絹，煮之則為帛，染之則為皁，一鳥而
> 二名，不亦宜乎？」

在《論語》中，顏淵「聞一而知十」，[42]「回也不愚」，[43]「好謀而成
事」，[44] 在孔門弟子之中能傳夫子之道，屢受孔子稱讚。在《小
說》裏，子路和顏淵在洙水和泗水先後碰見五色鳥，顏淵不知

42　《論語・公冶長》(5.9)。

43　《論語・為政》2.9

44　《論語・述而》(7.11)。

為何物，兩次皆請益於子路。性格衝動之子路，此處變成博學多才之人，與《論語》之描述大不相同。子路指出一鳥之有二名並不奇怪，故五色鳥一名熒熒之鳥，二名同同之鳥，情況一如絲絹煮之有一名，染之有一名。由此，在《論語》裏最受孔子喜愛，唯一能仁之顏淵，在這裏也只能屈居在子路之下。

殷芸《小說》又有一則載及子貢出使，顏淵聰明機智之事，其文如下：

> 孔子嘗使子貢出，久而不返，占得鼎卦無足，弟子皆言無足不來；顏回掩口而笑。孔子曰：「回笑，是謂賜必來也。」因問回：「何以知賜來？」對曰：「無足者，蓋乘舟而來，賜且至矣。」明旦，子貢乘潮至。

此記孔子派子貢出使，卻久而未返，孔子於是占卦問其吉凶，得鼎卦，即「九四：鼎折足，覆公餗，其形渥，凶」。[45] 孔門弟子皆以為乃凶兆，子貢或許一去不返。唯有顏淵掩口而笑，以為「鼎折足」（即「無足」）代表子貢必定乘船而回，不用雙足，並非凶兆。果然，子貢在第二天便從海上歸來。在《論語》裏，孔子兩次稱讚顏淵「好學」，[46] 且其為學進步日不可止，[47] 遠勝其他孔門弟子。此記子貢出使，考諸《論語》，子貢能言善道，位

45　《周易正義》，《十三經註疏（整理本）》，卷 5，頁 244。
46　《論語・雍也》(6.3)。
47　《論語・子罕》(9.21)。

次言語科之中，討論《詩‧衛風‧淇奧》之文，孔子譽之為「告
諸往而知來者」(1.15)。在陳蔡之厄時，孔子亦只「使子貢至
楚。楚昭王興師迎孔子，然後得免」。[48] 知孔子弟子之中獨子
貢最擅外交辭令。顏淵、子貢此事固然屬志怪小說所增益，然
其依託原則則與《論語》、《史記》所載二人之形象無別。

　　上文載有漢代讖緯所記孔門弟子，其實六朝志怪小說亦
有襲取彼處之文。如《發蒙記》云：「子路感雷精而生，尚剛好
勇。」《發蒙記》作者是晉人束皙，據其本傳所載，「皙才學博
通，所著《三魏人士傳》，《七代通記》，《晉書》紀、志，遇亂
亡失。其《五經通論》、《發蒙記》、補亡詩、文集數十篇，行
於世云。」[49] 此書早佚，觀其佚文，大抵屬於博物地理一類。[50]
今《玉函山房輯佚書》卷 62 有輯佚本，共得佚文 25 條。[51] 上
引《論語讖‧論語比考讖》云：「子路感雷精而生，尚剛好勇。」

48　《史記》，卷 47，頁 1932。

49　《晉書》，卷 51，頁 1434。

50　侯忠義《漢魏六朝小說史》以內容分魏晉志怪小說為三類，一為記怪類，二
　　為博物類，三為神仙類。其中博物類載有《博物志》、《玄中記》等小說，束
　　皙《發蒙記》大抵與此相類。

51　詳參馬國翰輯：《玉函山房輯佚書》（上海：上海古籍出版社，1990 年），卷
　　62，束皙《發蒙記》。馬國翰云：「《隋志》小學有《發蒙記》一卷，晉著作郎
　　束皙撰。〈地理志〉又有《發蒙記》一卷，束皙撰，載物產之異。兩書同名而
　　分著之與，抑一書而兩載失於釐定歟？疑不能明。書佚已久，陶宗儀《說郛》
　　輯錄凡 15 條，內 1 條為《啟蒙記》，9 條未詳所據，姑依錄之，復蒐輯 11
　　條，補錄於後。」據馬說，是《發蒙記》乃小學之書，然就所得佚文觀之，大
　　抵較為接近博物地理一類。考「發蒙」二字，東方朔《七諫‧初放》「將方舟
　　而下流兮，冀幸君之發矇」句，王逸註：「言我將方舟隨江而浮，冀幸懷王開
　　其矇惑之心而還己也。」（洪興祖：《楚辭補註》，北京：中華書局，1983 年，
　　卷 13，頁 241。）據此知「發蒙」二字意指開啟蒙惑之心。

即與《發蒙記》此文完全相同。子路好勇，上文已論，此處不贅。至於「剛」，孔子嘗與子路討論「六言六蔽」，其中有「好剛不好學，其蔽也狂」(17.8)，剛強而不好學，其弊病就是膽大妄為。子路侍側，孔子以其為「行行如也」，即樣子剛強，只能落得「不得其死然」之下場 (11.13)。及後，子路終死於衛國內亂，自是「好剛」之惡果。然而子路是否「感雷精而生」，後世自無由得知，漢代讖緯以此為天人交感之結果，六朝志怪小說愛奇，自必採之入文。

　　又如張華《博物志·史補》:「子路與子貢過鄭神社，社樹有鳥，神牽率子路，子貢說之乃止。」[52] 神社即土地廟。此載子路與子貢過鄭國之土地廟，二人見社樹有鳥在上，子路為人衝動，即往捕之。然社樹乃神社之標誌，子路此舉惹怒社神，社神拉住子路。在孔門十哲中，子貢以口才見稱，是以子貢勸說社神，方把子路放走。就此事而言，「社神」云云語涉虛妄，王嘉謂《博物志》乃「考驗神怪」[53] 之作，信哉是言也！然此神怪之事，《博物志》仍按照子路與子貢之性格特點以作潤飾，即子路性衝，而子貢口才絕佳也。又，上引《論語讖·論語比考讖》亦有「子路與子貢過鄭神社」之文，蓋即《博物志》所本。

52　張華撰，范寧校證:《博物志校證》(北京:中華書局，1980 年)，卷 8，頁 95。范寧註「神牽率子路」句云:「『神』上《藝文類聚》卷 90 引作『子路捕鳥社』五字。『率』作『摰』，其作『摰』是也。《易中孚》:『有孚摰如。』疏云:『摰，相牽繫不絕也。』故摰有牽義，當據正。」(《博物志校證》，卷 8，頁 100，註 24。)

53　王嘉:《拾遺記》(北京:中華書局，1981 年)，卷 9〈晉時事〉，頁 211。

張華《博物志・史補》錄有一段魏文侯與子夏之對話。據《史記・仲尼弟子列傳》所載，「孔子既沒，子夏居西河教授，為魏文侯師。」知子夏嘗為魏文侯師矣。《博物志》之文如下：

> 趙襄子率徒十萬狩於中山，藉芳燔林，扇赫百里。有人從石壁中出，隨煙上下，若無所之經涉者。襄子以為物，徐察之，乃人也。問其奚道而處石，奚道而入火，其人曰：「奚物為火？」其人曰：「不知也？」魏文侯聞之，問於子夏曰：「彼何人哉？」子夏曰：「以商所聞於夫子，和者同於物，物無得而傷，閱者遊金石之間及蹈於水火皆可也。」文侯曰：「吾子奚不為之？」子夏曰：「刳心知智，商未能也。雖試語之，而即暇矣。」文侯曰：「夫子奚不為之？」子夏曰：「夫子能而不為。」文侯不悅。

此記趙襄子遇見一人，此人能夠處石而涉火。魏文侯知此事，遂問子夏。子夏以為因此人可保存純和之氣，身心與外物相應合，故能在金石間和水火中跳躍。魏文侯問子夏何以不能這樣做，子夏以為要剔除思慾、摒棄智慧方能趨此，自己尚未能做到。魏文侯再追問孔子能否做到，子夏以為孔子可以做到，只是不欲如此而已。魏文侯知悉後感到不悅。其實，「刳心去智」自是道家語，不當出自孔門師弟子口中，《博物志》所言自是出於依託。考《博物志》此事，《列子・黃帝》所載與之相同，楊伯峻云：「張華《博物志》載此事與願此基本相同。」[54] 二書

54　楊伯峻：《列子集釋》（北京：中華書局，1979 年），卷 2，頁 68-69。

所載此事，最大分別乃在《博物志》記為「文侯不悅」，《列子》則作「文侯大悅」，雖差一字，卻謬之千里。觀乎子夏為魏文侯師，司馬遷《史記・儒林列傳》更以其人為「好學」，[55] 故其於細聽子夏分析以後，理當「大悅」而非「不悅」。子夏授與何等知識予以魏文侯，史無所載，能夠保存純真，出入火石者，自是修煉道家者也。而藉儒家人物表達道家思想，亦是六朝志怪小說常見之主題。

又《搜神記》載有曾參齧指痛心之事，此事後世入之二十四孝故事之中。《搜神記》之文如下：

> 曾子從仲尼，在楚而心動。辭歸，問母，曰：「思之齧指。」孔子聞之曰：「曾參至誠，精感萬里。」

此言曾參追隨孔子在楚國之時，突然心裏有所感應，遂向孔子告辭歸家。回家後，始知因母親念己，咬動指頭，故有所感。孔子知之，以為曾參至誠之孝，能夠感應萬里。曾子雖不在孔門十哲之列，然其人以孝道著稱，《韓非子・八說》嘗言「修孝寡欲如曾、史」，此中「曾」即指曾參。又如《孔子家語・六本》、《說苑・建本》並載曾參耘瓜誤斬其根，致使父親曾皙以杖擊背之事，皆可見曾參之孝。此後曾參之孝亦有所發展，從父至母，遂有齧指痛心之事。元人編錄《全相二十四孝詩選》（簡稱《二十四孝》）之時，便次錄此事於其中，此可見六朝志怪故事改造孔門弟子對後世之影響。

---

55 《史記》，卷 121，頁 3116。

張華《博物志》尚載有其他新增之曾參事跡。此書卷9載云：

> 上古男三十而妻，女二十而嫁。曾子曰：「弟子不學
> 古知之矣，貧者不勝其憂，富者不勝其樂。」[56]

> 曾子曰：「好我者知吾美矣，惡我者知吾惡矣。」

曾參雖不在孔門十哲之列，然其對孔門儒家之傳授，至為關
鍵，因孔子之孫子思正是曾門弟子。《漢書‧古今人表》次第
孔門弟子，十哲皆在第二等（上中仁人），而曾子只在第三等
（上下智人）。楊慎云：「傳道者曾子，廼書於冉、閔、仲弓之
下，蓋不知曾子不與四科之故也。」[57] 楊氏所言可謂真知灼見。
且曾子地位之提升，初不在孔子之時，孔門四科以德行居首，
而曾子之行為後世所稱者，首曰其孝。惟較諸德行四子而言，
曾子當時年紀太小[58]，在孔門弟子中僅屬後輩，故不得列德行之
科。《博物志》此言古代男子30歲而娶妻，女子20歲而出嫁。
曾子因謂弟子如不案古禮行事，結果可知；貧困者會不堪愁
苦，富貴者亦不勝快樂。又，曾子以為喜歡他人如喜歡自己，

56　《博物志校證》，卷9，頁104。《博物志校證》原依底本連上文有「黃帝治天
　　下百年而死。民畏其神百年，以其數百年，故曰黃帝三百年」句，今據叢書
　　集成本不連上文，而只錄「上古男三十而妻」云云。

57　楊慎所言，轉引自凌稚隆《漢書評林》，同治甲戌（1874年）仲冬長沙魏氏養
　　翖書屋校刊本，卷20，頁48b。

58　德行科四子，顏淵小孔子30歲，閔子騫小孔子15歲，冉伯牛小孔子7歲，
　　仲弓小孔子29歲。曾子則小孔子46歲，相較其他孔門弟子而言，曾子乃是
　　孔門裏的小師弟。

必知其好處何在，不喜歡者亦必知其壞處何在。在孔門弟子之中，因顏淵早死，唯曾參能傳孔子之道。故《論語》中曾參單獨出現，稱為「曾子」者，亦屢有所見，合共有 12 章，以「子」為稱，位居孔門弟子之首。

張華《博物志》亦兩載澹臺滅明之事，分見卷八〈史補〉與卷七〈異聞〉，其文分列如下：

> 澹臺子羽子溺水死，欲葬之，滅明曰：「此命也，與螻蟻何親？與魚鱉何讎？」遂不使葬。

> 澹臺子羽渡河，齎千金之璧於河，河伯欲之，至陽侯波起，兩鮫挾船，子羽左摻璧，右操劍，擊鮫皆死。既渡，三投璧於於河伯，河伯躍而歸之，子羽毀而去。[59]

據《博物志‧史補》所載，澹臺滅明之子為水淹死，其弟子欲收葬之。澹臺滅明卻不以為然，以為其子之死乃是命運安排，故不用下葬與螻蟻為伴，而與魚鱉為仇。澹臺滅明遂使弟子不用收葬其子。其豁達之風，與道家相若，卻與慎終追遠之儒家文化不相合。至於〈異聞〉所載，謂澹臺滅明帶着千金玉璧渡河，河神欲得此璧，在船渡一半之時，興波作浪，使兩條蛟

59　《博物志校證》，卷 7，頁 85。干寶《搜神記》亦載此文，李劍國云：「本條《文選》卷 5 左思〈吳都賦〉劉逵註引，出干寶《搜神記》。明孫穀《古微書》卷 25 按語亦引《搜神記》。事又載《博物志》卷 7、《水經註》卷 5〈河水〉，文字較詳。」（《新輯搜神記》，卷 25，頁 414。）

龍將船夾在中間。澹臺滅明左手握玉璧，右手握劍，擊殺兩條蛟龍。渡河以後，澹臺滅明三次投璧予河神，河神皆奉還。最後，澹臺滅明毀掉玉璧，繼續上路。可見澹臺滅明所以為河神所襲擊，乃因身懷玉璧，意指財富實禍患之根源。過河以後，澹臺滅明深明此理，遂將玉璧給予河神。及後即使河神不要玉璧，澹臺滅明早已感悟，不欲為財富所羈絆，遂放棄玉璧，戰勝物慾。澹臺滅明雖非孔門十哲，然其人嘗為子游舉薦，「行不由徑，非公事，未嘗至於偃之室也」(6.14)，可見其為人正直，絕不徇私。據《史記‧仲尼弟子列傳》所載，其「狀貌甚惡」，「孔子以為材薄」。及後離開孔門，「退而修行」。澹臺滅明及後取得很大成就，孔子悔之，以為自己「以貌取人，失之子羽」[60]。《博物志》所記澹臺滅明仍然正直不阿，與《論語》、《史記》無別，只是子死不葬、殺兩蛟龍，皆言之誇張，語涉荒誕，乃六朝志怪所增益。

3. 仲尼四友

顧名思義，孔門弟子皆受教於孔子，自可並稱，然於六朝志怪小說之中，卻可見不同類型之結合並稱。《歷代名人並稱

60　《史記》，卷 67，頁 2206。澹臺滅明狀貌如何，頗有爭論。《韓非子‧顯學》云：「澹臺子羽，君子之容也，仲尼幾而取之，與處久而行不稱其貌。」(《韓非子新校註》，卷 19，第 1137 頁。) 又《孔子家語‧七十二弟子解》云：「有君子之姿，孔子嘗以容貌望其才。」(《孔子家語》，卷 9，頁 499。) 可見二書所記剛與《史記》所言「狀貌甚惡」相反，唐人司馬貞《史記索隱》早已疑之。

辭典・前言》云:「並稱是具有概括性的。我們通過對並稱的研究,可以了解到學術流派的異同,文學藝術的流派和風格,某一時代的背景和習尚,其一時代的背景和習尚,某些學派的師承關係,以及某一地方、某一氏族的各類名家等。」舉例而言,四配、孔門十哲、孔門七十二弟子等,便是與孔門儒家相關之並稱。張華《博物志・人名考》提出「仲尼四友」之稱:

> 仲尼四友,顏淵、子貢、子路、子張。

有關仲尼四友之說,雖非始自《博物志》,然諸家所言「四友」或有差異,或其序次亦有所不同。范寧云:「《孔叢子》及《聖賢羣輔錄》同此。惟陶淵明《與子儼等疏》云『子夏有言:「死生有命,富貴在天。」四友之人,親受音旨』云云,與此異辭。」[61] 是范氏謂《孔叢子》、《聖賢羣輔錄》、陶淵明文皆有「仲尼四友」之說,分見如下:

> 懿子曰:「夫子亦有四鄰乎?」孔子曰:「吾有四友焉。自吾得回也,問人加親,是非胥附乎?自吾得賜也,遠方之士日至,是非奔輳乎?自吾得師也,前有光,後有輝,是非先後乎?自吾得由也,惡言不至於門,是非禦侮乎?」——《孔叢子・論書》

61　《博物館》卷 6,頁 76。

據《孔叢子》所載，四友當指顏淵、子貢、顓孫師（子張）、子路。《孔叢子》雖題作孔子八世孫孔鮒所作，惟梁啟超云：「其材料像很豐富，卻完全是魏晉人偽作，萬不可輕信。」[62]《漢書‧藝文志》並無《孔叢子》之著錄，是書最早見於曹魏時期，其著錄則始見於《隋書‧經籍志》，[63] 故亦可視之為六朝文獻。

> 「閎夭、太公望、南宮适、散宜生」條，云：「右文王四友。《尚書大傳》云：『閎夭、南宮适、散宜生三子，學於太公望，望曰：「嗟乎！西伯，賢君也。」四子遂見西伯於羑里。』孔子曰：『文王有四臣，丘亦得四友。』此四人則文王四鄰也。」——《聖賢羣輔錄》

此處謂「四友」者，未有明指。此文所重似乎在於文王四友，而仲尼四友則未加討論，亦未知其所指「四友」誰孰。

> 子夏有言曰：「死生有命，富貴在天。」四友之人，親受音旨。——陶淵明《與子儼等疏》

此處「四友」包括子夏，與《孔叢子》所載不同。袁行霈云：「《孔叢子》所謂『四友』無子夏。或淵明另有所據，四友包括子夏；

62　梁啟超：《梁啟超論儒家哲學》（北京：商務印書館，2012 年），頁 128。
63　《隋書》：「《孔叢》七卷。」註：「陳勝博士孔鮒撰。」（魏徵：《隋書》，北京：中華書局，1973 年，卷 32，頁 937。）

或意謂子夏與四友同列。」[64] 至於子夏以外之三人誰孰，亦未加指明。

　　準上所說，諸家就仲尼四友眾說紛紜，四人所指未明，甚或未加解說。且《博物志》所列四友之序次為顏淵、子貢、子路、子張，與《孔叢子》之顏淵、子貢、子張、子路亦有差異。《歷代名人並稱辭典》只據上引《孔叢子・論書》立說，未有臚列《博物志》等之說解，失諸簡略，應可稍作補充。

<h2 style="text-align:center">第三節
其他文獻裏的孔門師弟子</h2>

一、以孔門四科連言孔門弟子

　　孔門弟子眾多，其中又有孔門十哲。在唐代之時，已有孔門十哲之稱號，詳見《舊唐書・禮儀志》所載。[65] 又《舊唐書・玄宗本紀》開元二十七年八月云：「甲申，制追贈孔宣父為文宣王，顏淵為兗國公，餘十哲皆為侯，夾坐。後嗣褒聖侯改封為文宣公。」[66] 此所謂「十哲」者，即孔門四科十位高弟也。

　　在六朝文獻裏，孔門四科十哲多有按類並稱，可知後世學者援筆之時，多有參考《論語》之說。此中並稱者，又有數類，

64　《陶淵明集箋註》，卷 7，頁 534，註 5。

65　詳參劉昫：《舊唐書》（北京：中華書局，1975 年），卷 24，頁 919-921。

66　《舊唐書》，卷 9，頁 211。

一為顏淵、閔損並稱，以頌揚其德行：

> 被褐懷珠玉，顏、閔相與期。——阮籍〈詠懷詩〉

> 假令世士移博弈之力而用之於詩書，是有顏、閔之志也。[⋯⋯]如此則功名立而鄙賤遠矣。——《三國志・吳書・韋曜傳》

> 行侔顏閔，學擬仲舒，文參長卿，才同賈誼，實瑚璉器也。——《高士傳》卷下贊恂

> 年四十，通游、夏之蓺，履顏、閔之仁。——《後漢書・郎顗傳》

此皆以顏、閔並稱，以見德行之高，以為楷模。阮籍〈詠懷詩〉其十五指出顏淵、閔損二人雖貧窮而懷有才德，故可為自己的目標。韋昭[67]則以為世人只用力於博弈之賤事，卻沒有追求功名；遂以顏淵、閔損為楷模，以為能用力於《詩》、《書》，則功名得立而賤事遠矣。《高士傳》載錄歷代高節之士，其中贊恂為後漢人，時人舉薦贄氏，以其人有嘉行，同於顏淵、閔損。至乎《後漢書》郎顗舉薦李固，亦以為其人能踐行顏淵、閔損之德。又德行科既列四科之首，自為重中之重，故有以顏淵與伯牛並稱其德者：

67　韋昭，因晉代魏以後，司馬炎追尊司馬昭為晉文帝，故改「昭」為「曜」。《三國志》裴註：「曜本名昭，史為晉諱，改之。」（《三國志》，卷 65，頁 1460。）

周、孔以之窮神，顏、冉以之樹德。——嵇康〈黃
門郎向子期難養生論一首〉

則顏、冉之亞。——《後漢書・文苑列傳》

雖仲尼至聖，顏、冉大賢，揖讓於規矩之內，闇闇於
洙、泗之上，不能遏其端。——李蕭遠〈運命論〉

考之顏、冉並稱，又因二人或皆早亡，不幸短命而死，未能傳
授孔門之教。據《孔子家語・七十二弟子解》云：「年二十九而
髮白，三十一早死。」《論語・雍也》哀公問：「弟子孰為好學？」
孔子對曰：「有顏回者好學，不遷怒，不貳過。不幸短命死矣，
今也則亡，未聞好學者也。」（6.3）是孔子以為顏淵早夭，不得
永年矣。至於伯牛，《論語》：「伯牛有疾，子問之，自牖執其
手，曰：『亡之，命矣夫！斯人也而有斯疾也！斯人也而有斯疾
也！』」（6.10）伯牛身患何疾，是否早夭，史無明文，惟《史記》
作「有惡疾」，蓋為疾之惡者也。舊說以為伯牛患癘，然此為高
度傳染之疾，孔子不當執其手，故程樹德以「癘」為熱病，伯牛
乃冬癘也。程說可參。總之，顏淵早夭、伯牛得惡疾，皆不幸
之事，故後人多並稱二人以論仁者不必壽。此待下文詳論。

至於言語科，其中宰予、子貢於此科特別出色，蓋二人皆
口才出眾，能言善道。六朝文獻亦有以宰予、子貢並稱。例如
《三國志・魏書・方技傳》裴註：「以言取之者，以變辯是非，
言語宰我、子貢是也」。又政事科，冉有、子路皆為治國之材，

乃輔弼股肱之臣。《三國志・魏書・方技傳》裴註引《傅子》：
「若政事冉有、季路，[⋯⋯] 雖聖人之明盡物，如有所用，必
有所試，然則試冉、季以政。」又《三國志・蜀書・郤正傳》：
「侃侃庶政，冉、季之治也。」是皆以二人有治國之材，故
並稱之。

　　六朝是文學自覺的年代。20 世紀初期，鈴木虎雄《中國
詩論史》提出魏代是「中國文學的自覺期」，魯迅《魏晉風度
及文章與藥及酒之關係》謂「曹丕的一個時代可說是『文學的
自覺時代』，或如近代所說是『為藝術而藝術』的一派」。孔門
四科之文學科，其意義雖與後世之文學不盡相同，乃指古代文
獻。[68] 可是六朝文獻裏每多以子游、子夏並稱，比附文人。今
舉例如下：

　　　　昔尼父之文辭，與人通流，至於制《春秋》，游、夏
　　之徒乃不能措一辭。過此而言不病者，吾未之見也。——
　　曹植〈與楊德祖書〉

　　　　若使素士則晝躬耕以糊口，夜薪火以修業；在位則
　　以酣宴之餘暇，時遊觀於勸誡，則世無視內，游、夏不乏
　　矣。——《抱朴子外篇・崇教》

68　此楊伯峻語。楊氏云：「文學——指古代文獻，即孔子所傳的《詩》、《書》、
　　《易》等。皇侃《義疏》引范寧說如此。《後漢書・徐防傳》說：『防上疏云：
　　經書禮樂，定自孔子；發明章旨，始於子夏。』似亦可為證。」（楊伯峻：《論
　　語譯註》，北京：中華書局，1980 年第 2 版，頁 110。）

> 今子所說，非聖人之言不談，子游、子夏之儔，不能
> 過也。——《拾遺記‧魏》

子游、子夏以文學科著稱，是以後世文人著書立說者，多以二
人為論，如上文《抱朴子外篇‧崇教》所言，即以為寒素士人
如能努力學習，使學有所成，便如同游、夏再生，更可與之匹
敵。曹植所言，蓋本《史記‧孔子世家》「至於為《春秋》，筆
則筆，削則削，子夏之徒不能贊一辭」。以為子游、子夏雖以
文學著稱，仍不能在《春秋》裏妄加一筆。至於《拾遺記》所載，
則為曹丕之言。時薛夏博學絕倫，曹丕與之講論，對答如流，
曹丕因此稱譽薛夏「非聖人之言不談，子游、子夏之儔，不能
過也」。此可見游、夏並非指修習古代文獻之人，而是如游、
夏口材出眾而已，或非文學科之本真。

二、仁德與壽考並不兩存

《左傳‧襄公二十四年》載叔孫豹論「三不朽」，其言曰：
「大上有立德，其次有立功，其次有立言。」三者尤以立德為
尚，此可見古人之所重。然而，有德者未必壽考，孔門之顏淵、
伯牛雖以德行見稱卻仍短壽，便是顯例。司馬遷《史記‧伯夷
列傳》對此感慨萬分，其曰：「七十子之徒，仲尼獨薦顏淵為好
學。然回也屢空，糟糠不厭，而卒蚤夭。天之報施善人，其如
何哉？盜蹠日殺不辜，肝人之肉，暴戾恣睢，聚黨數千人橫行
天下，竟以壽終。是遵何德哉？」以為有德之顏淵不當早卒，

無道之盜跖不應長壽。自東漢以後，國家分裂，戰爭頻繁，生靈塗炭，《古詩十九首》已有時人對「生年不滿百，常懷千歲憂」的慨歎。由於年壽有時而盡，因此而有「仙人王子喬，難可與等期」[69] 之想法，以為應當及時行樂。因此，對於顏淵、伯牛等有德者之早夭，六朝時人多所感歎。

據《論語》所載，顏淵「聞一知十」(5.9)、「三月不違仁」(6.7)、「簞食瓢飲」(6.11)、「語之而不惰」(9.20)，乃孔子最疼愛的弟子。可惜顏淵早卒，孔子更有「天喪予」(11.9) 之悲慟！又伯牛身患重疾 (6.10)，皆可見有德未必壽考，仁人而不得善終。六朝文人雅士對此深表婉惜。舉例如下：

> 然善事難為，惡事易作，而愚人復以項託、伯牛輩，謂天地之不能辨臧否，而不知彼有外名者，未必有內行，有陽譽者不能解陰罪，若以薺麥之生死，而疑陰陽之大氣，亦不足以致遠也。——《抱朴子內篇·微旨》

> 賢不必壽，愚不必夭，善無近福，惡無近禍，生無定年，死無常分，盛德哲人，秀而不實，竇公庸夫，年幾二百，伯牛廢疾，子夏喪明，盜跖窮凶而白首，莊蹻極惡而黃髮，天之無為，於此明矣。——《抱朴子內篇·塞難》

> 顏回希舜，所以早亡。[……] 生也有涯，智也無涯，以有涯之生，逐無涯之智，余將養性養神，獲麟於金樓之制也。——《金樓子·立言篇九上》

69　《文選》，卷 29，頁 1349。

　　　　釋二曰：夫信謗之徵，有如影響；耳聞眼見，其事已
多，或乃精誠不深，業緣未感，時儻差闌，終當獲報耳。
善惡之行，禍福所歸。九流百氏，皆同此論，豈獨釋典為
虛妄乎？項橐、顏回之短折，原憲、伯夷之凍餒，盜跖、
莊蹻之福壽，齊景、桓魋之富強，若引之先業，冀以後
生，更為通耳。如以行善而偶鍾禍報，為惡而儻值福徵，
便可怨尤，即為欺詭；則亦堯、舜之云虛，周、孔之不實
也，又欲安所依信而立身乎？——《顏氏家訓・歸心》

　　葛洪《抱朴子內篇》乃道教典籍，[70] 據其中〈微旨〉所言，以為
好事難做，壞事易行，只有愚笨之人才會取項託和顏淵之早夭
以證天地未能明確褒貶，卻不知項、顏之徒或許只具外表，未
必有內德，有表面讚譽之人不能解脫陰私之罪孽。如果用薺麥
反常之生死來懷疑陰陽大氣之規律，自不可以此運用到遠大之
事情上。此處葛洪以項託和顏淵為喻，其中項託七歲而為孔子
師，卻於十歲而早夭。顏淵大德，位居孔門四科十哲之首，後
世儒者無異議。惟葛洪此文則以為顏淵未必真有德行，此藉孔
門弟子為論而以為儒家不如道家也。

　　至於同書之〈塞難〉，則論述了儒道二家之難易差異，以
善人不得善終以見不必有德，天無意志。此處指出賢者不必

70　葛洪《抱朴子》分為〈內篇〉和〈外篇〉，據其〈自敘〉所言，「其〈內篇〉言神
　　僊、方藥、鬼怪、變化、養生、延年、禳邪、卻禍之事，屬道家；其〈外篇〉
　　言人間得失，世事臧否，屬儒家」。（《抱朴子外篇校箋》，卷 50，頁 698。）

長壽，愚者不必早夭，善行既無眼前之福佑，惡德亦無就近災禍。即使有盛德之哲人，卻只有開花而不結果；竇公只是一介凡夫，年壽接近二百。伯牛患有痼疾，子夏失去視力；盜跖極為兇險卻活到白頭，莊蹻極為邪惡亦得長壽。準此，天之無為可以考知。

及至梁元帝蕭繹《金樓子》，其〈立言〉亦有引及顏淵早亡之事。此中所指「顏回希舜」，意謂顏淵取法乎舜。有關顏淵「希舜」之事，《金樓子》所言乃據《孔子家語·顏回》。可是，以舜為取法對象，目標似過於遠大，《金樓子》遂以此為顏淵「早亡」之因由。此後《金樓子》以道家「生也有涯，智也無涯」之理為論，以為顏淵做法實不可取。準此，《金樓子》藉顏淵之早亡，說明不當「逐無涯之智」。

又顏之推《顏氏家訓·歸心》亦以推崇佛教為務，以為佛家博大精深，非儒家所能及。上文所引主在討論因果報應之問題。有時報應未現，顏之推以為乃當事者精誠不足所致，是以「業」與「果」尚未發生感應故也。顏氏謂因果報應為佛家重要概念，不可以此為虛妄。否則，項託、顏淵短命而死，伯夷、原憲捱餓受凍；盜跖、莊蹻卻是有福長壽，齊景公、桓魋又是富足強大。如果將這些因果關係看成為此等人物之先世所作所為之報應，那便非常合理。反之，如果因為有人行善而偶然遭禍，為惡卻意外得福，由是而以為佛教之因果報應為欺詐，則如同以堯、舜、周公、孔子之事皆不可信。如此，則無事可足稱信，何以立足於世。顏之推為當世大儒，此以孔門弟子

（顏淵、原憲 [71]）事跡為説，結合儒、佛思想，析説佛家之因果報應。

三、據《論語》所載事跡以説理

漢代立國以後，儒家經典越趨重要，漢文帝時有一經博士之立，至漢武帝時已具立五經博士矣。《論語》雖不在五經之列，惟據王國維考證，「孝文時置《爾雅》、《孝經》、《論語》博士，至孝武廢之者，非廢其書，乃因此三書人人當讀，又人人自幼已受之，故博士但限五經。」[72]「是通經之前，皆先通《論語》、《孝經》。」[73]《論語》之重要性可見一斑。有關孔門師弟子之事跡，《論語》無疑是最重要之依據。六朝文獻採用孔門十哲之事跡，亦多以《論語》所載為據，以闡析一己之道理。今舉例如下：

71　原憲雖非孔門十哲，然其安貧樂道之事，亦廣為後世稱頌。據《史記‧仲尼弟子列傳》所載，「孔子卒，原憲遂亡在草澤中。子貢相衛，而結駟連騎，排藜藋入窮閻，過謝原憲。憲攝敝衣冠見子貢。子貢恥之，曰：『夫子豈病乎？』原憲曰：『吾聞之，無財者謂之貧，學道而不能行者謂之病。若憲，貧也，非病也。』子貢慚，不懌而去，終身恥其言之過也。」（《史記》，卷 47，第 2208 頁。）又《莊子‧讓王》、《韓詩外傳》卷 1、《新序‧節士》、《高士傳》等皆有相類記載。

72　房鑫亮主編：《王國維全集》（杭州：浙江教育出版社，2009 年），第 15 冊《書信》，〈致羅振玉〉1916.8.15，頁 183。

73　王國維：〈漢魏博士考〉，載《王國維全集》，第 8 冊《觀堂集林》，頁 110。

　　建初元年三月詔：「昔仲弓季氏之家臣，子游武城之
小宰，孔子猶誨以賢才，問以得人。明政無大小，以得人
為本。」——《後漢書·肅宗孝章帝紀》

案：冉雍，字仲弓。此詔言仲弓為「季氏之家臣」，事見《論
語·子路》：

　　仲弓為季氏宰，問政。子曰：「先有司，赦小過，舉
賢才。」曰：「焉知賢才而舉之？」子曰：「舉爾所知；爾
所不知，人其捨諸？」(13.2)

宰為總管之意。此言仲弓為季氏總管，向孔子問政之道。孔子以
為應由負責官員帶頭，不計較別人的小錯誤，並向主人提拔優秀
人才。仲弓不解，不知怎去識別並提拔優秀人才。孔子以為應當
提拔自己所了解的；至於自己並所了解的人才，也自然會有人能
了解他，加以舉薦。此為孔子向仲弓「誨以賢才」之事。又，言
偃，字子游。此詔所言「子游武城之小宰」事，見《論語·雍也》：

　　子游為武城宰。子曰：「女得人焉耳乎？」曰：「有
澹臺滅明者，行不由徑，非公事，未嘗至於偃之室也。」
(6.14)

武城為魯國之小邑，在今山東費縣西南，子游為武城縣長。此
邑雖小，可是孔子仍問子游有否獲得賢才。子游在武城找得澹

臺滅明，[74] 子游以為此人走路不插小道，如非公事，絕不會到子游之府第。可見澹臺滅明為人正直，不做徇私枉法之事，故子游以其為人才。漢章帝此詔以仲弓、子游之事入文，自是希望錄用人才，願大臣可加以引薦。

> 初，亮見世路屯險，著論名曰《演慎》，[……] 仲由好勇，馮河貽其苦箴。[……] 因斯以談，所以保身全德，其莫尚於慎乎。——《宋書‧傅亮傳》

傅亮，字季友，西晉文學家傅咸玄孫。劉宋時官至左光祿大夫、中書監、尚書令。傅亮因見世途艱險，故撰寫〈演慎〉一文。此中以為如能像起始般謹慎對待事情之終結，事無不成。傅亮引仲由之事，以為其人只能好勇，逆耳勸誡。傅亮於文中遍舉例證，以為保全自身使德行完美，當以謹慎為上。考此言「仲由好勇，馮河貽其苦箴」，事見《論語》，其文如下：

> 子謂顏淵曰：「用之則行，捨之則藏，唯我與爾有是夫！」子路曰：「子行三軍，則誰與？」子曰：「暴虎馮河，死而無悔者，吾不與也。必也臨事而懼，好謀而成者也。」（7.11）

74　澹臺滅明，字子羽，據《史記‧仲尼弟子列傳》所載，乃孔子學生。楊伯峻云：「從這裏子游的答話語氣來看，說這話時（筆者案：澹臺滅明）還沒有向孔子受業。因為『有……者』的提法，是表示這人是聽者以前所不知道的。若果如《史記》所記，澹臺滅明在此以前便已經是孔子學生，那子游這時的語氣應該與此不同。」（《論語譯註》，頁60。）

在孔門弟子當中，子路每有兼人之勇，故孔子每抑之。此處孔子與顏淵討論用行捨藏，孔子以為唯有顏淵與自己相似，可以收放自如。子路大抵心有不甘，遂問夫子如欲領兵打仗，則與誰人同行。孔子欲抑子路，因言赤手空拳和老虎搏鬥，不用船隻去渡河，以身犯險而毫無悔意之徒，孔子絕不與之同行。能與夫子同行者，必然是面臨任務便戒慎戒懼，善於謀略而能完成任務之人。此處以為行事當應謹慎，遂以子路故事作為反證。及後子路果死於衛之內亂，孔子悲痛不已，亦證明其「暴虎憑河」之憂累不無道理。

> 宰予晝寢，糞土作誡。——曹植〈學官頌〉

曹植此處以宰予晝寢之事為說，以為為學貴乎勤勉。誡是警告之義，即以晝寢之事為誡。考宰予晝寢之事，見《論語·公冶長》，其文如下：

> 宰予晝寢。子曰：「朽木不可雕也，糞土之牆不可杇也；於予與何誅？」子曰：「始吾於人也，聽其言而信其行；今吾於人也，聽其言而觀其行。於予與改是。」（5.10）

白天本是為學求道之時，然宰予卻於其時睡覺。孔子知之，遂以為腐爛之木頭不得雕刻，糞土似的牆壁粉刷不得。宰予在白天睡覺，自是可堪責備。孔子又以為曾聽人說聽其言而信其行，可是在宰予晝寢之事以後，孔子以為可以改為在聽到別人

之說話後，必要考察其行徑。宰予位列孔門言語之科，能言善道，故孔子有此慨歎。

> 裴註引孫盛《晉陽秋》：「顗弟粲，字奉倩。何劭為粲傳曰：粲字奉倩。粲諸兄並以儒術論議，而粲獨好言道，常以為子貢稱夫子之言性與天道，不可得聞，然則六籍雖存，固聖人之糠秕。」——《三國志・魏書・荀彧傳》

荀粲乃荀彧之子，字奉倩，魏晉玄學代表人物。其父兄家族俱好以儒術議論，唯荀粲獨好道家，以為《詩》、《書》、《禮》、《易》等經典皆為聖人通往大道時所遺下之糟粕。此處引子貢所言，以為夫子所言性與天道，不可得聞，今所得聞者，只為六經之糟粕而已。考子貢所言，典出《論語・公冶長》，其文如下：

> 子貢曰：「夫子之文章，可得而聞也；夫子之言性與天道，不可得而聞也。」（5.13）

此處「文章」二字，皇侃云：「文章者，六籍也。」[75] 上引《晉陽秋》謂「六籍雖存」云云，可知《晉陽秋》釋「文章」之義與《義疏》相同。《晉陽秋》此文引子貢所言，指出孔子所重者並非可以得見之六經，而是不可得見之「性與天道」。此又可參看另一章《論語》：

75　《論語義疏》，卷 3，頁 110。

> 子曰：「予欲無言。」子貢曰：「子如不言，則小子何
> 述焉？」子曰：「天何言哉？四時行焉，百物生焉，天何
> 言哉？」（17.19）

弟子只是唯言是求，實則孔子之行藏語默，全是教材，弟子當
細心體察之，方能稱是。

> 子游治武城，夫子發割雞之嘆。[……] 德小而任大，
> 謂之濫也。德大而任小，謂之降也。而其失也，寧降無
> 濫。是以君子量才而授任，量任而授爵，則君無虛授，臣
> 無虛任。故無負山之累，折足之憂也。──《劉子‧均
> 任第二十九》

《劉子‧均任》所引「子游治武城」之事，見於《論語‧陽貨》，
其文如下：

> 子之武城，聞弦歌之聲。夫子莞爾而笑，曰：「割雞
> 焉用牛刀？」子游對曰：「昔者偃也聞諸夫子曰：『君子學
> 道則愛人，小人學道則易使也。』」子曰：「二三子！偃之
> 言是也。前言戲之耳。」（17.4）

據上文所引，子游當時乃武城之縣長。時孔子剛巧到武城，聽
到彈琴瑟唱詩歌之聲。孔子以為割雞不必用牛刀，武城只一小
邑，不必以禮樂教化，所謂「治小用大」是也。子游不以為然，
援引從前曾聽夫子所言，禮樂教化可令人和而易使。孔子聞子

游所答，深以為然，以為自己前言有失，故告誡弟子為戲言之矣。《劉子》此篇名為〈均任〉，篇中所述亦以才華與職任相匹為尚，故以子游之材而治武城，實非量才而授任，而是大材小用。惟《劉子》所欲申論者，與《論語》原意稍有不同。《論語》原為子游之「治小用大」，與在上位者本無關係；至於《劉子‧均任》，通篇以國君如何量任而任人着眼，故二者析述之角度不盡相同。

第四節

小結

　　本章的第一節討論了六朝佛教典籍裏所載錄的孔門師弟子。自佛教在漢代東來以後，為了爭取信徒，其初期之傳遞方式多與儒家思想有所關聯。本文選取《弘明集》所載各篇作為主要分析對象。前人學者主要討論《弘明集》與佛、道、儒之關係，以及儒佛會通，或佛教如何中國化等問題，少有從文本細讀出發，討論孔門師弟子的事跡在六朝佛典裏的轉變，以及新增事跡所帶出的旨趣。據上文分析，可總之如下：

　　第一，佛教東傳以後，為使中國老百姓可易於了解，因而在說理時多以儒家的人和事附益之。即使所說理與儒家經典未盡相符，但亦可藉此得見當時佛教徒眼中的儒家經典和思想。

第二，孔子乃儒家最重要的人物，如要使佛教教義廣為人所接受，借用孔子的思想與事跡以說理自是非常重要。本文從五個角度分析佛教篇章借用孔子事跡說理的情況。第一是將孔子與古聖賢並稱，作為傳統文化的代表；第二是指出佛教與孔門儒家無別；第三是藉孔子所言以說佛教義理；第四是以佛教道理批評孔門儒家；第五是為孔子事跡賦予新義。

第三，除孔子外，孔門弟子亦是六朝佛教典籍裏常見的儒家人物。孔門弟子眾多，受業而身通者七十有二人，其中有四科十哲，最為重要。本文選取德行科的顏淵，言語科的子貢，政事科的子路，文學科的子夏，以此四人為例，以見四人在佛教文獻裏的形象與事跡。

本章的第二節以漢代讖緯與六朝志怪小說為本，討論了該等典籍裏所載錄的孔門弟子。六朝志怪小說所載孔門弟子之篇幅頗多，其中有與前代所言相近相合者，亦有借用《論語》、《史記》為基礎而增潤事跡，使之豐贍多變。究其要者，可總之如下：

第一，六朝志怪小說與漢代讖緯之關係。漢人特重天人交感，以此附會社會上之人和事頗多，六朝志怪小說裏孔門弟子之神怪事跡，據今可考者或源於漢代讖緯之描述。其中如《孝經援神契》、《論語比考讖》等俱為六朝志怪小說之參考對象，六朝志怪小說有於其中直接襲取相關描述。

第二，善用歷史記載之空間。古代史家援筆記事，遺留不少空間，可供後世作者發揮。六朝志怪小說作者多在不改變原

有史事之情況下，增加情節，填補歷史之空隙。如上舉《搜神記・五酉》末尾記載子路大戰鯤魚以後，「子路烹之，其味滋，病者興。明日遂行」，將鯤魚吃掉，解決了原來《論語》和《史記》裏「從者病，莫能興」之困局。

第三，六朝志怪小說時而顛覆傳統以來孔門弟子之形象。據上引殷芸《小說》所記鬼魅求見孔子之故事裏，向來勇猛無比之子路變得「失魄口噤」，弱不禁風之顏淵卻可以拔劍斬蛇。如此耳目一新之描述，仿與俄國形式主義之陌生化相符。陌生化所重乃是在內容與形式上違反讀者習見之常情、常理、常事，同時在藝術上超越常境。顏淵揮刀舞劍斬殺蛇妖，無疑也達到了如此效果。

第四，孔門弟子故事之增益與儒家文化之發展。孔門儒家尚仁，並以此為其核心價值。早期儒家多示人易入之途，《論語・述而》：「仁遠乎哉？我欲仁，斯仁至矣。」(7.30) 又，有若指出，孝悌為仁之本。[76] 漢代文化亦特重孝，帝王皆謚孝，提拔人才亦有察孝廉之制度。至於六朝，如曾參「齧指痛心」之記載便出現在《搜神記》裏，為後世因成「二十四孝」奠下基礎。

第五，六朝志怪小說每據《論語》等典籍所載，為孔門弟子增加新事跡。然而，在變化之時，部分作品選擇保留孔門弟子之精神面貌，以及性格要點。志怪小說改造孔門弟子之時，多以其性情為基礎加以描刻，使小說中之人和事更為立體，人

76　《論語・學而》(1.2)。

物之性格特徵更為典型。如子路性格衝動、子貢口才絕佳等，皆透過六朝志怪小說之描寫變得更為具體可信。

　　第六，孔門弟子之並稱問題。孔門弟子眾多，三千未必是其實，七十二賢亦有泰半事跡難考。《論語・先進》載有孔門四科十哲，後世學者或以此即孔門最為重要之弟子。然在六朝時期，《博物志》、《孔叢子》、《聖賢羣輔錄》等皆有「仲尼四友」之說，其中《博物志》以為即顏淵、子貢、子路、子張四人。顏淵深得孔子喜愛，子路實乃孔子諍友，子貢對孔子死後傳揚儒家居功至偉，皆可見三人除了作為孔門弟子以外更為重要的一面。唯獨子張，其人儀表壯偉，卻難與人並為仁，何以能成孔子四友之一，實在發人深思。文獻不足徵，疑者闕焉，以待來茲。

　　第七，曾參與澹臺滅明在六朝志怪小說裏描述頗多。曾參小孔子46歲，乃孔門小弟子。其人雖魯而愚孝，後來卻成為孔子長孫子思之師，而《論語》篇章亦多以「子」稱之。在唐高宗時始有封贈，宋有追加，至宋度宗時升列四配。六朝志怪小說載錄不少曾參言論，可見曾參事跡正在層累積疊地增加。至於澹臺滅明，其人因狀貌甚惡而為孔子逐出師門，孔子及後悔之，本已具備相當戲劇性，《博物志》兩載其正直不阿之故事，正見其不在孔門之下，仍當受人景仰，乃小說家之曲筆。

　　本章的第三節在前兩節的討論基礎下，除卻佛典與志怪小說以外，討論他典籍所載錄的孔門師弟子。此中所見六朝各類文獻記載孔門十哲頗多，其中有與前代所言相近相合者，亦有藉孔門十哲事跡以說理者，甚或增潤事跡，使之豐贍多變。究其要者，可總之如下：

　　第一，多據前代典籍所載為文立說。自漢武帝罷黜百家，獨尊儒術以後，儒家對中國文化傳統之影響越來越重要。因此，六朝文獻敍事說理之時，每多援引孔門十哲為例，加以說理。先秦兩漢文獻載有不少孔門弟子事跡，皆為六朝文獻所資取，其中尤以《論語》與《史記・孔子世家》、〈仲尼弟子列傳〉等為多。

　　第二，四科十哲之分類對後世文獻影響深遠。孔門四科自是孔門教育之所重，古今無異議。至於十哲是否孔門最重要之弟子，抑或是孔子某時期之弟子，時有聚訟。今以六朝文獻所載為例，可見多有以四科弟子並稱者，如德行之顏冉（顏淵、冉耕）或顏閔（顏淵、閔損）、言語之宰予子貢、政事之冉季（冉有、季路）、文學之游夏（子游、子夏）。且四科之中以德行居首，是以六朝文獻言及孔門教學，必多舉德行為例，佛、道文獻要說理時，亦多以德行作為儒家教化之關鍵。

　　第三，六朝乃文學自覺之時代，孔門師弟子或以著述等身，是以文人如有下筆為文之時，每多以孔門文學科之子游、子夏加以比附。曹丕《典論・論文》云：「蓋文章經國之大業，不朽之盛事。年壽有時而盡，榮樂止乎其身。二者必至之常期，未若文章之無窮。」[77] 時人多寄身於翰墨，正是六朝文人每以游、夏為喻之因由。

　　第四，道家文獻裏之孔門十哲。儒術既為學術思想之主導，則其他學派欲改變時人之思想，亦必以儒家之人物和事情

77　《文選》，卷 52〈典論論文〉，頁 2271。

為論述對象。舉例而言，葛洪《抱朴子內篇》乃道家典籍，其〈自敍〉謂篇中「言神僊、方藥、鬼怪、變化、養生、延年、禳邪、卻禍之事」。[78] 書中便有藉儒家之人和事以論道。

---

[78] 《抱朴子外篇校箋》，卷50，頁698。

第三章

周遊列國的啟示

　　讀萬卷書，不如行萬里路。我們都覺得遊學好不愉快！一邊旅遊，一邊學習，十分愜意！古人安土重遷，都不喜愛旅遊。遊的契機，每多是流放、被貶、左遷、失意。例如唐代柳宗元的《永州八記》，其實是在被貶為永州司馬時撰寫的。如果他在官場一帆風順，官運亨通的話，幾乎可以肯定柳宗元是不會寫下這些文學作品的。

　　孔孟的周遊列國都身不由己。孔子是魯國人，周遊列國，乃因在魯國不受重用。孔子身處禮崩樂壞的社會，其主張就是要恢復社會秩序，因當時是陪臣執國命。周天子無人理會，魯國君主早被三家大夫瓜分了權力，而三家大夫裏如季孫氏的實權也落到家臣陽虎手上。在這樣光怪陸離的政治氛圍下，孔子居然希望恢復社會秩序，實在是知其不可為而為之。孔子在魯國時，在位的君主分別是襄公、昭公、定公、哀公。作為魯國大臣，孔子肯定希望能夠輔助魯君。魯君大權旁落，雖然齊魯夾谷之會是孔子陪同定公前赴，也取得了在齊魯外交上的一次重大勝利。可是，及後齊國以美女文馬離間魯國

君臣,《史記・孔子世家》也只是記載季桓子「微服往觀再三」,而沒有魯國君主的份兒。可憐的魯君,大權旁落得連美女文馬亦不得參與,下之僭上到了如斯地步,魯國已非孔子可以待下去的地方了。

在《論語》、《史記》,我們都可以看到孔門師弟子在周遊列國時的顛沛流離:

> 子曰:「富與貴,是人之所欲也;不以其道得之,不處也。貧與賤,是人之所惡也;不以其道得之,不去也。君子去仁,惡乎成名?君子無終食之間違仁,造次必於是,顛沛必於是。」(4.5)

在顛沛流離之時也不要違背仁德,不就是在周遊列國時的最佳訓勉嗎?

> 在陳絕糧,從者病,莫能興。子路慍見曰:「君子亦有窮乎?」子曰:「君子固窮,小人窮斯濫矣。」(15.2)

在陳國之時,糧食也吃光了,這顯然不是旅遊,是顛沛流離的求職之旅。但即使如此,孔門依然停留在人性積極光輝的一面上:君子窮就是窮,小人窮困起來便會為非作歹。在《史記・孔子世家》,孔子向子路、子貢、顏淵同樣問了一道問題,援引《詩・小雅・何草不黃》之句,大意謂吾等不是兕也不是虎,為何會流落在荒郊野外呢?是否出於我們的主張不合時

宜，才使吾等淪落至此？三個學生的答案各有不同，但最後顏淵的回答十分精彩：

> 顏回曰：「夫子之道至大，故天下莫能容。雖然，夫子推而行之，不容何病，不容然後見君子！夫道之不修也，是吾醜也。夫道既已大修而不用，是有國者之醜也。不容何病，不容然後見君子！」孔子欣然而笑曰：「有是哉顏氏之子！使爾多財，吾為爾宰。」

顏淵指出師生所以淪落至此，並非孔門學說的問題，而是在上位者之所做成。孔門修德從自己開始，一直要求達到齊家治國平天下。在上位者不能重用，在上位者應該感到羞愧。顏淵的解說多麼動聽，使得孔子放下了老師的身分，直言如果顏淵富有的話，自己願意為他管理錢財。

　　總之，孔門師弟子的周遊列國，可說是窮困潦倒極了，但他們並沒有放棄儒家的堅持。孟子的周遊列國跟孔子很不同。孟子到過不少的諸侯國，他已經沒有孔子那種恢復周文的宏願，純粹希望用王道仁政對抗當時流行的霸道。此舉用心良苦卻注定是失敗。孟子的心性論旨在證明人皆有惻隱之心，帝王亦然，因此看見百姓受苦，便當拯救黎民於水火之中。春秋無義戰，戰國時代尤甚。以軍事行動侵略別國，從而稱霸諸侯，快捷妥當。行王道仁政的話，不知要多少光景才可以成功，人皆急功近利，孟子便難有成功的可能。我們也不可以說孟子過於理想化，從不考慮現實。事實上，滕文公自當世子時，已對

孟子言聽計從。如果孟子一直留在滕國，滕文公必定重用孟子，毋庸置疑。可惜滕只是小國，不為大國所滅已是萬幸，孟子還可以使滕國藉着王道仁政而富強嗎？根本不可能。孟子離滕，正是對現況的妥協，而不流於理想化。在梁，大抵已是梁惠王的晚年，及後襄王繼位，望之不似人君，孟子只能離去。但要謹記梁在當時是大國，既然在小國未能施展畢生抱負，來到大國便是機會。錯過了梁國，剩低給孟子的選擇已經越來越少。

　　孟子的最後一站是齊國。齊是東方大國，齊宣王廣納賢材，算得上是有為之君。因此孟子到齊國遊說齊宣王行王道仁政。可惜，齊宣王只有好賢之名，卻不採納孟子進言，更三番四次用不同的藉口拒絕施行仁政。孟子沒有成為只是講學議論的稷下學士，志不在此之餘，更與孟子救世的想法不相合。孟子的王道仁政主張自是反戰，當時的霸政則顯然依靠戰爭擴充領土。齊宣王好戰不是一朝一夕的事，孟子努力過了，甚至在離開時還故意慢慢地走，在古者諸侯不出疆的情況下，只要不離開齊國，齊宣王是可以來挽留孟子的。但齊宣王沒有這樣做，孟子唯有離齊。

　　孔子、孟子的周遊列國，在今天看來都以失敗告終。他們希望有君主可以重用自己的主張，孔子時候的季桓子，孟子時候的滕文公和梁惠王，皆甚為接近。回魯、歸鄒，孔孟改為著書立說講學，教化世人。二人希望世界變得更為美好的抱負，沒有因為君主是否重用而放棄。從政治舞台，轉換成為在教育事業的努力，孔孟讓我們看到人性的閃閃光輝，而且一直照耀着千百年後的人們。

我們讀《論語》、《孟子》，但孔孟的人生才更是人類的楷模。要「切己」的不單止是讀他們的書，而是要參考他們的行為。我們常常說老師要做到以身作則，要能夠身教，孔孟之於世人，正是以他們偉大的人格而行乎身教。今人處世，以孔孟為榜樣，儻庶幾乎！

第一節
或仕或止的孔孟之道

孟子的偶像是孔子，孔子在各方面都影響着孟子。春秋之時，禮崩樂壞，諸侯放恣，陪臣執國命，犯上作亂者多有之。孔子以重新建立社會秩序為己任，周遊列國，欲時君能重用己說，匡救天下。就《論語》、《史記‧孔子世家》等所見，孔子之仕進與退隱皆有原則，既對所侍君主要求嚴謹，亦有個人出處進度之法度。孟子生於戰國時代，其時天下形勢混亂，國與國之間攻伐頻繁，較諸「無義戰」之春秋時代而言，戰國諸侯更是「五霸之罪人也」。孟子亦一如孔子般周遊列國，嘗見梁惠王、齊宣王、滕文公、鄒穆公等，其中滕文公能重用孟子，惜滕國小力弱，不足以行王道。孟子面對梁惠王、梁襄王、齊宣王等，皆義正詞嚴，理直氣壯，引君當道至於仁。《史記‧孟子荀卿列傳》謂梁王以為孟子所言「迂遠而闊於事情」，其實孟子已經毫不迂闊，更能靈活變通，只是當時人行事沒有原則而已。孔子去魯，孟子離齊，皆見其出處進退之原委，本文

即以此為論，輔之以二人或仕或隱之態度，以見孔孟儒家之風骨觀。

一、孔子對君主的要求

孟子的偶像是孔子。就《孟子》一書所見，孟子非常仰慕孔子。在《孟子・公孫丑上》中：「乃所願，則學孔子也」，「自有生民以來，未有孔子也」(3.2)。又言「孔子，聖之時者也。孔子之謂集大成」(10.1)。可見孟子非常景仰孔子，視他為「聖人」。孟子的思想也深受孔子影響，如仁政思想（如〈公孫丑上〉3.1「行仁政而王，莫之能禦也。」）、[1] 民本思想（如〈盡心下〉14.14「民為貴，社稷次之，君為輕」）等，均是有跡可尋，是在孔子的基礎上，再加以發揮和繼承。孔、孟還有一點非常契合，那便是對於君主的態度。

孔子、孟子對君主的要求都很嚴格。在魯國，魯公大權旁落，季桓子手執國政，孔子自魯定公九年出仕，時年51歲。《左傳》記載定公十年（前500年）的齊魯夾谷之盟，孔子輔助魯定公，在兩國盟會上力抗強齊，齊國更因而歸還侵略魯國的舊地，取得魯國外交上的重大勝利。定公十二年（前498年），孔子計劃瓦解魯國三桓之勢力，恢復魯君治權，先墮郈（叔孫氏），再墮費（季孫氏），最後將墮成（孟孫氏），卻以失敗告終。

1　又〈梁惠王上〉記孟子遊說齊宣王時，欲其為君行王道，以為若能行王道，自能「保民而王，莫之能禦也」。（1.7）王道乃孟子由孔子之謂「行仁政」演化而來，故「保民而王」亦與「行仁政而王」之義相同。

到了定公十四年（前 496 年），孔子 56 歲，以大司寇的身分攝行相事。與聞國政三月，營商的不欺詐，男女行者井然分開，路不拾遺，魯國漸強。齊人因怕魯得孔子輔佐，逐漸變強而反侵齊地，因而以美女文馬獻予魯國，掌國政者季桓子往觀再三，怠於朝政。子路以為季氏無心戀政，因勸孔子離魯。《史記・孔子世家》云：

> 子路曰：「夫子可以行矣。」孔子曰：「魯今且郊，如致膰乎大夫，則吾猶可以止。」桓子卒受齊女樂，三日不聽政；郊，又不致膰俎於大夫。孔子遂行，宿乎屯。而師己送，曰：「夫子則非罪。」孔子曰：「吾歌可夫？」歌曰：「彼婦之口，可以出走；彼婦之謁，可以死敗。蓋優哉游哉，維以卒歲！」師己反，桓子曰：「孔子亦何言？」師己以實告。桓子喟然歎曰：「夫子罪我以羣婢故也夫！」

子路為人直率，以為孔子可以離開魯國。孔子行事審慎，指魯國即將郊祀祭天，如果季氏在祭祀過後依然記得將祭肉分予大臣，則尚算尊重大臣而合禮，可以留下。結果是怎樣呢？季桓子沉迷美女文馬，接受齊國女樂，三日不聽政，郊祭時更沒有將祭肉分予大臣。孔子只能離開。沒有祭肉，在我們看來只是小事，茹素或許有助強身健體。不過，在孔子眼中，這是原則的問題。春秋時代禮崩樂壞，孔子要恢復周文，重建社會秩序。因此，祭肉雖小，可以喻大。孔子離開魯國都城曲阜，卻沒有走得太遠，便停留在屯這個地方。據裴駰《史記集解》，

「屯在魯之南也。」[2] 屯是魯邑名,在曲阜之南。沒有立刻跑得老遠,可能代表事情尚有轉彎的餘地,可是季桓子沒有前來挽留,來的只是師己。師己是樂師名己者的意思,號為樂師,自是知音人。因此,雅好音樂的孔子便高歌一曲,道出所以離開魯國的原因。孔子高歌一曲,後世名之為〈去魯歌〉,其曰:「彼婦之口,可以出走;彼婦之謁,可以死敗。蓋優哉游哉,維以卒歲!」大抵表明自己所以離開,實因季桓子接受齊國女樂而荒廢朝政。孔子最終離魯,師己向季桓子報告孔子所言,桓子心知孔子離去實因自己鍾情齊女樂。此後孔子便展開了 14 年的周遊列國之行。至哀公三年(前 492 年),季桓子臨終前對其嗣子季康子說,昔日魯國幾乎興盛,只因自己得罪了孔子,事才不成,因而遺命兒子他日為魯相而必召孔子回國。由是觀之,孔子雖因一塊祭肉而離開魯國,最後失去了在政壇上大展抱負的舞台;可是,做錯事的人畢竟後悔終生,這塊祭肉毫無疑問地起了舉足輕重的作用。

　　孔子多次到訪衛國,君主是衛靈公,也有奇怪的遭遇。曾經,衛靈公想重用孔子,問孔子在魯國俸祿多少,孔子答曰「奉

2　「屯」之所在,諸家說法不一。錢穆云:「《漢志》:『魏郡館陶,河水別出為屯氏河。』館陶,今山東館陶縣西南四十里。蓋館陶境有邑名屯氏,故河水別出即名屯氏河也。孔子自魯適衛經此。裴駰謂在魯南,恐非。」〔錢穆:《史記地名考》(北京:商務印書館,2001 年),卷 10,頁 474。〕孟憲斌《孔子周遊列國志》以為「屯」是西鄆邑,其云:「孔子『宿乎屯』的地方,就是春秋魯國屯兵的西鄆邑。」〔孟憲斌:《孔子周遊列國志》(瀋陽:遼海出版社,2001 年),頁 20。〕又云:「即今山東鄆城。」(頁 219)又,今山東省陽穀縣安樂鎮後屯村有「孔子宿處」碑,此碑立於清光緒十五年(1889 年),屬「宿」地之另說。

粟六萬」，衛人亦以此予以孔子，待孔子尚算不俗。可惜，不久以後有人在靈公面前譖毀孔子，靈公遂使人監視孔子。《史記・孔子世家》云：「靈公使公孫余假一出一入。」這個「一出一入」便是使人監視孔子，因怕動輒得咎，孔子在十個月後便離開衛國。這時是魯定公十三年（前 497 年），當時孔子 55 歲。

衛靈公在位時間很長，一年之後，孔子又再回到衛國。在衛國，孔子住在道德之士蘧伯玉家中，說來也奇怪，君子居然是衛國的「特產」，[3] 而蘧伯玉便是衛君子的佼佼者。在得到衛靈公接見之前，孔子先要與靈公夫人南子見面。南子惡名昭彰，前人討論已多，孔子應否見她，是對是錯難以追論。清人邵泰衢《史記疑問》直云：「馬遷誣聖，罪在難寬。」此是言之太過。司馬遷以孔子為「至聖」，涉仰景行，心嚮往之，不以成敗論英雄，置孔子於世家，哪有「誣聖」之理？南子之見與不見，正反映孔子求仕的內心掙扎，「吾豈匏瓜也哉？焉能繫而不食？」事後孔子對弟子發誓見南子只是禮答，惹起軒然大波。接着，還有一件事令孔子忍無可忍。一個多月後，衛靈公和南子同車出門，孔子坐在第二輛車，後面第三輛坐的是太監雍渠。衛靈公與孔子終究是有緣無分，大抵衛靈公以為此舉是代表了與孔子的親近，但在孔子心目中，與南子、雍渠同行，無疑是難堪的羞辱。《論語・子罕》：「吾未見好德如好色者也。」(9.18) 未有前文後理，不知針對誰人而發。可是，司馬

3　《史記・吳太伯世家》云：「說蘧瑗、史狗、史鰌、公子荊、公叔發、公子朝曰：『衛多君子，未有患也。』」（《史記》，卷 31，頁 1458。）

遷已將此句置於孔子次乘之事，為《論語》之文繫年。在如此
奇恥大辱之下，孔子只能再次離開衛國。

　　孔子周遊列國，李零說，孔子「只到過九個國家，範圍不
出今山東、河南二省。他到處奔走，為甚麼？主要是找官做」。[4]
所以，衛靈公即使如何不是，孔子很快又再次回到衛國。哀公
二年（前 493 年），孔子由魯至衛。這次，衛靈公不敢怠慢，
「郊迎」孔子，似乎十分恭敬。孔子在衛國留了三年，《史記‧
孔子世家》云：「靈公老，怠於政，不用孔子。」不能施展才
能，俸祿多少也是徒然。衛靈公為人有一大壞處，那便是做事
不夠專心。孔子對此很不滿意，也導致了他再次離開衛國。
《史記‧孔子世家》云：「靈公問兵陳。孔子曰：『俎豆之事則
嘗聞之，軍旅之事未之學也。』明日，與孔子語，見蜚鴈，仰
視之，色不在孔子。孔子遂行，復如陳。」衛靈公問孔子關於
行軍佈陣之事，孔子強調自己只能做些祭祀，行軍佈陣方面未
嘗學習。第二天，衛靈公與孔子談話，當他看見有一隻大鳥飛
過時，衛靈公只顧抬頭望向異物，沒有將目光集中在孔子上。
這一年的夏天，衛靈公卒，孔子離開衛國。我們常常說與人交
談之時，眼神接觸十分重要。孟子曾經說過：「存乎人者，莫
良於眸子。眸子不能掩其惡。胸中正，則眸子瞭焉；胸中不
正，則眸子眊焉。聽其言也，觀其眸子，人焉廋哉？」(7.15)
眸子本指瞳仁，後泛指眼睛。觀察人的眼睛，可以看清楚他的
一切，存心正直善良，眼神就明亮；存心邪惡，眼神就混濁不

4　李零：《去聖乃得真孔子：〈論語〉縱橫讀》（香港：三聯書店，2008 年），頁
　　271。

明。衛靈公只將目光集中在飛鳥之上，而忽視孔子，視賢人如無物，沒有眼神接觸，做事不夠專心，難怪孔子忿而離開。

二、孔子的或仕或隱

何時出仕，何時退隱，在《論語》裏討論頗多。天下有道之時，臣子固然要盡力輔助君主治國，以行臣子之道；國君無道，天下混亂，世衰道微，臣子又當如何自處呢？以下為《論語》裏的討論：

> 子曰：「甯武子，邦有道，則知；邦無道，則愚。其知可及也，其愚不可及也。」（5.21）

> 子曰：「篤信好學，守死善道。危邦不入，亂邦不居。天下有道則見，無道則隱。邦有道，貧且賤焉，恥也；邦無道，富且貴焉，恥也。」（8.13）

> 憲問恥。子曰：「邦有道，穀；邦無道，穀，恥也。」「克、伐、怨、欲不行焉，可以為仁矣？」子曰：「可以為難矣，仁則吾不知也。」（14.1）

> 子曰：「邦有道，危言危行；邦無道，危行言孫。」（14.3）

> 子曰：「直哉史魚！邦有道，如矢；邦無道，如矢。君子哉蘧伯玉！邦有道，則仕；邦無道，則可卷而懷之。」（15.7）

　　　　長沮、桀溺耦而耕，孔子過之，使子路問津焉。長
　　沮曰：「夫執輿者為誰？」子路曰：「為孔丘。」曰：「是魯
　　孔丘與？」曰：「是也。」曰：「是知津矣。」問於桀溺。
　　桀溺曰：「子為誰？」曰：「為仲由。」曰：「是魯孔丘之徒
　　與？」對曰：「然。」曰：「滔滔者天下皆是也，而誰以易
　　之？且而與其從辟人之士也，豈若從辟世之士哉？」耰而
　　不輟。子路行以告。夫子憮然曰：「鳥獸不可與同羣，吾
　　非斯人之徒與而誰與？天下有道，丘不與易也。」(18.6)

以上六則《論語》引文，均可見孔子對國家有道、無道時為臣
者出處進退的看法。甯武子 (5.21) 是衛國大夫，孔子以為他
在國家太平時便聰明，在國家無道時便裝傻。別人能趕得上
其聰明的部分，但裝傻的能力則無人能及。甯武子大抵是能夠
韜光養晦的人，只是愚不可及，並非孔子認同的態度。又，孔
子 (8.13) 以為不要進入危險的國家，不居住在禍亂的國家。
天下太平之時，可以為官治民；天下不太平時則要隱居。此
外，在政治清明之時，貧賤便是恥辱；政治黑暗之時，富貴便
是恥辱。這裏所見的仍然是韜光養晦，不立危牆之下。原憲問
恥 (14.1)，孔子以為國家有道之時，自當為官領取俸祿；政治
黑暗之時為官領取俸祿，便是恥辱。孔子指出國家無道之時應
當離職，無道則隱，不要同流合污。孔子 (14.3) 謂國家政治
清明之時，言行正直；至亂世之時，行為依然正直，可是言語
上則要稍為謙順。大抵生在亂世，暴君橫行，胡言亂語，容易

招致殺身之禍。因此，亂世時務必慎言。乍眼一看，孔子似乎缺乏勇氣，不敢在亂世之中直言是非對錯；然細心一想，生命只有一次，在不必要的情況下因妄言而犧牲，以後便無救世的可能。因此，「危行言孫」實在是合情合理。孔子評論史魚和蘧伯玉二人（15.7）。二人俱衛國人。史魚正直不屈，政治清明時如箭一般直，政治黑暗時絲毫無變。孔子稱讚蘧伯玉為君子，其人於政治清明時出仕，政治黑暗時便收起自己的本領。這與上文所言「天下有道則見，無道則隱」（8.13）、「危行言孫」（14.3）等仍然是一脈相承的。以上的「隱」，是否我們所想像的隱居嗎？大概不是。在與長沮、桀溺（18.6）的對話中便可以得到答案。長沮、桀溺是典型的隱士，二人以為孔子只是「辟人之士」，即是周遊列國，尋求明君；二人則是「辟世之士」，與山川草木鳥獸蟲魚為伍。孔子以為「鳥獸不可與同羣，吾非斯人之徒與而誰與」，斬釘截鐵地指出自己不是隱士，不會與鳥獸同住。因此，孔子之隱不過是在重整旗鼓，以待賢君，適時而出，並非隱居山林，不問世事。

孔子對君主的嚴格要求，彰顯在季桓子的一塊祭肉、衛靈公的缺乏眼神接觸，以及仕隱的態度，都深深影響孟子。

三、孟子對君主的態度

打開《孟子》，看見孟子在廷說諸侯的過程中，氣勢凌人，手下敗將多不勝數。而且，孟子的討論對手並非一般人，不少

是當時各國的諸侯，故其大無畏的精神，更是教人心生嚮往。
觀見梁惠王、梁襄王、齊宣王時，孟子分別與之有以下的對話：

> 孟子見梁惠王。王曰：「叟！不遠千里而來，亦將有
> 以利吾國乎？」
> 孟子對曰：「王！何必曰利？亦有仁義而已矣。」（1.1
> 節錄）

> 孟子見梁襄王，出，語人曰：「望之不似人君，就之
> 而不見所畏焉。」（1.6 節錄）

> 齊宣王問曰：「齊桓、晉文之事可得聞乎？」
> 孟子對曰：「仲尼之徒無道桓文之事者，是以後世無
> 傳焉，臣未之聞也。無以，則王乎？」（1.7 節錄）

朝見梁惠王時，孟子不理會梁惠王的訴求，而不以利說之，改
說仁義之道。見梁襄王，因其沒有仁德君主所具備的素質，遂
直斥之為「不似人君」。及見齊宣王，宣王欲修前代齊桓公霸
道之事，孟子則以孔子後學無由聞之，改說之以王道。能夠朝
見當世諸侯，本屬大事，亦唯此可行一己之主張。然而，孟子
以其強大的氣勢，壓倒權高位重的諸侯，為其往後的說辭奠下
重要的基礎。
　　孟子先後兩次到過齊國，第一次是齊威王在位，第二次是
齊宣王。現在主要想談一談第二次到齊，以及孟子是何以離

齊。在《孟子・公孫丑下》中，有連續四段文字都是以「孟子去齊」起始的。以下說的是其中兩段：

> 孟子去齊，宿於晝。有欲為王留行者，坐而言。不應，隱几而臥。
>
> 客不悅曰：「弟子齊宿而後敢言，夫子臥而不聽，請勿復敢見矣。」
>
> 曰：「坐！我明語子。昔者魯繆公無人乎子思之側，則不能安子思；泄柳、申詳無人乎繆公之側，則不能安其身。子為長者慮，而不及子思；子絕長者乎？長者絕子乎？」（4.11）

> 孟子去齊。尹士語人曰：「不識王之不可以為湯武，則是不明也；識其不可，然且至，則是干澤也。千里而見王，不遇故去，三宿而後出晝，是何濡滯也？士則茲不悅。」
>
> 高子以告。曰：「夫尹士惡知予哉？千里而見王，是予所欲也；不遇故去，豈予所欲哉？予不得已也。予三宿而出晝，於予心猶以為速，王庶幾改之！王如改諸，則必反予。夫出晝，而王不予追也，予然後浩然有歸志。予雖然，豈捨王哉！王由足用為善；王如用予，則豈徒齊民安，天下之民舉安。王庶幾改之！予日望之！予豈若是小丈夫然哉？諫於其君而不受，則怒，悻悻然見於其面，去則窮日之力而後宿哉？」
>
> 尹士聞之，曰：「士誠小人也。」（4.12）

齊國是當時大國，孟子希望齊王能夠施行王道。齊宣王元年
（前 319 年），孟子前赴齊國。[5] 當時，孟子徒眾甚多，「後車數
十乘，從者數百人」(6.4)。孟子在齊之時，多次與齊王論政，
更曾出使於滕。齊王亦授以孟子卿位。董洪利云：「時間既久，
孟子發現齊宣王並不準備實行仁政，甚至還要求孟子改弦易
轍，服從他的指揮，這是孟子絕對不能接受的。」[6] 而在伐燕之
事上，孟子與齊宣王有重大分歧，直接導致孟子去齊。齊宣王
四年（前 316 年），燕王噲將君主之位讓予相國子之，導致燕國
內亂。齊宣王派匡章伐燕，五十天而破燕。齊臣沈同曾私下問
孟子可否伐燕，孟子以為然，理由是「子噲不得與人燕，子之
不得受燕於子噲」(4.8)。齊伐燕後，孟子反對，理由是齊之伐
燕不過是以暴易暴，「為天吏，則可以伐之」(4.8)。齊宣王問
孟子可否取燕，孟子的回答是「取之而燕民悦，則取之」，「取
之而燕民不悦，則勿取」(2.10)。齊宣王不聽，後來「燕人叛」，
「甚慚於孟子」(4.9)。此後，齊宣王欲見孟子，孟子稱病不朝，
二人關係緊張，最終的結果是因了解而分開。

　　孟子去齊，與孔子離開曲阜都城相同，都沒有立刻離開。孔
子宿乎屯，孟子宿於晝，其地在齊之西南。[7] 孟子不立刻離開的
原因，是希望齊王能夠趕來並加以挽留。首先，有人欲替齊王挽
留孟子，孟子卻不加理會，伏在靠几上睡覺。那人很不高興，以
為孟子執意離開。孟子舉魯繆公為例，以為賢人一日不在君主身

5　　錢穆：《先秦諸子繫年》（北京：商務印書館，2001 年），頁 325-326。

6　　董洪利：《孟子研究》（南京：江蘇古籍出版社，1997 年），頁 36。

7　　楊伯峻云：「晝在臨淄之西南，為孟子自齊返鄒必經之道。」〔楊伯峻：《孟子
　　　譯註》（北京：中華書局，1960 年），頁 107。〕

旁，君主便不安心；其實是齊王不能重用自己，而非孟子執意去齊（4.11）。另一段則是孟子與齊人尹士的對話。尹士以為孟子是沽名釣譽的人。如果孟子早知齊王不能成為賢君卻仍跑到齊國，那便是貪圖富貴；如要離開，便應立刻離開，不應在晝縣停留三天。孟子以為尹士並不了解自己，這三天在尹士心目中可能很長，但孟子以為仍是太短。他所以在晝縣停留，目的在於等待齊王回心轉意，改變態度，共拯天下蒼生，而不是像小人生氣般急步離開。尹士聽了孟子的解釋後，明白到自己所説的只是小人之言（4.12）。結果，孟子的深情剖白當然得不到齊宣王的回報，齊王還是沒有親身挽留，而孟子最終也離開了齊國。

在去齊的途中，孟子還曾在休地稍為停留，[8]並且在與弟子公孫丑的對話中，再次道出去齊的因由。公孫丑問孟子任官職而不受俸祿，是否合乎古道。孟子以此為非，並早有去齊之志。然而齊國連年戰爭，孟子不宜請辭添亂；又因與齊王意見分歧，久留於齊實非孟子本意（4.14）。張居正云：「蓋孟子之志，欲行仁義之道，以比隆湯武；而齊王之志，欲竊富強之略，以效法桓文；如此方圓之不相入矣。道既不合，而乃欲以萬鍾之祿縻之，豈所以待孟子哉？可見君子之遭時遇主，惟精神志意之感孚，為足以盡其用，而爵祿名寵之制御，不足以係其心，此又用人者所當知也。」[9]孟子與齊王意見不合，方枘圓鑿，面對君主而毫無懼色的他，自不可能長留齊國，唯有黯然離去。

8　閻若璩《四書釋地續》指出「故休城在今兗州府滕縣北一十五里，距孟子家約百里」。

9　張居正：《四書集註闡微直解》（清八旗經正書院刻本），孟子卷 17，頁 35b-36a。

四、乃所願則學孔子也

　　孔子的或仕或隱，同樣影響孟子。對於孔子的仕進態度，孟子云：「可以仕則仕，可以止則止，可以久則久，可以速則速，孔子也。」「乃所願，則學孔子也。」(3.2) 在這裏，孟子以為孔子能夠在應該做官的時候做官，應該辭職的時候便辭職，應該繼續做的便繼續做，應該馬上走的便馬上走。孟子也說：「古之人未嘗不欲仕也，又惡不由其道。不由其道而往者，與鑽穴隙之類也。」(6.3) 指出古人不是不想做官，只是討厭不經合乎禮義的道路來做。孟子更運用比喻，以為不合乎禮義的道路，就像男女的鑽洞扒門縫一樣。上文提及孟子去齊，也就是孔子所說「天下有道則見，無道則隱」的延伸。

　　孔子、孟子生於春秋戰國時代，仕途坎坷，不受重用。孔子面對季桓子、衛靈公；孟子面對梁惠王、梁襄王、齊宣王等，雖欲求仕，然終不肯枉尺直尋。二人與君主意見不合，憤而離開，看似小氣，實不必然。孔、孟都希望君主可以改過，只是離開國都，而不出邊境，宿乎屯、晝。只要君主回心轉意，親自前來，孔、孟自必重新輔助君主以行仁政。應仕則仕，當止則止。《史記·孟子荀卿列傳》云：「適梁，梁惠王不果所言，則見以為迂遠而闊於事情。」在戰國之時，能夠以權行事的孟子尚且被視為迂闊，不守「要盟」的孔子相信亦不例外。由是觀之，當時做人做事沒有原則，隨時遷移的大有人在。孔、孟的一點「小氣」，正是時人所缺乏的堅守原則與做人的風骨。這也是孔子、孟子為後世景仰的重要原因。

第二節
孟子的抉擇

　　孟子一生周遊列國，遊說諸侯，欲時君能採其王道仁政之學說以救世。孟子嘗言：「君子之事君也，務引其君以當道，志於仁而已。」據孟子所說，君子侍奉君主，所重者在於專心致志使其趨於正路，有志於仁。驟眼看來，孟子似乎強調只要目的達成便可，過程如何並不重要。其實不然。孟子一生周遊列國，嘗至鄒、魯、滕、宋、魏、齊等國，見鄒穆公、魯平公、滕文公、宋康王、梁惠王、梁襄王、齊威王、齊宣王等諸侯。其中孟子在齊、梁所待時間較長，在齊任卿，惟在伐燕一事之上，孟子與齊宣王意見相異，最終只能出走離齊，不事不賢之君。《孟子》書中有關孟子離齊之事，多有提及。

　　面對利祿與救世，孟子立場清晰，毫不含糊。在梁，先見梁惠王，孟子欲說以仁義之道，然惠王只欲國之有利，孟子直斥其非，以為「王何必曰利，亦有仁義而已矣」（1.1）。及見梁襄王，更謂其「望之不似人君」（1.6）。至齊，見齊宣王，王欲問春秋五霸之事，孟子則以孔子後學未嘗聞之而改以王道說之（1.7）。面對君主而毫無懼色，此為孟子可貴之處。

一、孟子的周遊列國

　　孟子生活在戰國時代，周遊列國，欲得諸侯重用。在先秦諸子中，孟子遊歷的諸侯國不算很多，主要只在鄒、魯、滕、

宋、魏、齊等國從事政治活動。大約在 40 歲以前，孟子在鄒魯小國聚徒講學，以及為小國之君出謀劃策。

有關孟子周遊列國之次序，前人多有論述。孟子為鄒人，其始仕亦當在鄒。周廣業云：「孟子之仕，自鄒始也。」[10] 時鄒穆公（生卒、在位時間俱不詳）在位。《孟子‧梁惠王下》嘗載孟子與鄒穆公之對話，孟子如非已仕，自不可能與穆公對話。因此，孟子在周遊列國之前已告出仕。

《史記‧孟子荀卿列傳》云：「道既通，遊事齊宣王，宣王不能用。適梁，梁惠王不果所言，則見以為迂遠而闊於事情。」據司馬遷所言，孟子先到齊國，時齊宣王在位；及後遊梁，乃梁惠王之世。然而，齊宣王即位之時，梁惠王已逝，孟子實不可能先見齊宣王後見梁惠王，故司馬遷所言未是。《孟子‧公孫丑下》嘗載陳臻問孟子曰：「前日於齊，王餽兼金一百，而不受；於宋，餽七十鎰而受；於薛，餽五十鎰而受。」（4.3 節錄）據此，孟子當在離齊後始赴宋國。宋之稱王改元，乃在周顯王四十一年（前 328 年），時宋康王在位。周廣業云：「孟子書先梁後齊，此篇章之次，非遊歷之次也。」[11] 錢穆《先秦諸子繫年》云：「余考《孟子》書，其初在齊，乃值威王世。去而至宋滕諸國。及至梁，見惠王襄王，又重返齊，乃值宣王也。」[12] 準此，孟子首次至齊，是在齊威王（前 356 年至前 320 年在位）的早

10　周廣業：《孟子四考》〔上海：上海古籍出版社據復旦大學圖書館藏清乾隆六十年（1795）省吾廬刻本影印，1995 年〕，卷 4〈孟子出處時地考〉，頁 42a。

11　《孟子四考》，卷 4〈孟子出處時地考〉，頁 23b。

12　錢穆：《先秦諸子繫年》（北京：商務印書館，2001 年），頁 364。

期或中期時。孟子聽説即位不久的宋康王想要實行仁政，就從齊奔宋。孟子感到宋國對實行仁政缺乏誠意，只能離開宋國，途經薛地（齊之封邑），又回到鄒、魯一帶活動。及後，滕文公邀孟子為上賓，言聽計從。孟子約於前 322 年左右在滕，此後，魏國有招納賢士之舉，孟子遂離滕赴魏。在前 321 年至前 320 年前後，梁惠王「卑詞厚幣以招賢者」，為振興魏國聚集人才。此時，60 歲左右的孟子，率領門生「後車數十乘，從者數百人」，浩浩蕩蕩地到達魏國。前 319 年，梁惠王去世，襄王繼位，孟子離魏赴齊。齊宣王在位，孟子在齊國擔任客卿。齊人伐燕失敗之後，孟子與齊宣王的政見越益不合，約於前 312 年（周赧王三年）離齊回鄉。離齊時，孟子已 70 餘歲，無力周遊列國。回鄉以後，孟子及其弟子一起整理《詩》、《書》等文獻，並總結一生遊歷、思想，成《孟子》一書。約於前 300 年左右，孟子去世，終年 80 餘歲。[13]

總之，孟子周遊列國，遊説時君，嘗見鄒穆公、齊威王、宋康王、薛君、魯平公、滕文公、梁惠王、梁襄王、齊宣王等，其或許或留，如何抉擇，實可堪玩味。《論語》説：「道不同，不相為謀。」(15.40) 又云：「以道事君，不可則止。」(11.24) 可知與意見不合之君主，孔子不與共謀；又以合乎道之方法侍奉君主，然君主如屢勸不聽，則當停止。孟子説：「可以仕則仕，可以止則止，可以久則久，可以速則速，孔子也。」(3.2

13　以上孟子周遊列國之梗概，主要參考自董洪利：《孟子研究》（南京：江蘇古籍出版社，1997 年），頁 22-37。

節錄）對於孔子的或仕或隱，孟子心生景仰。因此，孟子明言「乃所願，則學孔子也」（同上），視孔子為偶像，訪尋聖王賢君以救世。以下即就孟子之或仕或止或久或速，以諸侯為單位，略論孟子在周遊列國時之抉擇。

二、孟子所見諸侯及其離去

1. 藏富於民的鄒穆公

孟子生於鄒，故始仕於此。鄒穆公乃較受人稱頌之諸侯。賈誼《新書・春秋》、劉向《新序・刺奢》嘗載鄒穆公以粃換粟之事。二書藉鄒穆公取倉粟移之民為喻，以見藏富於民之思想。《孟子・梁惠王下》載鄒與魯鬨一事，其文如下：

> 鄒與魯鬨。穆公問曰：「吾有司死者三十三人，而民莫之死也。誅之，則不可勝誅；不誅，則疾視其長上之死而不救，如之何則可也？」
>
> 孟子對曰：「凶年饑歲，君之民老弱轉乎溝壑，壯者散而之四方者，幾千人矣；而君之倉廩實，府庫充，有司莫以告，是上慢而殘下也。曾子曰：『戒之戒之！出乎爾者，反乎爾者也。』夫民今而後得反之也。君無尤焉！君行仁政，斯民親其上、死其長矣。」（2.12）

鄒、魯兩國衝突。鄒穆公以為鄒國因此犧牲了 33 名官員，老

百姓卻沒有為此等官吏殉難。要殺死老百姓的話，老百姓殺之不盡；如不殺，則百姓皆張目看着長官被殺而不營救，實在可恨。穆公問孟子該如何處理，孟子以為鄒之老百姓在凶年時生活不好，而在上位者卻庫府滿盈。當此之時，鄒國官吏並不曾上報百姓之苦，甚至殘害他們。待人如何，人亦必以此相待。孟子以為百姓乃志在報復，君主不當責備他們。孟子進而指出如果穆公可行仁政，老百姓必然因此愛護上級官吏，甘願為之犧牲而在所不辭。

　　周廣業以為孟子「四十始仕」，[14] 指出孟子初仕時為 40 歲。楊澤波云：「孟子何時出仕，何時去鄒，不得而知。這裏權且依據『四十始仕』之説，定孟子出仕在公元前 333 年，去鄒在公元前 330 年。」[15] 孟子何以離鄒，史無明文，然而鄒乃當時小國，在《孟子・梁惠王上》載孟子與齊宣王之討論中，嘗援引鄒國為例，其曰：

　　　　（孟子）曰：「鄒人與楚人戰，則王以為孰勝？」
　　　　（齊宣王）曰：「楚人勝。」
　　　　（孟子）曰：「然則小固不可以敵大，寡固不可以敵
　　　　眾，弱固不可以敵強。海內之地方千里者九，齊集有其
　　　　一。以一服八，何以異於鄒敵楚哉？蓋亦反其本矣。（1.7
　　　　節錄）

14　《孟子四考》，卷 4〈孟子出處時地考〉，頁 42b。
15　楊澤波：《孟子評傳》（南京：南京大學出版社，1998 年），頁 62。

孟子問齊宣王，如果鄒與楚戰，誰將取勝。齊王答楚人勝。孟子指出，小不可以敵大，寡不可以敵眾，弱不可以勝強。準此，知鄒僅為弱小之國而已，故孟子取之以與大國作對比。儒家主張「學而優則仕」，如要一展抱負，必要有適當之場所。因此，即使鄒穆公乃有德之君，然因國土太小，勢孤力弱，不可發揮孟子之才能，更枉論如何救天下。抉擇之下只能另覓賢君，離開鄒國。

2. 無緣一見的齊威王

歷來有關孟子遊歷之討論，究竟是先齊後梁，還是先齊、後梁、再齊，學者聚訟不已。錢穆《先秦諸子繫年》以為孟子曾先後兩次至齊，此說較通達，有理可從。[16] 同書之中，錢穆撰有〈孟子在齊威王時先已遊齊考〉，列舉四項證據以明孟子在齊威王時已遊歷齊國。錢先生所言大抵有理可從。至於孟子何時至齊，楊澤波在《孟子評傳》云：

> 錢穆《先秦諸子繫年》考辯據與匡章遊，定此年稍前於公元前 335 年，而本書認為孟子出仕自鄒始，故將此年向後推至公元前 330 年。此時孟子聽說齊威王招賢立稷下學宮，就由鄒來到了齊國。

---

16 《先秦諸子繫年》，頁 363-367。

此又牽涉孟子是否列於稷下學宮之問題。鄒君尚算有德之君，然而孟子懷有抱負，必待一展所能。齊乃當時大國，後人每多執着於稷下大夫乃「不治而議論」、[17]「不任職而論國事」，[18] 因而以為孟子不應任此職。其實，稷下學宮既是納賢之地，孟子即或至此，初雖未能治民，惟誠如孟子引齊人之言曰：「雖有智慧，不如乘勢；雖有鎡基，不如待時。」（3.1 節錄）縱有聰明，仍得依仗形勢；縱有鋤頭，還得等待農時。靜待時機，以為所用，實屬正常，故不必以孟子嘗在稷下學宮與否而論列其是非。

　　在《孟子》中，並無孟子與齊威王對話之記載。相較齊宣王而言，《孟子》出現 13 次。大抵孟子初次至齊之時，並未受到重視，因此書中並無關於齊威王與孟子會面或對話之記載。《孟子‧滕文公下》云：

　　　　公孫丑問曰：「不見諸侯何義？」

　　　　孟子曰：「古者不為臣不見。段干木踰垣而避之，泄柳閉門而不納，是皆已甚；迫，斯可以見矣。陽貨欲見孔子而惡無禮，大夫有賜於士，不得受於其家，則往拜其門。陽貨矙孔子之亡也，而饋孔子蒸豚；孔子亦矙其亡也，而往拜之。當是時，陽貨先，豈得不見？曾子曰：『脅肩諂笑，病於夏畦。』子路曰：『未同而言，觀其色赧赧

17　《史記》，卷 46，頁 1895。

18　桓寬（撰）、王利器（校註）：《鹽鐵論校註》（北京：中華書局，1992 年），卷 2〈論儒〉，頁 149。

然，非由之所知也。』由是觀之，則君子之所養，可知已矣。」（6.7）

公孫丑是孟門高弟，此處其問孟子不主動謁見諸侯是甚麼意思。孟子以為不是諸侯之臣屬便不主動謁見，並舉段干木、泄柳、孔子之不見為例。據此，大抵《孟子》所以不載與齊威王之對話，乃因當時孟子並非齊威王之臣屬，故不用主動謁見。因不得重用，孟子只能離齊而赴他國。

楊澤波以為「孟子第一次遊齊時間比較長」，時間約在前330 年至前 324 年。戰國時代，齊國乃東面大國，齊威王任用鄒忌為相改革政治，又任用田忌、孫臏為將，齊國遂變得強大。因此，孟子在齊國時間稍長，乃欲威王能加以重用，以其王道仁政管治國家。可是，既然不得重用，孟子也只能黯然離開。

3. 未必有道的宋康王

孟子離開齊國以後，首先到了宋國，當時宋之諸侯為宋康王（或稱宋君偃、宋王偃、宋獻王）。《孟子‧公孫丑下》云：

> 陳臻問曰：「前日於齊，王餽兼金一百，而不受；於宋，餽七十鎰而受；於薛，餽五十鎰而受。前日之不受是，則今日之受非也；今日之受是，則前日之不受非也。夫子必居一於此矣。」

孟子曰：「皆是也。當在宋也，予將有遠行，行者必以贐；辭曰：『餽贐。』予何為不受？當在薛也，予有戒心；辭曰：『聞戒，故為兵餽之。』予何為不受？若於齊，則未有處也。無處而餽之，是貨之也。焉有君子而可以貨取乎？」(4.3)

這裏提及孟子遊歷所至之地，包括齊、宋、薛等。陳臻乃孟子弟子，謂孟子在齊之時，齊王嘗送上等金一百鎰；在宋之時，宋君送七十鎰；在薛，薛君送五十鎰。此章文字之重點固然在於受與不受之問題，然就考察孟子遊歷而言，卻意義深遠。崔述《孟子事實錄》云：

> 齊稱前日而宋、薛稱今日，則是至宋、薛在至齊後也。然則孟子去齊之後，先至宋、薛，然後至滕矣，故〈滕文章〉稱「過宋而見孟子」也。

據崔述所言，孟子是先齊，後宋，然後至薛。孟子書中並不見孟子與宋王之對話，大抵在宋時間不長，但亦有論及宋國之事。《孟子・滕文公下》云：

> 萬章問曰：「宋，小國也；今將行王政，齊楚惡而伐之，則如之何？」
>
> 孟子曰：「[……]《太誓》曰：『我武惟揚，侵於之疆，則取於殘，殺伐用張，於湯有光。』不行王政云爾；苟行

　　　　王政，四海之內皆舉首而望之，欲以為君；齊楚雖大，何
　　　　畏焉？」（6.5 節錄）

結合孟子與戴不勝之討論（6.6），知道宋國此時已告稱王，此
則云宋國將行王道仁政，是其稱王未久之時。萬章對於宋康王
能行王道仁政表示質疑，以其乃小國也，且屢受齊、楚等大國
攻伐，故未知該如何應對。孟子對宋國充滿信心，以為即使小
國，只要能行王政，天下各地人民都會擁護其當君王，齊、楚
即使如何強大亦不必懼怕。準此而論，大抵宋康王亦是有道之
君，欲行王政以治國。

　　其實，宋康王是否有道之君，頗有爭議。據《史記・宋微
子世家》所載，在宋剔成君四十一年，其弟偃（即宋康王）「攻
襲剔成，剔成敗奔齊，偃自立為宋君」。雖有謂宋康王「臉有
神光，力能屈伸鐵鉤」，然而僅出後世小說，未足採信。在《戰
國策・宋衛策》裏，宋康王「剖傴之背，鍥朝涉之脛」，劈開
駝子的背，斬斷早晨過河人的小腿。如此諸侯，實不足以行王
政。又在《搜神記》中，宋康王因垂涎韓馮妻之美色而致使韓
馮家散人亡。宋康王究竟是否暴君，似乎尚待考證。顧頡剛〈紂
惡七十事的發生次第〉嘗列舉紂惡出於《尚書》6 項，戰國增加
20 項，西漢增 21 項，東晉增 13 項。紂惡「因年代的久遠而積
疊得更豐富」。[19] 後朝越長，有關前朝覆亡之故事便越多。宋

19　顧頡剛：〈紂惡七十事的發生次第〉，載《古史辨》（北京：樸社，1930 年），
　　第二冊上編，頁 88。

康王之事蓋亦類此。畢竟，《孟子》書成戰國，《戰國策》由西漢劉向集錄，《搜神記》更是晉代的作品。後生者何以得知宋康王如此惡行，亦值得懷疑。

《孟子》雖未有孟子與宋康王之對話，然觀其有「於宋，餽七十鎰而受」之語，則二人或嘗相會。大抵宋之國小，且康王是否賢君亦存疑問，因此孟子離宋，輾轉前赴鄰近地區。

4. 餽五十鎰的薛君

離開宋國以後，孟子之薛。周廣業云：「孟子所在之薛，乃齊靖郭君田嬰封邑，非春秋之薛也。」[20] 薛本為周初小國，姓任，春秋初期仍獨立存在。[21] 薛為齊所滅。故城在今山東滕縣四十四公里處。後齊威王以故薛之地封田嬰，田嬰因此號為靖郭君。

《孟子》並無孟子與薛君討論之記載，然據上引「於薛，餽五十鎰而受」、「當在薛也，予有戒心；辭曰：『聞戒，故為兵餽之。』」(4.3 節錄) 孟子大抵嘗見薛君。薛即使未亡以前，已屬小國；此時更已亡國，依附於齊，自無可能重用孟子而行王道仁政。因此，孟子亦只是稍作停留，繼而轉赴他國。

20　《孟子四考》，卷 4〈孟子出處時地考〉，頁 58a。

21　《春秋‧隱公十一年》：「十有一年，春，滕侯、薛侯來朝。」，《春秋‧莊公三十一年》：「夏，四月，薛伯卒。」據此可知薛嘗獨立存在。

5. 不得而遇的魯平公

離開宋國以後，孟子回鄒，後輾轉赴魯。孟子至魯，乃因其弟子樂正子為魯平公所重用。《孟子‧告子下》云：

> 魯欲使樂正子為政。孟子曰：「吾聞之，喜而不寐。」
>
> 公孫丑曰：「樂正子強乎？」
>
> 曰：「否。」
>
> 「有知慮乎？」
>
> 曰：「否。」
>
> 「多聞識乎？」
>
> 曰：「否。」
>
> 「然則奚為喜而不寐？」
>
> 曰：「其為人也好善。」
>
> 「好善足乎？」
>
> 曰：「好善優於天下，而況魯國乎？夫苟好善，則四海之內皆將輕千里而來告之以善；夫苟不好善，則人將曰：『訑訑，予既已知之矣。』訑訑之聲音顏色距人於千里之外。士止於千里之外，則讒諂面諛之人至矣。與讒諂面諛之人居，國欲治，可得乎？」（12.13）

魯國欲使樂正子治政，孟子得知以後，高興得徹夜難眠。在與另一弟子公孫丑的對話中，可知樂正子並非實力超卓，可是能夠聽取善言，孟子以為僅此便足以治理天下。進言之，孟子指

出好善甚至可以治理天下，此因善言可聽，讒言不入，實乃治國之根本。孟子因弟子得重用而赴魯，實與孔子因冉有受季康子重用而以幣迎回魯情況相類。[22] 趙岐嘗言孔、孟遭際相似，「旨意合同，若此者眾」。[23] 孔子回魯以後，「然魯終不能用孔子，孔子亦不求仕」，[24] 可算是失敗告終。孟子亦然。《孟子·梁惠王下》詳載孟子不遇於魯之事：

> 魯平公將出，嬖人臧倉者請曰：「他日君出，則必命有司所之。今乘輿已駕矣，有司未知所之，敢請。」
>
> 公曰：「將見孟子。」
>
> 曰：「何哉，君所為輕身以先於匹夫者？以為賢乎？禮義由賢者出；而孟子之後喪踰前喪。君無見焉！」
>
> 公曰：「諾。」
>
> 樂正子入見，曰：「君奚為不見孟軻也？」
>
> 曰：「或告寡人曰：『孟子之後喪踰前喪』，是以不往見也。」
>
> 曰：「何哉，君所謂踰者？前以士，後以大夫；前以三鼎，而後以五鼎與？」
>
> 曰：「否；謂棺椁衣衾之美也。」
>
> 曰：「非所謂踰也，貧富不同也。」

22　參《史記》，卷 47，頁 1934-1935。

23　《孟子註疏》，載《十三經註疏（整理本）》，趙岐〈孟子題辭〉，頁 10。

24　《史記》，卷 47，頁 1935。

　　　　樂正子見孟子，曰：「克告於君，君為來見也。嬖人
　　有臧倉者沮君，君是以不果來也。」

　　　　曰：「行，或使之；止，或尼之。行止，非人所能
　　也。吾之不遇魯侯，天也。臧氏之子焉能使予不遇哉？」
　　（2.16）

　　魯平公本欲出門拜訪孟子，卻為嬖臣臧倉阻撓。臧倉以為孟
子只是一介平民，君主不應該主動往見。臧倉更指出孟子母
喪之規格超越父喪，行為不合禮儀，並非賢德之人。結果，魯
平公便打消往見孟子之念頭。樂正子當時在魯國輔政，遂質
詢魯平公何以不拜訪孟子，魯平公更將臧倉所言再說一遍，
以為孟子喪母時之棺槨精美超越父喪之時。樂正子辯說，此
乃貧富不同之故。後來，樂正子往見孟子，道出魯平公因臧倉
之言而未有前來拜訪之始末，孟子以為自己不遇魯平公全因
天命使然，並不是臧倉一己之力。準此，魯平公大抵亦非賢德
之君，徒因一嬖人之言而不見孟子。孟子亦於不久之後離魯
而赴滕。

6. 言聽計從的滕文公

　　滕乃小國，然滕文公能重用孟子，此乃孟子生平之中唯
一一次君主於己言聽計從。當滕文公仍為世子之時，便已多次
跟孟子聯繫。《孟子・滕文公上》云：

　　滕文公為世子，將之楚，過宋而見孟子。孟子道性善，言必稱堯舜。

　　世子自楚返，復見孟子。孟子曰：「世子疑吾言乎？夫道一而已矣。成覸謂齊景公曰：『彼，丈夫也；我，丈夫也；吾何畏彼哉？』顏淵曰：『舜，何人也？予，何人也？有為者亦若是。』公明儀曰：『文王，我師也；周公豈欺我哉？』今滕，絕長補短，將五十里也，猶可以為善國。《書》曰：『若藥不瞑眩，厥疾不瘳。』」（5.1）

滕文公當時為世子，在宋國與孟子相見。世子由楚返滕，經宋，再與孟子相會。孟子說以性善之說，行王政而可以致堯舜之世。世子大抵信心不足，以為滕為小國，未必可行王政。孟子援引成覸、顏淵、公明儀所言，指出不必懼怕任何人，且有所作為者亦可為聖人。孟子以為滕國雖小，惟能推行王政，仍可以是一個好國家，所重者乃在能對症下藥。

　　及後，滕定公薨，對於如何辦理喪事，滕文公派遣然友向孟子請益。此時孟子已經離宋歸鄒，故然友前赴鄒國。世子此時仍然信心不足，孟子鼓勵之，以為盡力辦喪即可，遂聽孟子之言，行三年之喪，並不必顧慮魯國君主從未實行，以及滕國父老官吏之反對。孟子強調，君子之德如風，小人之德如草，風吹向哪邊，草便向哪邊倒。因此，事之執行成功與否，全仗世子本人而已。最後，世子居於喪廬五月，居喪之時不曾頒下任何命令和禁令。滕之官吏同族皆以世子為知禮。喪禮舉行之

時，四方之人前來，世子容色悲慘，哭泣哀痛，弔者均非常滿意（5.2）。準此，滕國雖小，但滕文公真能聽從孟子以行事，故孟子可謂得遇於滕。

孟子及後親至滕，《孟子》書載有滕文公與孟子之討論。《孟子・梁惠王下》云：

> 滕文公問曰：「齊人將築薛，吾甚恐，如之何則可？」
> 孟子對曰：「昔者大王居邠，狄人侵之，去之岐山之下居焉。非擇而取之，不得已也。苟為善，後世子孫必有王者矣。君子創業垂統，為可繼也。若夫成功，則天也。君如彼何哉？強為善而已矣。」（2.14）

滕為小國，絕長補短才不過五十里，攝乎大國之間，命懸一線。《孟子・梁惠王下》連續載錄三段滕文公與孟子之對話，其主題皆圍繞以滕之弱小，如何抵抗強敵，並得老百姓之死效。滕文公見齊國準備加強薛之城池，伺機發動戰爭，因而感到懼怕。孟子援引從前周太王之舊事，指出狄人來犯，太王乃率眾避逃岐山之下定居，後來方有武王之得天下。即使現今弱小而要避禍，如能施行仁政，德澤流及子孫，功莫大焉。因此，面對當前困局，孟子以為唯有勉力行仁政而已。當世之時，孟子雖得「迂遠而闊於事情」[25]之評價，然觀乎孟子並不勉強滕文公與齊作對抗，而選擇暫時遷遠避禍，亦是其學說裏行權之表

25　《史記》，卷 74，頁 2343。

現。²⁶ 其實，滕之弱小，孟子知之，因此滕文公嘗問孟子應該侍奉齊國還是楚國時，孟子以為此非其能力之所及，因此不能回答。孟子以為只要滕文公能推行王政，是保守基業還是另覓土地皆可，最重要是為滕國百姓福祉着想（2.15）。

滕文公對孟子言聽計從，在滕國推行仁政。然而，滕國實在弱小，居於齊、楚等大國之間，倖免於滅亡已是最好的狀況，枉論能夠王天下。因此，孟子聞說梁國招賢納士，便離開滕國而赴梁。

7. 願安承教的梁惠王

梁惠王即魏惠王，繼承父魏武侯之位（前 370 年）。即位後九年（前 362 年），遷都大梁（今河南開封）。梁惠王即位最初二十餘年，在戰國諸侯中最為強大，並自封為王。有關孟子見梁惠王之年份，學者多有爭議。據梁惠王稱孟子為「叟」，

26　孟子堅持原則，但每有行權，事君之時，因勢利導，循循善誘，所重在於能志於仁。所謂行權，孟子與淳于髡一段討論最能反映。《孟子・離婁上》：淳于髡曰：「男女授受不親，禮與？」孟子曰：「禮也。」曰：「嫂溺，則援之以手乎？」曰：「嫂溺不援，是豺狼也。男女授受不親，禮也；嫂溺，援之以手者，權也。」曰：「今天下溺矣，夫子之不援，何也？」曰：「天下溺，援之以道；嫂溺，援之以手 —— 子欲手援天下乎？」(7.17) 男女授受不親是禮，當時確實如此，可是嫂嫂跌入河中，如果見死不救，那便等同禽獸。孟子學說首重人禽之辨，強調人之所以異於禽獸者幾希。在特殊情況下，恆常之禮可暫且拋棄，因此當伸手救人。此非肆意改變原則，只是特殊之舉措。改變如果沒有底線，那便是沒有立場原則，孟子的行權仍然以善為原則。能在堅守原則的情況之下行權，此乃孟子學說難能可貴之處。

結合戰國天下形勢，輔之以晉太康二年發現之魏國國史《竹書紀年》，孟子至梁之時大抵為惠王後元十五年或十六年（前320年或前319年）。按照孟子生於前372年計算，此時蓋53歲，雖然仍比梁惠王之年紀為小，但稱之為叟亦算合理。

　　孟子在梁的時間雖然不長，但《孟子》中所載不少孟子與梁惠王的討論，主要見於〈梁惠王上〉和〈告子下〉。孟子見梁惠王之初，梁惠王心欲稱霸而不用王道，〈梁惠王上〉載云：

> 　　孟子見梁惠王。王曰：「叟！不遠千里而來，亦將有以利吾國乎？」
>
> 　　孟子對曰：「王！何必曰利？亦有仁義而已矣。王曰：『何以利吾國？』大夫曰：『何以利吾家？』士庶人曰：『何以利吾身？』上下交征利而國危矣。萬乘之國，弒其君者，必千乘之家；千乘之國，弒其君者，必百乘之家。萬取千焉，千取百焉，不為不多矣。苟為後義而先利，不奪不饜。未有仁而遺其親者也，未有義而後其君者也。王亦曰仁義而已矣，何必曰利？」（1.1）

孟子見梁惠王，孟子重仁義，梁惠王唯利是圖。在《史記・孟子荀卿列傳》之中，可見梁惠王重視騶衍，騶衍至梁，「惠王郊迎，執賓主之禮」；[27] 對於孟子，「梁惠王不果所言」。[28] 孟子

27　《史記》，卷74，頁2345。
28　《史記》，卷74，頁2343。

大義凜然，面對梁惠王欲利之心，乃直斥「何必曰利？亦有仁義而已矣」。孟子力陳重利之弊，指出「苟為後義而先利，不奪不饜」，重利之徒不會滿足，最終必將國君之產業奪去。孟子以為梁惠王不應言利，應該重視仁義。此乃孟子見梁惠王之初，其時梁惠王對孟子之說並不感興趣。

　　有一次，孟子謁見梁惠王時，惠王站在池旁顧盼鳥獸，問孟子賢德之人享受如此安逸之快樂與否。孟子以為賢者亦有此樂，但更重要的是能夠與民同樂，明白老百姓之感受。孟子援引《尚書·湯誓》「時日害喪，予及女皆亡」句，謂「民欲與之皆亡，雖有台池鳥獸，豈能獨樂哉？」（1.2 節錄）可見重視老百姓之喜惡非常重要，與民同樂而不獨自享樂。又，梁惠王以為自己治國已經盡力，在諸國之中，無有君主用心在其之上。可是，鄰國之民不減少，魏國之民亦不增多，因而甚感疑惑。孟子以為當時諸侯不行仁政，只用霸道，取用無時，只懂怪責凶年失收，而不自我檢討。孟子並不諱言，直言梁惠王「好戰，請以戰喻」（1.3 節錄）。五十步笑百步，棄甲曳兵，二者無異；各國皆行霸政，不體恤百姓，因此「王如知此，則無望民之多於鄰國也」。此時，梁惠王已能虛心設問，而孟子亦因勢利導，設身處地為梁惠王解決問題。

　　接下來，在〈寡人願安承教章〉，梁惠王之態度已較〈王何必曰利章〉（1.1）有了極大變化。其文如下：

　　　　梁惠王曰：「寡人願安承教。」

　　　　孟子對曰：「殺人以梃與刃，有以異乎？」

曰：「無以異也。」

「以刃與政，有以異乎？」

曰：「無以異也。」

曰：「庖有肥肉，廄有肥馬，民有飢色，野有餓莩，此率獸而食人也。獸相食，且人惡之；為民父母，行政，不免於率獸而食人，惡在其為民父母也？」（1.4節錄）

此篇起首，梁惠王已明言「寡人願安承教」，即樂意細聽孟子的指教。孟子即問用木棒殺人和用刀子殺人有何不同。雖然工具不同，但人還是死了，所以梁惠王以為無別。於是，孟子追問用刀子殺人，跟用政治迫害致死有何不同，梁惠王以為亦無別。孟子謂梁惠王既然明白這個道理，當時卻是上位者極為富有，老百姓不得溫飽。為政者如此，孟子以為即是「率獸食人」，並非為民父母者應有的舉措。因此，當權者應該加以反省，推行善政，嘉惠百姓，才是治國之道。

梁惠王從不願聆聽孟子之王道仁政，發展至「願安承教」，能夠多次召見孟子，理應大有作為。可惜，梁惠王不久之後去世（前319年），未有機會施行孟子之主張。惠王死後，其子梁襄王繼位，孟子繼續留在魏國。

8. 不似人君的梁襄王

梁襄王是梁惠王的兒子，在惠王死後繼位。《孟子》只有一段梁襄王之記載，然即據此可知孟子何以離開魏國：

　　孟子見梁襄王，出，語人曰：「望之不似人君，就之
而不見所畏焉。卒然問曰：『天下惡乎定？』
　　「吾對曰：『定於一。』
　　「『孰能一之？』
　　「對曰：『不嗜殺人者能一之。』
　　「『孰能與之？』
　　「對曰：『天下莫不與也。王知夫苗乎？七八月之間
旱，則苗槁矣。天油然作雲，沛然下雨，則苗浡然興之
矣。其如是，孰能禦之？今夫天下之人牧，未有不嗜殺
人者也。如有不嗜殺人者，則天下之民皆引領而望之矣。
誠如是也，民歸之，由水之就下，沛然誰能禦之？』」(1.6)

這裏可見孟子無比的勇氣。魏國雖已不及惠王在位初期時強
大，但仍是一方諸侯，實力不弱。可是，孟子卻告訴別人梁襄
王「不似人君」，走近之而沒有任何威嚴之感。趙岐註：「望之
無儼然之威儀也。」[29] 又，《論語・堯曰》有一段文字可參：

　　子張問於孔子曰：「何如斯可以從政矣？」子曰：「尊
五美，屏四惡，斯可以從政矣。」子張曰：「何謂五美？」
子曰：「君子惠而不費，勞而不怨，欲而不貪，泰而不驕，
威而不猛。」[……]「君子正其衣冠，尊其瞻視，儼然人望
而畏之，斯不亦威而不猛乎？」(20.3 節錄)

29　《孟子註疏》，載《十三經註疏（整理本）》，卷 1 下，頁 21。

子張問孔子怎樣可以治政，孔子謂要尊貴五種美德，排除四種惡政。五種美德裏包括了威嚴而不兇猛。「威而不猛」的具體內容是衣冠整齊，目不邪視，莊嚴地使人望之而有所畏懼。以此言之，梁襄王大抵是以上諸項皆有所未備。可是，如此這般的梁襄王，卻居然問及如何可使天下安定。孟子指出天下統一之時便告安定。梁襄王因而追問，誰人可以統一天下。梁惠王固然好戰，故前文提及孟子「以戰喻」；梁襄王如何則未知，然而孟子遊說諸侯時每多因勢利導，此處直言「不嗜殺人者」可以統一天下，或因襄王與天下諸侯皆同有此惡習，故言之如是。孟子續說，以為天下君王如果不嗜殺人，老百姓自皆歸附之，其勢無人能擋。

梁惠王治國之時，魏國勢興盛，然在馬陵之役，魏之龐涓、太子申因中齊國田忌、孫臏之計而大敗，龐涓自殺，太子申被俘。及後，秦又多次擊敗魏國，迫使魏國割城獻地。至惠王後元十一年（前 324 年），楚使柱國昭陽攻魏，破之於襄陽而得八邑，復使魏國實力受損。梁惠王迎孟子，在孟子教誨之下漸有所得，卻不幸病故；襄王繼位，望之不似人君，加之以國力大不如前，已無行王道仁政之希望。因此，孟子離開魏國，前往齊國。

9. 諸多藉口的齊宣王

齊國是孟子周遊列國的最後一站，這次孟子到來之時，齊國諸侯是齊宣王。此時齊威王剛死，宣王新君即位，百廢待

興，錢穆先生〈孟子自梁返齊考〉將此年定為公元前 319 年。齊國是當時大國，實力最強，孟子如要人君行王道仁政，齊國是最重要的舞台。跟周遊列國之初相比較，此時孟子隊伍已經是「後車數十乘，從者數百人」（6.4 節錄）。

　　孟子在齊國時間較長，與齊宣王有過多次討論，從欲得重用至不得已而去之，實在是因了解而分開。面對齊宣王，孟子仍是一如既往的懷有勇氣，在〈齊桓晉文之事章〉裏，齊宣王開宗明義希望得知孟子對於齊桓公、晉文公稱霸天下之看法，可是孟子卻說「仲尼之徒無道桓文之事者，是以後世無傳焉，臣未之聞也」，純屬搪塞之言，詞鋒一轉，改以王道說之，故曰：「無以，則王乎？」孟子以為齊國之大，行王道仁政實在是易如反掌，齊之不行王政，不過是不為而非不能也。

　　孟子經常在齊宣王眼前出現，孟子說之以行王道仁政，可是齊王多次藉詞推搪。齊宣王愛好音樂，齊臣莊暴以此告訴孟子，因有以下一段對話：

　　　　他日，見於王曰：「王嘗語莊子以好樂，有諸？」

　　　　王變乎色，曰：「寡人非能好先王之樂也，直好世俗之樂耳。」

　　　　曰：「王之好樂甚，則齊其庶幾乎！今之樂由古之樂也。」

　　　　曰：「可得聞與？」

　　　　曰：「獨樂樂，與人樂樂，孰樂？」

　　　　曰：「不若與人。」

曰：「與少樂樂，與眾樂樂，孰樂？」

曰：「不若與眾。」（2.1 節錄）

齊宣王知道孟子所崇尚乃是古聖王賢君之制禮作樂，而自己喜歡的不過是世俗之音樂。因此聽見孟子如此詢問，不由得緊張起來，連臉色也變了。「王變乎色」一句，充滿戲劇色彩。齊宣王趕快向孟子道出自己所喜愛的音樂只是世俗之音。意想不到的是孟子的答案。孟子以為齊王喜歡音樂，齊國便當富強，因為今之世俗音樂與古代音樂本質無異。面對突如其來的答案，不禁引起了齊宣王的興趣，因而追問當中道理如何。於是，孟子問道齊王，一個人單獨欣賞音樂，還是跟別人一起欣賞音樂比較快樂。齊王以為與別人一起欣賞更為快樂；同理，齊王以為與多數人一起欣賞更為快樂。此下說詞，孟子以為齊王如能將自己的田獵音樂喜好等做到與民同樂，百姓必定願為效力，如此則可行王道仁政使天下歸服。其實，孟子在這裏使用了類比論證的方法，偷換概念，多人一起聽音樂，其實不等同就要推行仁政與民同樂。孟子遊說諸侯之詞多類此。

　　齊宣王之不願推行仁政，藉口頗多，〈梁惠王下〉載有「寡人有疾，寡人好勇」、「寡人有疾，寡人好貨」，以及「寡人有疾，寡人好色」之論述。齊宣王以各種理由而不欲行王道仁政，孟子皆在說辭中偷換概念，叫齊王可以擴展好勇、好貨、好色之「缺點」。擴展好勇，可以「一怒而安天一之民，民惟恐王之不好勇也」；擴展好貨，可使「居者有積倉，行者有裹囊」；擴

展好色，可使「內無怨女，外無曠夫」；總之，能夠與民同好，孟子以為皆足以王天下，因此齊王之疾並不算是問題。

　　對戰爭之態度，是霸政與王政最大之差異，齊宣王與孟子最大的分歧在於此。前 316 年，燕王噲禪讓君位予以宰相子之，進行改革，引致燕國內亂。兩年後，燕王噲長子太子平與將軍市被背叛，數月，死者數萬。燕、齊邊境相接，齊宣王伺機發動戰爭，侵略燕國。就此事，《孟子》多有載錄，其文如下：

　　　　沈同以其私問曰：「燕可伐與？」

　　　　孟子曰：「可；子噲不得與人燕，子之不得受燕於子噲。有仕於此，而子悅之，不告於王而私與之吾子之祿爵；夫士也，亦無王命而私受之於子，則可乎？——何以異於是？」

　　　　齊人伐燕。

　　　　或問曰：「勸齊伐燕，有諸？」

　　　　曰：「未也；沈同問『燕可伐與』，吾應之曰：『可。』彼然而伐之也。彼如曰：『孰可以伐之？』則將應之曰：『為天吏，則可以伐之。』今有殺人者，或問之曰：『人可殺與？』則將應之曰：『可。』彼如曰：『孰可以殺之？』則將應之曰：『為士師，則可以殺之。』今以燕伐燕，何為勸之哉？」（4.8）

齊臣沈同以個人身分詢問孟子燕國可否攻伐。孟子以之為然。此因燕王噲不可私自將燕國讓予子之，子之亦不應該接受燕王

噲之所贈。如之私相授受，實與自作主張將俸祿官位贈予他人
相同。結果，齊果伐燕。因此有人告訴孟子，說孟子支持齊人
伐燕。孟子明言沒有。此因沈同本以個人身分詢問。如果沈同
的問題是誰人有權討伐燕國，孟子便會說只有天吏方可伐之。
如今齊之伐燕，不過是以暴易暴而已，孟子實未曾勸說伐燕。
由是觀之，孟子所堅持的是唯有天兵天吏可以伐無道之君，如
果發動戰爭只是以暴易暴，孟子並不支持。

在〈梁惠王下〉還有兩段齊人伐燕之記載。其文如下：

> 齊人伐燕，勝之。宣王問曰：「或謂寡人勿取，或謂
> 寡人取之。以萬乘之國伐萬乘之國，五旬而舉之，人力不
> 至於此。不取，必有天殃。取之，何如？」
>
> 孟子對曰：「取之而燕民悅，則取之。古之人有行之
> 者，武王是也。取之而燕民不悅，則勿取。古之人有行
> 之者，文王是也。以萬乘之國伐萬乘之國，簞食壺漿以
> 迎王師，豈有他哉？避水火也。如水益深，如火益熱，
> 亦運而已矣。」（2.10）

齊人伐燕，大獲全勝，孟子反對不義之戰，與齊宣王意見分
歧。齊王問孟子，指出朝廷上下見解相異，有人支持出兵伐
燕，有人不然。可是燕、齊旗鼓相當，結果五十日而能攻陷，
齊王以為實乃天命使然，否則不可能如此快速。孟子並不明確
回答，以為如果攻打敵國而反使對方百姓感到高興，那便取之
無妨。能夠取勝只是因為敵國百姓逃避水深火熱的情況而已。

在（2.11）引文中，齊王指出伐燕取勝以後，其他諸侯國已在商議該如何救助燕國，並攻打齊國。孟子以為應該在代立燕國新王後儘快撤退。可是，齊宣王並未有依照孟子的指引，最終確使各國諸侯聯合攻齊，致生靈塗炭。

意見不合，孟子只能選擇離開。〈公孫丑下〉云：

> 孟子致為臣而歸。王就見孟子，曰：「前日願見而不可得，得侍同朝，甚喜；今又棄寡人而歸，不識可以繼此而得見乎？」
>
> 對曰：「不敢請耳，固所願也。」（4.10 節錄）

孟子辭去齊國官職，準備離開。齊宣王到孟子家中往見，以為從前希望見之而不可，後來能夠同在一起，非常高興；如今又欲去齊，不知道將來還可否得相見。此時孟子離齊之決心並不算堅定，因謂留齊本是所願，似接受齊王之挽留。可是，後文載齊王打算在臨淄城裏給孟子一幢房屋，以萬鍾之粟供養孟子及其弟子。孟子知之，齊王居然視其為貪圖富貴的人，更欲賜萬鍾之粟。孟子對齊王極為失望。此後尚有四段文字記載孟子去齊之事。前文已述其二，今復載另外兩則文字：

> 孟子去齊，充虞路問曰：「夫子若有不豫色然。前日虞聞諸夫子曰：『君子不怨天，不尤人。』」
>
> 曰：「彼一時，此一時也。五百年必有王者興，其間必有名世者。由周而來，七百有餘歲矣。以其數，則過

　　矣；以其時考之，則可矣。夫天未欲平治天下也；如欲

　　平治天下，當今之世，捨我其誰也？吾何為不豫哉？」

　　（4.13）

充虞是孟子的學生。孟子去齊，充虞在路上看見老師神色不
太高興，於是援引早前曾經聽過老師說「不怨天，不尤人」。
孟子以為那時與現在不同。五百年必有王者興，也一定有輔佐
王者的名臣。周興至於今已經七百多年，從年數上說已經超過
了，以時勢而論，聖賢亦應該出現了。可能上天仍未想讓天下
太平，如果想要使天下太平，當今之世，孟子以為捨我其誰，
此可見孟子雖然去齊，但仍不失信心。縱與齊宣王意見不合，
不得已而離開齊國，但孟子並不汲汲於出仕，此為孟子之迂闊
與堅持原則。

　　　　孟子去齊，居休。公孫丑問曰：「仕而不受祿，古之

　　道乎？」

　　　　曰：「非也；於崇，吾得見王，退而有去志，不欲變，

　　故不受也。繼而有師命，不可以請。久於齊，非我志也。」

　　（4.14）

孟子去齊歸鄒，經過地名休者，稍為休息，與弟子公孫丑論在
齊事。公孫丑問孟子，做官而不受俸祿是否合乎古道。孟子以
為不合。昔日在崇邑時，孟子得見齊王，退下來便已有離去之
意，大抵因齊王未有推行王道之意。因不想改變去齊的決定，

故不受齊之俸祿。後來，因齊國有戰事，孟子以為不能提出離齊的請求。焦循云：「知師命是師旅之命者，聖賢之道，不為太甚，旁通以情，故孟子於始見王，志雖不合，必宿留而後去；既宿留，可以去矣，而乃不去者，既居其國，被其欸遇，惟此軍戎大事，即當休戚相關，豈容度外置之，飄然遠引，此所以不可以請也。」[30] 可見留齊乃是因為「休戚相關，豈容度外置之」。最後，孟子說：「久於齊，非我志也。」既然不能改變齊王，久留亦沒有意思，亦不符合孟子欲君主推行王道仁政之心。

　　在別人不再重用自己的情況下，孟子最後選擇離開，沒有纏繞在齊卿的厚祿，沒有對稷下學宮的留戀，雖仍心繫齊國，但既然不能一展抱負，也只有黯然而去。孟子離齊，當中既有見其原則；而沒有立刻離齊，乃因古者諸侯不出疆，故停在晝縣，待齊王或加挽留，此其行權之處。

三、孟子的抉擇與勇氣

　　孟子生於戰國之時，其時諸侯以攻伐為尚，征戰頻仍，民不聊生。孟子雖謂「春秋無義戰」（14.2 節錄），然而較諸春秋時代而言，戰國時代不義之戰更比比皆是。孟子周遊列國，遊說時君行王道仁政以得天下，卻未受重視。其實，孟子之說辭，時君聽之，往往心驚膽顫。〈梁惠王下〉云：

30　焦循：《孟子正義》（北京：中華書局，1987 年），卷 9，頁 313。

孟子謂齊宣王曰:「王之臣有託其妻子於其友而之楚
遊者,比其反也,則凍餒其妻子,則如之何?」

王曰:「棄之。」

曰:「士師不能治士,則如之何?」

王曰:「已之。」

曰:「四境之內不治,則如之何?」

王顧左右而言他。(2.6)

孟子問齊宣王,以為大臣如將其妻子託附友人然後前往楚國,
及其返齊之時,發現友人未有妥善照顧之,應當如何處理。齊
宣王以為應當與之絕交。孟子追問,如果掌管刑罰之長官不能
好好管治下屬,又應當如何處理。齊宣王以為應該將其罷免。
最後,孟子問齊王,如果一個國家管治得不好,應當如何處
理。齊宣王當然知道責任誰屬,只是招架不住,因而顧左右而
言他,扯開話題。

又,武王伐紂之事,雖為儒家以有道伐無道之美談,然終
究是以下犯上之舉,〈梁惠王下〉云:

齊宣王問曰:「湯放桀,武王伐紂,有諸?」

孟子對曰:「於傳有之。」

曰:「臣弒其君,可乎?」

曰:「賊仁者謂之『賊』,賊義者謂之『殘』。殘賊之
人謂之『一夫』。聞誅一夫紂矣,未聞弒君也。」(2.8)

齊宣王問孟子有沒有聽說商湯流放夏桀、武王討伐商紂等事情，孟子回答史籍上有如此記載。齊王問之，謂臣下弒君、以下犯上之事，是否可以。孟子指出，傷仁者謂賊，傷義者謂殘，殘賊的人我們只稱他為「一夫」。因此，孟子說只曾聽過武王誅殺「一夫紂」，而沒有聽過甚麼弒君。孟子的回答在戰國時代的社會其實非常先進。君權天授，古代君主均相信有命在天，孟子以為君主如果傷仁賊義，便不配稱作君主，而人民可以改易之。武王伐紂雖然仍是貴族革命，但孟子之勇敢大膽卻在在可見。

孟子是勇敢的人，觀其於朝廷之上，遊說諸侯而毫無懼色便可知矣。與告子滔滔不絕地辯說人性；在公都子面前直陳世衰道微；在朝廷上與梁惠王、梁襄王、齊宣王等針鋒相對。孟子的據理力爭，使其形象鮮明，如在目前。讀《孟子》，讓我們可透過文字感受他偉大的人格。在先秦諸子之中，孟子的人格是最鮮明，也是最積極入世。雖然說孔門儒家對後世影響深遠，孔子亦是至聖先師，最受後世景仰。然而，在 21 世紀的今天，孟子的精神無疑更為重要。只要我們看看為何連明太祖亦要刪節《孟子》，便知道孟子在言路漸窄的時候更為重要。能夠在權貴面前挺直腰板，高聲疾呼，任何辯論技巧也不及理直氣壯來得關鍵。只要道理在我，即使面對困難依然前行，毫不退縮。當然，孟子之勇，可以在捨生取義見之，甚至連生命也可以犧牲。然而，孟子並不鼓勵無謂的犧牲。「可以死，可以無死，死傷勇。」（8.23 節錄）在仍然有所選擇之情況下，孟

子並不鼓吹胡亂犧牲，畢竟生命只有一次。

　　孟子周遊列國，嘗至鄒、齊、宋、魯、滕、魏等諸侯國，遊說鄒穆公、齊威王、宋康王、薛君、魯平公、滕文公、梁惠王、梁襄王、齊宣王等諸侯。此中如鄒、宋、魯、滕等國，地小力弱，即使欲行王政，亦不可能及於天下。他如魏、齊，皆屬大國，惜梁惠王見孟子不久以後即死，其子襄王則「不似人君」；齊宣王則藉口極多，身邊權臣亦眾，使孟子未能施行其策。滕文公乃唯一對孟子言聽計從之君主，可是滕國狹小，能夠不為大國吞併已屬萬幸，根本沒有行王政而一天下之可能。總之，孟子每次離開諸侯的抉擇，都是認清結局後唯一的選擇。孟子並不留戀官位金錢，只要不得重用，便能決意離去，另覓理想。面對高官厚祿，孟子的抉擇，實為後世所堪借鑑。

第三節

孟子的迂闊

　　孟子生活在戰國時代，主張行王道仁政，以此救世。孟子嘗至魯、滕、梁、齊等國向諸侯遊說，希望君主能夠重用自己的想法。《史記‧孟子荀卿列傳》指出，孟子「道既通，遊事齊宣王，宣王不能用。適梁，梁惠王不果所言，則見以為迂遠而闊於事情」。司馬遷直言孟子離開齊、梁是因為當時的人以其為「迂遠而闊於事情」。「迂闊」是當時人的評價，以為孟子

行事過於堅持原則，不懂變通。其實，堅持原則與靈活變通，實在沒有絕對的標準。如果每事只求靈活，很容易便會跌入沒有原則的窠臼。孟子明白當時的諸侯大國才有施行仁政而達至王天下的可能，可是，因在齊人伐燕一事上的意見分歧，孟子終於離開齊國。本文通過《孟子》的文字，分析孟子的迂闊與孟子的原則，以見其在堅持原則與有限度變通上所拿捏的行事法則。

一、宋代的知音

宋代詩人王安石撰有《孟子》一詩，其云：

> 沉魄浮魂不可招，遺編一讀想風標。
> 何妨舉世嫌迂闊，故有斯人慰寂寥。

此詩以為孟子已逝，不可復追，但只要一讀到《孟子》，便可想見孟子的風度與品格。世上所有的人或都以為迂闊是不切實際，但還有孟子可以一慰自己的寂寥。王安石是孟子的隔代知音。宋神宗時，王安石等議定以《論》、《孟》同科取士，始置《孟子》為經，孟子正式配享孔廟。詩中「何妨舉世嫌迂闊」句，李壁箋註如下：

> 神宗嘗謂呂晦叔曰：「司馬光方直，其如迂闊何？」
> 呂曰：「孔子上聖，子路猶謂之迂，孟軻大賢，時人亦謂

> 之迂。況光豈免此名？大抵慮事深遠，則近於迂矣。願
> 陛下更察之。」[31]

李註援引了宋神宗與呂公著的對話，其中提及司馬光（號迂叟）
的迂闊、孔子的「迂」和孟子的「迂」，似乎迂闊乃是三人的共
通點。我們不在這裏深究王安石此詩的深意，而來看看孟子
的迂闊。

二、戰國時代的諸子

孟子生活在戰國時代，當時各國戰爭頻仍，以攻伐為賢，
以擴充領土為要務。黃俊傑指出，當時社會有着「急功近利風
氣的瀰漫」。[32]《史記‧孟子荀卿列傳》有載時人對孟子的評價：

> 道既通，遊事齊宣王，宣王不能用。適梁，梁惠王不
> 果所言，則見以為迂遠而闊於事情。

孟子嘗至齊國，遊說齊宣王，可惜齊宣王不重用孟子。後來，
孟子至梁國，梁惠王也沒有實行孟子的主張，以為孟子的學說
是迂曲遙遠，並且空闊不切實際。接着，《史記》道出了當時
各國重用諸子的情況：

31　《王荊文公詩箋註》，卷 46，頁 1243。此事朱熹《三朝名臣言行錄》卷 7 有
　　載錄，謂出自《溫公日錄》。

32　黃俊傑：《孟子》（台北：東大圖書公司，2006 年第 2 版），頁 12。

　　當是之時，秦用商君，富國彊兵；楚、魏用吳起，戰勝弱敵；齊威王、宣王用孫子、田忌之徒，而諸侯東面朝齊。天下方務於合從連衡，以攻伐為賢，而孟軻乃述唐、虞、三代之德，是以所如者不合。退而與萬章之徒序《詩》、《書》，述仲尼之意，作《孟子》七篇。

在孟子不受諸侯重用的同時，戰國諸侯則有其所重用的諸子，能夠協助諸侯行霸業開疆闢土者皆然。據上文，秦國（秦孝公）重用商鞅，奠定日後富強的基礎。楚國（楚悼王）、魏國（魏文侯）重用吳起，戰勝了周邊的敵國。孟子曾經兩次到齊，而齊威王、齊宣王重用孫臏、田忌這一類兵家人物，使齊國強大，使其他諸侯都東來朝拜齊國。當各諸侯國正致力於合縱連橫的攻伐謀略，將攻城野戰看作才能的時候，孟子卻言必稱堯、舜，以及夏、商、周三代的德政，與當時君主所需實不相合。因此，孟子只能回到家鄉與萬章等門人整理《詩》、《書》，闡發孔子之學說，寫成《孟子》。

　　《史記·孟子荀卿列傳》既以孟子為傳主，理應詳載其生平行誼，然孟子之生平只有上文約 173 字的記載，我們能夠據此得知的大抵只有當時其他諸子所至之國，以及哪些諸侯國先後富強。孟子作為傳主，其記載反而不多。《史記題評》引楊慎云：「〈孟子傳〉與〈伯夷傳〉書法略相似，先敍孟子，而以騶衍形之，則孔孟之不合於時者，其道從可知矣。又舉孔孟伯夷，豈有意於阿世苟合者！則騶子之見尊禮於諸侯者，其道又從而可知矣。」指出《史記》此傳的寫法與〈伯夷列傳〉相

類；楊氏復指出〈孟子傳〉此下寫騶子之受諸侯重用，則其苟
合於世可以見矣。考諸〈孟子荀卿列傳〉，先敍孟子，後以孟
子為時軸。有三騶子，第一位是騶忌，「以鼓琴干威王，因及
國政，封為成侯而受相印，先孟子」；[33] 第二位是騶衍，後於孟
子，這位騶子甚受當時諸侯歡迎，情況與孔子、孟子迥異，《史
記》云：

> 是以騶子重於齊。適梁，惠王郊迎，執賓主之禮。
> 適趙，平原君側行撇席。如燕，昭王擁彗先驅，請列弟子
> 之座而受業，築碣石宮，身親往師之。作〈主運〉。其遊
> 諸侯見尊禮如此，豈與仲尼菜色陳蔡，孟軻困於齊梁同
> 乎哉！

這裏可見騶衍在齊、梁、趙、燕，皆極受諸侯尊禮，與孟
子不遇於齊、梁截然不同。司馬遷以為騶衍實因「阿世俗苟
合」，[34] 即迎合世俗討好人主，才能得諸侯重用。反之，孟子
不得重用，除了迂闊以外，還是因為「持方枘欲內圜鑿，其能
入乎」，[35] 拿着方枘頭卻要放入圓榫眼，怎能放得進呢？司馬
貞云：「謂戰國之時，仲尼、孟軻以仁義干世主，猶方枘圜鑿
然。」[36] 當時的諸侯只希望發動戰爭，擴充領土，追求速成。

---

33 《史記》，卷 74，頁 2344。
34 《史記》，卷 74，頁 2345。
35 《史記》，卷 74，頁 2345。
36 《史記》，卷 74，頁 2346。

儒家治國之道以仁義為根本，雖屬人皆有之，但習染需時，不可急於求成，司馬貞所釋誠是。就《史記》所論，可見當時諸子多能靈活逢迎諸侯，並以發動戰爭擴大領土作為成功的指標，不計手段如何而只求達成目的。孟子則不然，故時人以之為「迂遠而闊於事情」，然而孟子之迂闊，並非一成不變，而是「可以仕則仕，可以止則止，可以久則久，可以速則速」（3.2 節錄），諫君而不可則止。孟子事君，用意皎然，「君子之事君也，務引其君以當道，志於仁而已」（12.8 節錄），諸侯如可行仁則可矣。

三、因了解而分開 ── 孟子與齊宣王

　　孟子周遊列國，嘗遊説鄒穆公、齊威王、宋康王、薛君、魯平公、滕文公、梁惠王、梁襄王、齊宣王等，所見諸侯頗多，然最終皆黯然離去，果因孟子過於迂闊嗎？當然不是，只要看看孟子為何離開齊國（齊宣王在位），便知孟子出仕救世之餘，亦有秉持原則，故只落得去齊的下場。

　　孟子適齊，前人學者討論多見，當以錢穆先生《先秦諸子繫年》以為曾先後兩次至齊（在齊威王、齊宣王時）為是。孟子嘗至多國，如鄒、宋、薛、魯、滕、梁、齊等，就其國之規模大小觀之，大抵漸次而大。滕文公之於孟子可謂言聽計從，惜乎其國「壤地褊小」（5.3 節錄），不為大國所亡已經足矣，豈得能王天下？如謂孟子迂闊，觀乎孟子所以離滕至梁、齊等大國，即可知孟子非罔顧各國形勢之客觀事實矣。

　　孟子至梁，與梁惠王可謂相逢恨晚，梁惠王亦從「叟！不遠千里而來，亦將有以利吾國乎」（1.1 節錄）之不願聽教，發展至「寡人願安承教」（1.4 節錄），態度大為轉變。可惜，後梁惠王死，孟子以為繼位的梁襄王「望之不似人君，就之而不見所畏焉」（1.6 節錄），只得離梁赴齊。

　　孟子至齊，與齊宣王多有討論，不可謂齊宣王不重用孟子。孟子多次諫君，如在著名的〈齊桓晉文之事章〉（1.7）裏，證明齊王有行王政的能力，只是不為而非不能。在（2.3）和（2.5）裏，齊宣王分別以「寡人有疾，寡人好勇」、「寡人有疾，寡人好貨」、「寡人有疾，寡人好色」以作推搪而不欲行王道仁政，而孟子皆作鼓勵，以為如能與百姓同之，則可以行仁政以至於王天下。有時候，孟子的銳利辭鋒，步步進逼，甚至使齊宣王啞口無言（2.6）。但這些都不是孟子最後去齊的原因。

　　孟子離齊，主要在於王道仁政裏的反戰精神，這是原則底線不能變，稱之為「迂闊」，只是因為當時諸子旨在逢迎君主，將底線設得太低，且更隨時遷移。戰國時代，各國「爭地以戰，殺人盈野；爭城以戰，殺人盈城」，發動戰爭，殺人如麻，孟子以為這是「率土地而食人肉，罪不容於死」。因此，冉有雖為孔門高弟，但為季氏宰卻不能改變季氏之不行仁政，孔子以為可以攻之。鼓勵發動戰爭的人，最應該受到重罰（7.14）。顯而易見，孟子反對兼併戰爭，反對逢君之惡發動戰爭的人。

　　戰國諸子，每以合縱連橫遊說諸侯，以為可使之成為強國。孟子與蘇秦、張儀等縱橫家時代相若，雖無指名道姓，但對於這一類人物，〈告子下〉有載之：

　　孟子曰：「今之事君者皆曰：『我能為君闢土地，充府庫。』今之所謂良臣，古之所謂民賊也。君不鄉道，不志於仁，而求富之，是富桀也。『我能為君約與國，戰必克。』今之所謂良臣，古之所謂民賊也。君不鄉道，不志於仁，而求為之強戰，是輔桀也。由今之道，無變今之俗，雖與之天下，不能一朝居也。」(12.9)

這一類人服事君主的時候會說：「我能夠替君主開拓疆土，充實府庫。」這在今天會視之為好臣子，在古代則會被視為賊害百姓。君主不嚮往道德，無意於仁，卻想替他勉強作戰，此舉等同幫助夏桀。用這樣的方法治國，並不能移風易俗，即使予以全天下，亦不能好好管治。此可見孟子之深惡「今之事君者」。又，孟子指出「春秋無義戰」(14.2)，較諸春秋時代而言，戰國時代之戰爭規模更大，死傷更多，更無春秋時代所謂的尊王攘夷，自是更為不義。瀧川資言云：「孟子最惡戰，其言曰：『今之事君者曰：我能為君約與國，戰必克，今之所謂良臣，古之所謂民賊也。又曰：不教民而用之，謂之殃民。殃民者不容於堯舜之世。又曰：不仁哉梁惠王也，以土地之故，糜爛其民而戰之。又曰：君不行仁政，而為之強戰，爭地以戰，殺人盈野，爭城以戰，殺人盈城，是所謂率土地而食人肉，罪不容於死，故善戰者服上刑。』其惡攻伐如此，宜矣所如者不合。」[37]

37　瀧川資言：《史記會註考證》(北京：文學古籍出版社，1955 年)，卷 74，頁 4，總頁 3598。

瀧川氏援引多章《孟子》，以證孟子「惡攻伐」。

　　臣下好戰，君主亦好戰，孟子同樣直斥其非。梁襄王是梁惠王的兒子，在惠王後繼位。梁襄王曾經問孟子，天下怎樣才能安定。孟子以為天下歸一了，自然就會安定。梁襄王追問，誰能統一天下呢？孟子以為只有「不嗜殺人者能一之」。誰人可以不嗜殺人而又統一天下呢？這對戰國諸侯而言，可謂當頭棒喝。戰國諸侯希望擴充領土，用的就是發動戰爭，結果只是生靈塗炭，民不聊生。孟子以為行王道仁政，「天下之民皆引領而望之矣。誠如是也，民歸之，由水之就下，沛然誰能禦之」（1.6 節錄）。說的是仁者無敵的道理！

　　齊國乃孟子施行政治抱負，行王道仁政的最佳選擇。然而，齊宣王與孟子的分歧，正正在於對戰爭的態度，也是孟子最堅持而不能逾越的底線。燕王噲五年（前 316 年），噲聽從蘇代之言，使宰相子之專權，更因鹿毛壽之言而將君位禪讓子之。此後，到了燕王噲七年（前 314 年），太子平與將軍市被背叛起兵，燕國大亂。這時候，齊宣王發兵，攻燕國，燕王噲被殺，子之逃亡。或謂孟子鼓勵齊宣王伐燕，其實不然。孟子嘗言「取之而燕民悅，則取之」，「取之而燕民不悅，則勿取」，燕國人民所以歡迎齊師到來，乃希望齊國能夠革新燕國的統治（2.10）。只有「天吏」、「士師」可以伐之，如果只是以暴易暴，肆意發動戰爭，那不過是「以燕伐燕」，非王師所當為（4.8）。齊人伐燕，後礙於三晉、楚、秦等諸侯反對之聲，又有燕人叛亂的狀況下，只得撤軍。董洪利云：「其實孟子也並不是反對一切戰爭。他對於弔民伐罪的戰爭、順乎民心的戰爭是贊成

的。」[38] 孟子反對兼併戰爭，欲以行王道仁政；齊宣王好戰，所愛好的只是如何霸天下。對戰爭的態度，乃孟子離齊的導火線。

〈公孫丑下〉連續五章節皆言孟子去齊之事，其中 4.11 至 4.14 均以「孟子去齊」起句，蓋編者有意為之，並置於此。數段文字的大意，前文已述，不復贅言。

就《孟子》書裏所載孟子與齊宣王的對話，以及孟子去齊等數章，可見孟子離開齊國，乃因其堅持王道仁政反戰的原則。孟子的堅持，《史記》稱之為「迂闊」；然而，這種迂闊亦正是孟子光輝偉大人格之所在。戰國諸子，逢君之惡，隨波逐流，雖成就於當時，唯有孟子的迂闊才是不朽，才是人類普世價值的反映。

四、枉尺直尋與堅持原則

孟子是一個有原則的人。孔孟儒家的目的是拯救當時禮崩樂壞的社會，恢復社會秩序，目標遠大，但不容易成功。生活在戰國時代，諸子如欲時君採用己說，必先覲見諸侯，才有成功的機會。孟子亦不例外。

陳代曰：「不見諸侯，宜若小然；今一見之，大則以王，小則以霸。且《志》曰：『枉尺而直尋。』宜若可為也。」

38　董洪利：《孟子研究》（南京：江蘇古籍出版社，1997 年），頁 64。

　　孟子曰：「昔齊景公田，招虞人以旌，不至，將殺之。志士不忘在溝壑，勇士不忘喪其元。孔子奚取焉？取非其招不往也。如不待其招而往，何哉？且夫枉尺而直尋者，以利言也。如以利，則枉尋直尺而利，亦可為與？昔者趙簡子使王良與嬖奚乘，終日而不獲一禽。嬖奚反命曰：『天下之賤工也。』或以告王良。良曰：『請復之。』強而後可，一朝而獲十禽。嬖奚反命曰：『天下之良工也。』簡子曰：『我使掌與女乘。』謂王良。良不可，曰：『吾為之範我馳驅，終日不獲一；為之詭遇，一朝而獲十。《詩》云：「不失其馳，舍矢如破。」我不貫與小人乘，請辭。』御者且羞與射者比；比而得禽獸，雖若丘陵，弗為也。如枉道而從彼，何也？且子過矣：枉己者，未有能直人者也。」（6.1）

　　陳代也是孟子的學生，有一次，他向孟子提出了這樣的一個問題。陳代以為老師不願意去謁見諸侯，好像是在顧慮一些小問題。如果謁見諸侯，大則可以稱王，小則可以稱霸。只是稍為改變一下原則，有何不可呢？陳代謂「枉尺直尋」，謁見諸侯並無問題。趙岐註：「枉尺直尋，欲使孟子屈己信道，故言宜若可為也。」尋是八尺，陳代指出只要屈曲一尺，伸直了就有八尺，大概以為孟子可以「屈己信道」。前文看到孟子周遊列國而最後離齊，可知孟子並非一成不變，只是權變亦要有原則，否則只是隨波逐流，人云亦云。此下孟子回答陳代，所重在於

兩點。第一是非其招不往，第二是不能枉尺直尋。從前，齊景公用旌旗來召喚獵場的管理人員，結果管理人員不到，齊景公便要殺他。其實，不合禮的召喚便不用接受，非常合理。接着，孟子援引車夫王良與嬖奚驅車打獵作為例子，說明枉尺直尋的不可。王良按照正途駕車，一整天打不到一隻禽獸，嬖奚便向趙簡子投訴，以為王良是天下最拙劣的駕車人。及後，王良再次為嬖奚駕車，不按規範要求而駕車奔跑，結果一天早上已經打了十隻禽獸。然後，王良便向趙簡子請辭，說自己不習慣為小人駕車，這裏說的小人便是嬖奚。孟子指出，駕車的人尚且以與拙劣的射手合作為恥辱，自己不可能去做一些損害道義而干求利益的事情。屈曲以事奉於德有損的君主，並不可能。

行王道仁政以救世，固然是孟子人性論的終極目標。迁闊在於孟子能堅持原則，即使希望得到諸侯重用，但亦不可逢君之惡、阿諛奉承。齊宣王不聽納孟子之言，孟子亦不勉強留齊，離開是理性的選擇。在堅持原則之餘，孟子亦有留下權變的空間：

　　　　孟子曰：「魚，我所欲也，熊掌亦我所欲也；二者不可得兼，捨魚而取熊掌者也。生亦我所欲也，義亦我所欲也；二者不可得兼，捨生而取義者也。（11.10 節錄）

　　　　孟子曰：「可以取，可以無取，取傷廉；可以與，可以無與，與傷惠；可以死，可以無死，死傷勇。」（8.23）

這裏有兩段文字，第一段說的是魚與熊掌，捨生取義；第二段說的是在有選擇的情況下不必過勇而死。讓我們來細看。在魚與熊掌裏，如果魚是我所喜歡的，熊掌也是我喜歡的，但二者不可同時得到，我們便會捨棄魚而選擇熊掌。孟子進而推衍到生命與道義的問題上。生命是我所要的，道義也是我所要的，但是還有比生命更希望想得到的東西，所以我不會做苟且偷生的事。捨生取義，大義凜然，只是最後無可選擇下的唯一抉擇。孟子的迂闊，來到這裏便需要變通，畢竟生命只有一次，犧牲了如何可以救世呢？生死之事，自是沉重非常。孔孟儒家強調的是人生在世時候的努力，重人精神莫過於此。孟子說，可取可不取，取了而有損廉潔，選擇不取；可給可不給，給了而有損恩惠，選擇不給；可死可不死，死了便是於勇有損，選擇不死。焦循說：「若可以死，可以無死，則忠臣烈士豈不以必死為勇乎？而不知其傷惠，傷勇，正與傷廉者同。傷廉不得名為廉也，傷惠、傷勇不得名為惠、名為勇也。」[39] 生命只有一次，胡亂犧牲，並不是真正的大勇，只是莽夫之舉而已。結合捨生取義一段，我們可以知道，死是最後的選擇，但當仍然有選擇的時候，便應該選擇死亡以外的選項。人生漫漫長路，只要一息尚存，選擇自必還多。孟子的迂闊，在堅守原則的底線以外，仍要適時權變，不作無謂的犧牲。

39　《孟子正義》，載《十三經註疏（整理本）》，卷 17，頁 579。

五、迂闊的時代意義

迂闊看似帶點負面，其實是堅持原則的反映。孔門儒家強調學而優則仕，孟子以孔子為偶像，「則慕仲尼，周流憂世，遂以儒道遊於諸侯，思濟斯民。然由不肯枉尺直尋，時君咸謂之迂闊於事，終莫能聽納其說」[40]。孟子如能降低仕君之標準，枉尺直尋，諸侯得重用之。然而，當時君主大多好戰，以擴充領土為務，視推行霸政之臣子為賢臣。孟子因迂闊而諸侯不納其說，正是其與孔子仕君之道契合之處。《論語·先進》載孔子云：「大臣者，以道事君，不可則止。」上文分析孟子去齊，乃因與齊宣王因了解而分開。其實，孟子在齊出仕，不必離開，惟君主已不聽納己說，而強留於齊，則是干祿而不傳道救世矣。

靈活變通與沒有原則，實乃一事之兩面。當時諸子遊說諸侯，只逢君之好，不分善惡，《史記·孟子荀卿列傳》言之詳矣。較諸沒有原則，或者原則隨時更改的說客而言，孟子只能獲得迂闊之名。其實，孟子的原則也會有限度的修訂，因為原則有大範圍的原則，也有底線不可動搖的原則。在孟子與淳于髡「男女授受不親」（7.17）的討論裏，在孟子與公都子「庸敬在兄，斯須之敬在鄉人」（11.5）的討論裏，我們可見遇上特定事件，原則也要變通，有些原則的重要性可能凌駕在原有的原則之上。又，儒家特別強調重人精神，人是一切的根本，因此

40　《孟子正義》，載《十三經註疏（整理本）》，卷 1，孟子題辭，頁 10。

孟子雖有捨生取義的主張，但絕對不鼓勵胡亂犧牲生命。孟子的迂闊，乃在於其變通仍有原則、有底線，而非隨時遷移、見風使舵。

王安石說「何妨舉世嫌迂闊」，人生在世，為人行事當有原則，舉世嫌其迂闊之人，蓋亦為人所景仰之一代偉人矣。孟子的迂闊，正可為今天紛擾的世界提供一點點行事的準則。

第四章

孔孟之道新詮

　　在四部典籍裏，「經」是甚麼，前人學者眾說紛紜。漢人鄭玄《孝經註》云：「經者，不易之稱。」南朝梁人劉勰《文心雕龍・宗經》云：「經也者，恆久之至道，不刊之鴻教也。」大抵「經」便是恆常不易的大道理。《論語》、《孟子》都是經典。在科舉制度盛行的年代，成為經典，代表了這些典籍都用來考試。用來考試的典籍，重要是重要了，卻有點大煞風景。《論語》、《孟子》都是語錄體典籍，篇幅不長，蘊含着無窮的意義。到了今天，沒有科舉制度，但《論語》、《孟子》的經典意義，並不曾消退。

　　香港中小學中國語文學習分成四個階段，即初小（小一至小三）、高小（小四至小六）、初中（中一至中三）、高中（中四至中六），涵蓋中小學 12 年的學習歷程。

　　在香港中小學 12 年的 4 個學習階段裏，初小課程的文言經典建議篇章有 20 篇，高小有 20 篇，初中有 25 篇，高中有 20 篇，合共 85 篇。內裏涉及傳統儒家文化，旨在提升學生文化修養的篇章，出自儒家經典者，如〈孟母戒子〉、〈《論語》四

則〉、〈二子學弈〉、〈論四端〉、〈大同與小康〉、〈論仁、論孝、論君子〉、〈魚我所欲也〉、〈勸學（節錄）〉、〈《大學》（節錄）〉等。[1] 此中〈孟母戒子〉節選自《韓詩外傳》卷九，屬初小課程。《《論語》四則〉；〈二子學弈〉節選自《孟子・告子上》，屬高小課程。〈論四端〉節選自《孟子・公孫丑上》；〈大同與小康〉節選自《禮記・禮運》，屬初中課程。〈論仁、論孝、論君子〉節選自《論語》；〈魚我所欲也〉節選自《孟子・告子上》；〈勸學（節錄）〉節錄自《荀子・勸學》；〈大學（節錄）〉節錄自《禮記・大學》，皆屬高中課程。顯而易見，上述 9 篇，屬初小課程者 1 篇，屬高小課程者 2 篇，屬初中課程者 2 篇，屬高中課程者 4 篇，循序漸進，由少及多。香港的中國語文課程至今仍然包括儒家經典，便是這些作品的經典意義。

　　經典的典籍，詮釋者眾多。不同的註解多了，自必會出現歧異。例如《論語》裏「廄焚子退朝曰傷人乎不問馬」一章，出於不同的斷句方式，解釋可以完全不同，以下是這一章的三種斷句：

　　廄焚，子退朝，曰：「傷人乎？」不問馬。

　　1. 何晏引鄭玄曰：「重人賤畜。退朝，自君之朝來歸。」邢昺云：「此明孔子重人賤畜也。」

1　部分篇章的標題出於香港教育局的編撰。

2. 程樹德《論語集釋》引李冶《論語刊誤》云：「本以不問馬惟問人，弟子慕聖人推心，足以垂範。且『傷人乎』即是問之之辭。」

3. 錢穆《論語新解》之白話翻譯云：「孔子家裏的馬房被燒了，孔子退朝回來，知道了此事急問『傷人了嗎』，但沒有問到馬。」

按照這一種斷句的理解，孔子只是問了人命的情況，完全沒有關心到馬匹。鄭玄直接指出這正是重人賤畜的表現。雖然是馬房火災，但孔子以為人命關天，所以只是問了人命有否傷亡。重人精神，莫過於此。

廄焚，子退朝，曰：「傷人乎？」不，問馬。

1. 揚雄《太僕箴》有「廄焚問人，仲尼深醜」句。

2. 程樹德《論語集釋》引《資暇錄》云：「今有謂韓文公讀『不』為『否』。云聖人豈仁於人，不仁於馬。故貴人所以先問，賤畜所以後問。」又云：「夫子問傷人乎，乃對曰否。既不傷人，然後問馬。」

3. 陸德明註「曰傷人乎」句云：「絕句。一讀至『不』字絕句。」

這種斷句裏的孔子，便已關心到馬匹了。西漢揚雄〈太僕箴〉的兩句是典範，馬房火災只是問人的傷亡，孔子醜之，這就代

表孔子是有關心馬匹的。有趣的是《資暇錄》裏許多近乎猜想的推測。《資暇錄》的作者是唐人李匡文（字濟翁），[2]他以為孔子不可能不仁於馬，故必然有問馬。先問了人，知其無礙，然後便問馬，次序井然。值得注意的是，仁說的是人與人的關係，觀其字「從人從二」可知。孟子也說「今恩足以及禽獸」，而不是仁。故此「不仁於馬」這句話是於理不合的。無論如何，這種斷句裏的孔子能夠關心動物。

廄焚，子退朝，曰：「傷人乎不？」問馬。

1. 陸德明註「曰傷人乎」句云：「絕句。一讀至『不』字絕句。」

2. 李濟翁《資暇錄》：「今有謂韓文公讀『不』為『否』，云聖人豈仁於人，不仁於馬。故貴人所以先問，賤畜所以後問。然『乎』字下豈更有助詞。考陸氏《釋文》已云：『一讀至「不」字句絕』，則知以不為否，其來尚矣。若以不為否，則宜至『乎』字句絕，不字自為一句。何者？夫子問傷人乎，乃對曰否。既不傷人，然後問馬，又別為一讀。豈不愈於陸氏云乎？」

3. 以「不」為「否」。

2　李匡文姓名的異文眾多，包括了李匡乂、李匡義、李匡義、李康乂、李正文、李文正、李文、李乂等八種。

第三種斷句方式跟第二種差不多，不過從敍事方式來說，有些微差異。「不」字讀作「否」，上屬。「問馬」成為了敍事者從旁觀察的結果。這裏的孔子同樣是先人後馬，問了人有沒有受傷，然後才及於馬匹。

上舉一例，孔子有否愛人及馬，居然成為了訓釋差異所在。孔子是聖人，他的形象很重要，能夠愛人又愛馬，這樣的孔子自然比起仁德只及於人的孔子為佳。我們或許心有疑問，這重要嗎？孔子有責任要問馬嗎？如果不問馬，會影響孔子的偉大嗎？詮釋的權力落到後世學者身上，孔子如何想已經不是首要的考慮。因此，我們可以新詮孔孟之道，呈現孔孟學說於後世，便是不愧古人。新詮不限於個別字詞、章節等的解說，還包括了在詮釋孔孟思想的時候，加入了現代人的考慮。此等考慮，正是能夠活化孔孟思想的關鍵。

第一節
何者可以為仁？——巧言令色與剛毅木訥

仁是孔門儒家思想體系之核心。仁之具體意義為何，前人學者所論甚多，勝義屢見。馮友蘭《中國哲學史》云：「《論語》中言仁處甚多，總而言之，仁者，即人之性情之真的及合禮的流露，而即本同情心以推己及人者也。」清人阮元〈論語論仁篇〉論之甚詳，可供參考。阮氏云：

　　　元窩謂詮解「仁」字，不必煩稱遠引，但舉《曾子‧制言篇》：「人之相與也，譬如舟車，然相濟達也，人非人不濟，馬非馬不走，水非水不流」。及《中庸篇》：「仁者，人也」，鄭康成《註》：「讀如相人偶之人」。數語足以明之矣。

據阮氏所言，大抵仁當並為，故儒家主張積極入世，不可離羣獨居。《論語》全書援引「仁」字 109 次。[3] 孔子很少將「仁」的稱號嘉許某人，究之全書，只有七個人得到了「仁人」的雅號，分別是顏淵、管仲、伯夷、叔齊、箕子、微子、王子比干。《論語》裏討論到仁的章節很多，其中包括了以下兩條：

　　　子曰：「巧言令色，鮮矣仁！」（1.3，17.17）

　　　子曰：「剛、毅、木、訥近仁。」（13.27）

前者謂「鮮矣仁」，後者謂「近仁」。一曰「鮮」，一曰「近」，則何者可以為仁，何者不可，實可作深入討論。此下即分就兩章《論語》細加分析，以見其中端倪。

3　楊伯峻：〈試論孔子〉，見《論語譯註》（香港，中華書局，1984 年），頁 16。楊伯峻《論語詞典》亦言《論語》引「仁」109 次，安作璋《論語辭典》亦載《論語》引「仁」109 次。（安作璋：《論語辭典》，上海，上海古籍出版社，2004 年，頁 62。）利用香港中文大學中國文化研究所劉殿爵中國古籍研究中心《漢達文庫》進行電子檢索，檢得《論語》「仁」字 106 次。

一、巧言令色，鮮矣仁

首先是「巧言令色，鮮矣仁」。中國古代諸子多以為人當慎言，其中尤以儒家為甚。「巧言令色」句，朱熹註：「巧，好。令，善也。好其言，善其色，致飾於外，務以悅人。」[4] 可知「巧言」即滿口討人歡喜之說話。在《論語》裏又有「佞」字，可復與「巧言令色」相參看。具列相關章節如下：

　　或曰：「雍也仁而不佞。」子曰：「焉用佞？禦人以口給，屢憎於人。不知其仁，焉用佞？」（5.5）

　　子路使子羔為費宰。子曰：「賊夫人之子。」子路曰：「有民人焉，有社稷焉。何必讀書，然後為學？」子曰：「是故惡夫佞者。」（11.25）

　　微生畝謂孔子曰：「丘何為是栖栖者與？無乃為佞乎？」孔子曰：「非敢為佞也，疾固也。」（14.32）

　　顏淵問為邦。子曰：「行夏之時，乘殷之輅，服周之冕，樂則〈韶〉〈舞〉。放鄭聲，遠佞人。鄭聲淫，佞人殆。」（15.11）

　　孔子曰：「益者三友，損者三友。友直，友諒，友多聞，益矣。友便辟，友善柔，友便佞，損矣。」（16.4）

4　《四書章句集註》，論語集註卷 1，頁 48。

《論語》中，「佞」字出現 10 次，乃指有口才，能言善辯。[5] 在此等章節裏，孔子對於口有辯才多不稱許。例如〈公冶長〉謂冉雍有仁德而沒有口才，孔子直言口才並不重要 (5.5)。又如〈先進〉載子路使高柴擔任費宰，孔子不以為然，以為子路此舉是害了人家的兒子；子路復加申辯，孔子止之，謂其不欲與強嘴利舌的人爭論 (11.25)。又〈憲問〉載微生畝以為孔子乃佞者，孔子表明自己討厭逞口才的人 (14.32)。又〈衛靈公〉孔子言為邦之道，以為當斥退卑諂辯給之人 (15.11)。[6] 又〈季氏〉載有害的朋友三種，其一便是誇誇其談者。準此而論，利口善辯者當為孔門儒家所不屑。至於「令色」者，蓋指面孔裝得好看，討人歡喜，卻是偽善 (16.4)。《論語・顏淵》說：「夫聞也者，色取仁而行違，居之不疑。」(12.20) 指出追求名譽著聞之徒，只是在面上裝點，既無質直之姿，又無好義之心，只追求外表為仁而已。

　　孔子以為巧言令色的人是「鮮矣仁」，楊伯峻將此三字譯作「仁德是不會多的」。[7] 錢穆《論語新解》云：「鮮，少義，難得義。」潘重規《論語今註》註謂「鮮矣仁，是說難得有仁了」。比較三家註解，錢穆與潘重規所言較為合理。這章《論語》應該解作「巧言令色之人，難得有仁」；謂「難得」者，即表明即

5　《論語辭典》，頁 163-164。

6　此「佞人」者，後世註家多引申之為小人。朱熹註：「佞人，卑諂辯給之人。」（《四書章句集註》，論語集註卷 8，頁 164。）楊伯峻《譯註》、潘重規《今註》皆以為佞人即小人。（《論語譯註》，第 164 頁；潘重規：《論語今註》，台北，里仁書局，2000 年，頁 339。）

7　《論語譯註》，頁 3。

使是多言、追求外表的人，也有可能為仁，只是機率不高而已。皇侃之解説最為通達，其云：「巧言令色之人，非都無仁，政是性不能全，故云少也。」[8] 劉殿爵英譯本《論語》翻譯 The Master said, "It is rare, indeed, for a man with cunning words and an ingrate countenance to be benevolent."[9] 指出巧言令色之徒能為仁者為「稀有 (rare)」，其説是也。

　　《大戴禮記》有與「巧言令色，鮮矣仁」相近之文，其〈曾子立事〉云：「巧言令色，能小行而篤，難於仁矣。」[10] 此與《論語》所言相仿，皆以為此等人難於為仁，卻無絕之之意。其云「難於仁」者，正是《論語》此章「鮮矣仁」之最佳註腳。難以成功，卻沒有抹殺其成功的可能。顧炎武《日知錄》云：「天下不仁之人有二：一為好犯上、好作亂之人，一為巧言令色之人。」錢遜説：「這是從否定的方面來説明甚麼是仁。」[11] 以為「巧言令色」乃是不仁之人，或「巧言令色」便不可為仁，此等解説皆屬可商而不可盡信。

8　《論語義疏》，卷 1，頁 7。

9　D. C. Lau (Trans.), *The Analects*. Hong Kong: The Chinese University Press, 1992. p.3.

10　方向東：《大戴禮記匯校集解》（北京，中華書局，2008 年），卷 4，頁 450。孔廣森註：「篤難，甚難也。」（孔廣森：《大戴禮記補註》，上海，商務印書館，1939 年，卷 4，第 47 頁。）知其以「篤難」為詞，以「篤難於仁矣」為句。俞樾以為「『篤難』二字甚為不辭」（俞樾：《羣經平議》，上海，上海古籍出版社據清光緒二十五年刻春在堂全書本影印，1995 年，卷 17，頁 17b），孫詒讓亦以為當以「篤」字絕句（孫詒讓：《大戴禮記斠補》，台北，文史哲出版社，1988 年，卷中，頁 201-202。）

11　錢遜：《論語讀本》（北京，中華書局，2007 年），頁 5。

　　在儒家文獻裏，還可以看到對於少說話之評價。《論語·里仁》：「君子欲訥於言而敏於行。」(4.24)又〈顏淵〉載司馬牛問仁，孔子以為仁者「其言也訒」(12.4)。《說文解字·言部》：「訒，頓也。」戴望《論語註》云：「訒，頓也。訥於言者，其辭必頓。」「仁者為仁，重難之，不欲徑其辭說。」大抵仁者說話當比較遲緩，此因仁者希望言行合一，不要胡言亂語，即慎言之意，故多有停頓。慎言是為仁的條件之一，反之而論，多言便成為「鮮矣仁」之關鍵矣。

　　其實，巧言令色只是「鮮矣仁」，不一定不能為仁，孔門弟子裏也不缺能言善辯的人物。在孔門四科裏的言語科，便有宰予、子貢二人。在《論語》裏，二人的形象都是口才出眾的。皇侃引范寧云：「言語，謂賓主相對之辭也。」[12]孟子以為二人「善為說辭」(《孟子·公孫丑上》3.2)。先說宰予。《論語》載宰予二事，一為〈陽貨〉載其與孔子討論三年之喪，而孔子評宰予為不仁；二為〈公冶長〉晝寢之事，孔子乃以宰予為「朽木不可雕」。就兩章所見，宰予口才出眾，據理力爭，即孔子亦不能與之匹敵。孔子雖然對宰予批評頗多，然觀其仕魯與齊，皆可見其「重振朝綱的政治理想，亦即孔子所說『君君臣臣』的意思」。[13]孟子以為宰予更是「智足以知聖人」(《孟子·公孫丑上》3.2)，對其推崇備至。

12　《論語義疏》，卷 6，頁 267。

13　蔡仁厚：《孔門弟子志行考述》(台北，台灣商務印書館，2007 年第 2 版)，頁 76。

　　至於子貢，《史記‧仲尼弟子列傳》謂「子貢利口巧辭，孔子常黜其辯」。又田常伐魯，子路、子張、子石分別請行，孔子皆不許，唯子貢請行，孔子許之。結果，「子貢一出，存魯，亂齊，破吳，彊晉而霸越。子貢一使，使勢相破，十年之中，五國各有變」。[14]《史記》詳載子貢說辭，可見其「利口巧辭」，實為孔門第一。對於子貢，孔子亦有教訓和斥責，但更多的是循循善誘，使之受學不倦。觀乎《論語》一書，孔子推崇管仲助齊桓公，一匡天下，不費兵車之力，以為「民至今受其賜」（14.17）。可知孔門儒家始終強調「學而優則仕」（19.13），故宰予、子貢能夠取得事功，在仕途上取得成就，自應為孔子所認同。準此，言語科的多言學生，也不是不可以為仁。

　　孔子只是不喜歡胡言亂語，然而在適當的時候說適當的話，孔子絕不反對。李零以為孔子只喜歡德行科呆頭呆腦的學生，[15] 其實未必如是。《論語‧憲問》所載一章，最可參看：

　　　　子問公叔文子於公明賈曰：「信乎，夫子不言，不笑，不取乎？」公明賈對曰：「以告者過也。夫子時然後言，人不厭其言；樂然後笑，人不厭其笑；義然後取，人不厭其取。」子曰：「其然？豈其然乎？」（14.13）

14　《史記》，卷 67，頁 2201。
15　《喪家狗：我讀〈論語〉》，頁 246。

公叔文子乃衛國大夫。孔子向公明賈問到公叔文子的為人，公明賈指出公叔文子到了應說話的時候才說話，所以別人不會厭惡他的話。倘若再結合「非禮勿言」（《論語・顏淵》12.1）句，可知在適當時候說適當的話當是孔門儒家的要求。總之，適當的說話並不妨礙人們對仁德的追求。

二、剛、毅、木、訥近仁

接下來看「剛、毅、木、訥近仁」。剛是剛強，毅是果決，木是質樸，訥是言語不輕易出口；亦可將四者合而為二，即剛毅與木訥，其釋義亦相近。四種品德近於仁德。錢穆云：「孔子又曰：『巧言令色鮮矣仁。』剛毅者決不有令色，木訥者決不有巧言。兩章相發。」[16] 剛毅者沒有令色，木訥者沒有巧言，但他們也只是「近仁」，而非已經是仁。劉殿爵英譯本翻譯為 The Master said, "Unbending strength, resoluteness, simplicity and slowness of speech are close to benevolence."[17] 可見四字只是接近仁而已。《後漢書・吳漢傳論》引《論語》此章，李賢註：「《論語》文。剛毅謂彊而能斷。木，樸慤貌。訥，忍於言也。四者皆仁之質，若加文，則成仁矣，故言近仁。」此中提及剛、毅、木、訥為仁之本質，倘能文以禮樂，則可成仁矣。

16　《論語新解》，頁 482。

17　D. C. Lau (Trans.), *The Analects*. Hong Kong: The Chinese University Press, 1992. p.131.

又邢昺云：「此章言有此四者之性行，近於仁道也。仁者靜，剛無欲亦靜，故剛近仁也。仁者必有勇，毅者果敢，故毅近仁也。仁者不尚華飾，木者質樸，故木近仁也。仁者其言也訒，訥者遲鈍，故訥近仁也。」[18] 據邢疏所言，剛、毅、木、訥四者皆近於仁道，卻未是仁。準此，「近仁」者尚未臻仁也，必加以文飾（禮樂）方可。

孔門論仁，以為仁當並為，故孔門儒家之道積極入世，反對隱居獨行。《禮記・中庸》「仁者，人也」，鄭玄註：「人也，讀如相人偶之人。以人意相存問之言。」以為仁乃人與人之間的關係，二人而仁乃見。許慎《說文解字・人部》云：「親也。從人從二。」段玉裁《說文解字註》云：

〈見部〉曰：「親者，密至也。從人二。會意。」〈中庸〉曰：「仁者，人也。」註：「人也。讀如相人偶之人，以人意相存問之言。」〈大射儀〉：「揖以耦。」註：「言以者，耦之事成於此，意相人耦也。」〈聘禮〉：「每曲揖。」註：「以相人耦為敬也。」〈公食大夫禮〉：「賓入三揖。」註：「相人耦。」《詩・匪風》箋云：「人偶能烹魚者」、「人偶能輔周道治民者」，《正義》曰：「人偶者，謂以人意尊偶之也。《論語》註：『人偶，同位人偶之辭』，《禮》註云：『人偶，相與為禮，儀皆同也』。」按人耦猶言爾我親密之詞，獨則無耦，耦親，故其字從人二。

18　《論語註疏》，載《十三經註疏（整理本）》，卷 13，頁 205。

段氏遍引經書及其註解，以為「獨則無耦，耦則相親」，足證仁乃強調人與人之關係，其言極是。因此，孔門儒家並不能離開人羣，遺世獨立。面對隱士的質難，孔子只能表示慨歎。在與隱士長沮、桀溺的對話裏，孔子說：「鳥獸不可與同羣，吾非斯人之徒與而誰與？天下有道，丘不與易也。」(18.6) 隱士遁跡山林，離開人世而與鳥獸為伍；孔子以為自己與之不同。況且，如果天下政治清明，孔子也就不用改變世道。此非孔子汲汲為之，而是世之無道，逼不得已。隱居避世，自不能相人偶，即「獨則無耦」是也。因此，剛、毅、木、訥只是「近仁」而非仁。仁者不能只是追求自守，更要入於人羣之中，於二人而仁乃見。

在孔門弟子裏，剛、毅、木、訥者有之。剛毅者，子路蓋為代表人物。《論語·先進》載子路「行行如也」(11.13)，即指其剛強之模樣。毅為果決，子路亦為果敢而又具決斷力者。《論語》嘗載季康子問孔子，謂可否使子路為政，孔子回答說：「由也果，於從政乎何有？」(6.8) 以為子路個性果敢決斷，為政沒有困難。可是，孟武伯嘗問子路於孔子，以子路為仁，惟孔子謂子路能管理千乘之國，「可使治其賦也，不知其仁也。」(5.8) 未有以「仁」許之子路。至若木訥者，則可視仲弓為代表人物。曾經有人問孔子，以為仲弓口才不佳，孔子答之云：「焉用佞？禦人以口給，屢憎於人。不知其仁，焉用佞？」(5.5) 雖然孔子沒有回答仲弓是否仁德，但以為不應該用口才以品評人物。大抵木訥者如仲弓已經近仁，惜孔子仍不輕易許之為仁。準此，即使是剛毅之子路，木訥之仲弓，孔子仍未許之為仁也。

三、為仁的難度

　　總上所論，巧言令色與剛毅木訥者同樣未可許之為仁。巧言令色可能是為仁的阻礙，但不見得一定不可為仁。剛毅木訥者只是「近仁」，卻尚未「加文」而使之為仁。在《論語》一書，孔子嘗稱許七人為仁，包括「殷有三仁」的微子、箕子、比干（18.1）；餓死於首陽山，義不食周粟，求仁得仁的伯夷、叔齊（7.15）；輔助齊桓公一匡天下，不以兵車之力，民至今受其賜的管仲（14.16，14.17）；以及安貧樂道，其心三月不違仁的顏淵（6.7）。在七人裏，只有顏淵是孔門弟子，他皆古人。孔子說：「回也，其心三月不違仁，其餘則日月至焉而已矣。」（6.7）孔子指出顏淵可以做到其心三個月而不離開仁德，其他學生則只是短時期或偶然有至於仁德。朱熹云：「三月，言其久。」[19] 大抵孔門之中只有顏淵可以長久地不離開仁德。孔門弟子眾多，唯顏淵可得仁人之名，此可見為仁之難也。《漢書》尊崇儒家之道，其中〈古今人表〉將古人分列九等，第一等為上上聖人，第二等為上中仁人，第三等為上下智人，其排列序次，悉據《論語》。至其排列孔門四科，德行科在上中仁人之列，言語、政事、文學等三科則次上下智人之中。班固將德行科悉列於仁人之列，自是尊崇孔門儒家之筆，惟考之《論語》全書，結合孔子只曾對顏淵許之以仁，則班氏所論，似屬可商矣。詳見上文討論，此不贅述。孔子之言「鮮矣仁」、「近仁」，而未有輕易許人以仁，此可見仁之難為矣。

19　《四書章句集註》，論語集註卷3，頁86。

第二節

孟子的反權貴特質 ── 五四運動打孔不打孟

　　五四運動，乃是對舊文化傳統的反思，以及推動新文化的一場運動。儒家文化作為傳統文化的代表，無可避免地受到衝擊。孔子一直是儒家文化的中心。然而，儒家文化自孔子以後，歷盡變遷，隨着時間的流動，儒家的重點一直有所增刪，不盡相同。孔子成了儒家的代名詞，更成為傳統文化的典型人物。因此，要衝擊傳統文化，必先從孔子入手，打孔家店因此成為了五四運動的重點之一。

　　自孔子以後，孟子以孔子為偶像，承儒家道統擴充其學說，及後以孟子為亞聖。孔子、孟子雖同屬儒家，然同中有異，後世統治者並不皆以為然。孟子面對時君，犯顏諫諍，直斥其非，偉大光明。故孔、孟雖得並稱雅名，統治者卻少有重用孟子學說。下文即以五四時期為例，討論五四時期何以只是針對「孔家店」，而從來無加貶斥孟子學說，由此探析五四運動與孟子在精神上的契合。

一、為何要打孔家店？

　　1919 年的五四運動代表了近代中國知識分子對傳統儒學的批判，乃是對新文化運動探索強國之路的延續。因此，五四運動所指不僅是 1919 年 5 月 4 日的學生運動，不只是對北洋政府未能捍衛國家利益而表示不滿，而更多是要求革新傳統文

化，並從精神文化上改變中國人。

　　儒家思想是中國傳統文化的典範，如能動搖儒家思想，便能從根本上觸及傳統文化的要害。《韓非子‧顯學》指出，自孔子死後，儒家分裂，有八派之多，主張各有不同，但皆揚言盡得孔門真傳。即使同為儒家，孔子、孟子、荀子之主張不盡相同，各家各派皆就其所言略作修訂，自成體系。因此，孔子儒家便與後世儒家漸走漸遠，不可單用「儒家」二字一概而論。舉例而言，漢武帝因董仲舒在〈天人三策〉提出「罷黜百家，獨尊儒術」之政策，因而立五經博士。表面上，漢武帝對推動儒家文化不遺餘力，惟汲黯嘗直云：「陛下內多欲而外施仁義，奈何欲效唐虞之治乎！」[20] 慾望眾多，本身已非孔門儒家所重，然而漢武帝在表面上仍然是施以仁義，效法先王。凡此種種，可見儒家到了漢代已有若干修訂，早非先秦孔門之舊。

　　儒家自身一直在變化，仁是孔門儒家的中心，馮友蘭云：「《論語》中言仁處甚多，總而言之，仁者，即人之性情之真的及合禮的流露，而即本同情心以推己及人者也。」[21] 仁是孔門儒家的重點。《論語》全書論仁甚多，據《論語逐字索引》統計，「仁」共見 109 次。仁，強調乃人與人之關係，儒家言推愛，由親及疏，遍於天下。因有仁，各種關係才可以引而申之。仁是孔門儒家最高的道德標準。

20　司馬遷：《史記》（北京：中華書局，1982 年第 2 版），卷 120，頁 3106。

21　馮友蘭：《中國哲學史》（香港：三聯書店，1992 年），第四章〈孔子及儒家之初起〉，頁 75。

　　相較孔子而言，孟子更加重視性善以至王道之闡述。與孔子不同，仁雖然重要，但只是四德之一，仁、義、禮、智四者並稱，當中尤其重視義的作用。此外，孔子討論政治不多，但孟子學說則以行王道為終極目標，討論人之性善其中一大目的乃在說明當時諸侯都有成為聖王賢君的可能。《孟子》今傳七篇，其中首篇為〈梁惠王〉，多言孟子遊說諸侯，向時君進諫之話語。末篇為〈盡心〉，多言心性之學。大抵後世傳孟子之學者，漢人重其諫君，宋人以心性為要。準此，孟子儒家又與孔子儒家不盡相同。

　　至於荀子，後人雖以其為先秦儒家代表人物，然其主張與孔、孟不同。揚雄《法言》謂孟子與荀子乃「同門而異戶」。孟、荀之異，雖不至於後世學者所謂之多，如法先王與法後王、性善論與性惡論等，只是殊途同歸。然而，因二人遭際有異，時代不同，主張亦各有相異，則為事實。

　　即使同為先秦儒家，荀子對孟子仍是多所批評。在《荀子·非十二子》中，荀子批評先秦諸子十二人，其中包括同為儒家的子思和孟子。荀子批評的重點在於思孟學派的五行說。荀子以為思孟五行說，乖僻背理而不合禮法，幽深隱微而難以講說，晦澀纏結而無從解釋，並以此為孔子的真傳。[22] 據《韓非子·顯學》所載，孔子死後「儒分為八，墨離為三」，分裂後的各派皆謂真傳自孔子；而荀卿乃韓非之老師，兩人關係密切，亦可證儒家學說一直在變化之中。

22　王先謙：《荀子集解》（北京：中華書局，1988 年），卷 3，頁 94-95。

　　及至宋代，儒家又變，理學勃興，一則源於受到佛教禪宗「明心見性」與道家宇宙本體概念的影響，二則起於儒家自身的內部變化。宮崎市定曾稱宋代文化復興是「東方的文藝復興時代」，指出「中國的文化，在開始時期比西亞落後得多，但是以後漸漸扭轉了這種落後局面，追上了西亞；到了宋代便超過西亞而居於世界最前列」。[23] 據宮崎市定所言，宋代乃是中國文化革命性的時代，位居世界前列。因此，宋代文化實在有其獨特與創造之處。漢代以後，儒家思想以三綱五常、倫理關係等為重點；哲學系統上的討論，則明顯不足。另一方面，宋初學者在五代亂離、三教並融之情況下，援佛入儒，以圖挽救世道人心。宋儒發展儒家心性之論，與佛學相頡頏。道教的宇宙本體論亦對宋儒多所影響。宋代理學家的師承傳授、人際往來、概念表述、思辨框架、思維方式、思辨邏輯等，皆深受道教影響。誠然，宋代理學家仍然保持着孔門儒家救世的目的，故其討論仍以倫理為主。在儒、釋、道思想揉合的情況下，理學應運而生。

　　宋代理學的出現亦源於儒家內部的變化。儒家思想本為先秦諸子百家之一，自漢武帝罷黜百家，獨尊儒術以後，成為了恆常不易的經學。伴隨而來者乃繁瑣的今古文經學論說和註解。先秦孔門儒家尊德性之特質沒有太大的發展，孟子儒家王道仁政重時用之精神則有稍大的發揮。自唐代韓愈、李翱等開

23　宮崎市定：〈宋代的煤與鐵〉，載《東方學》第 13 輯，東京 1957 年 3 月版。今見宮崎市定：《宮崎市定全集》第九卷（東京：岩波書店，1992 年），頁 379-406。

始，已重新探討經傳所含義理，棄卻註疏之學，宋代理學正是在這一背景下興盛起來。

　　在宋代心性之學發展以後，宋儒對於傳統禮教的態度，對後世影響深遠。錢穆說：「我們若要明白近代的中國，先須明白宋。宋代的學術，又為要求明白宋代一至要之項目與關鍵。」[24]要論傳統儒家禮教對「五四運動」的影響，宋代理學乃其關鍵。程頤說：「餓死事極小，失節事極大。」[25]朱熹轉錄至《近思錄》卷六〈家道〉。康有為、胡適、魯迅等俱曾對此加以批評，並不全然正確。此等想法不近人情，固然無誤；然「餓死事小，失節事大」是否儒家之本色，實在值得懷疑。二十世紀以來學者對此討論又是否旨在針對程、朱，頗堪深思。魯迅〈我之節烈觀〉云：

　　　　我們追悼了過去的人，還要發願：要自己和別人，都純潔聰明勇猛向上。要除去虛偽的臉譜。要除去世上害己害人的昏迷和強暴。

　　　　我們追悼了過去的人，還要發願：要除去於人生毫無意義的苦痛。要除去製造並賞玩別人苦痛的昏迷和強暴。

　　　　我們還要發願：要人類都受正當的幸福。

魯迅針對的不在孔門儒家思想，而是宋明以來被嚴重扭曲的變

24　錢穆：《宋明理學概述》（台北：蘭台出版社，2001 年），頁 1。

25　程顥、程頤：《河南程氏遺書》，載《二程集》（北京：中華書局，2004 年第 2
　　版），卷 22 下，頁 301。

調。更為重要的，魯迅希望「人類都受到正當的幸福」，救世乃是當時學者批評舊文化的關鍵。

辛亥革命推翻了清朝，但並未真正瓦解專制勢力。諸如孔教會、孔道會、孔社等，猶如雨後春筍，蓬勃發展。1912 年成立的孔教會以「昌明孔教，救濟社會」為宗旨，背後的理念則是反對革命，復辟清廷。其主要成員多為滿清遺老，以及一些鼓吹在中國實行帝制的外國人，如美國的李佳白（Gilbert Reid）、日本的有賀長雄、英國的莊士敦（Sir Reginald Fleming Johnston）、德國的尉禮賢（Richard Wilhelm）等。康有為更創辦《不忍雜誌》，鼓吹復辟帝制。該刊在發刊詞中開宗明義云：「見諸法律之蹂躪，睹政黨之爭亂，慨國粹之喪失，而皆不能忍，此所以為《不忍雜誌》」。[26] 以為共和政體不能行於中國，[27] 鼓吹尊孔教為國教，復辟清室，實行君主立憲。

此外，袁世凱多次以政府名義發佈尊孔告令。袁世凱更嘗於 1914 年 9 月 28 日率領文武百官在北平孔廟舉行秋丁祭孔，隨後便是袁世凱本人的登極大典。魯迅說：「從二十世紀的開始以來，孔夫子的運氣是很壞的，但到袁世凱時代，卻又被從新記得，不但恢復了祭典，還新做了古怪的祭服，使奉祀的人們穿起來。跟着這事而出現的便是帝制。」[28] 魯迅指出的正是當時的事實。孔子被人利用為封建帝制的代表。袁世凱死後，

26　康有為：〈不忍雜誌序〉，載康有為：《不忍雜誌彙編》初集（台北：華文圖書公司據台灣大學圖書館藏本影印，1987 年再版），第一冊，頁 9-10。

27　康有為：〈共和政體論〉，載康有為（撰）；姜義華、張榮華（編校）：《康有為全集》第九集（北京：中國人民大學出版社，2007 年），頁 241-250。

28　魯迅：〈在現代中國的孔夫子〉，載《魯迅全集》第六卷《且介亭雜文二集》，頁 328。

黎元洪於 1916 年 6 月擔任中華民國大總統，倡孔教入憲，並遵清代皇帝登基之例，題匾「道治大同」，懸掛於北京孔廟大成殿。接着，張勳復辟，溥儀重登帝位。凡此種種，皆可見封建舊制傳統文化未因辛亥革命而得以革新。

因此，要推翻傳統文化，孔子便成為必要推倒的對象。這個孔子，已經不是先秦時代的孔子，儒家亦非先秦時代的孔門儒家了。李殿元說：「從歷史真實而言，在有關新文化運動的資料中卻始終不能發現有『打倒孔家店』這五個字所組成的詞語。即使是在新文化運動中對孔教抨擊、鞭撻最力者，對孔子學說仍是有所肯定的。」[29] 誠如前文所言，儒家代有變更，孔子亦一直被賦予新的內涵。其實，打孔家店不過是一個象徵，代表的是對傳統文化推倒重來。不過，傳統儒家文化以孔、孟並稱，然而孟子似乎並不在新文化運動、五四時期推倒之列。究其原因，乃在孔孟的本質，以及二人對抗權貴的態度不盡相同，此詳下文所論。

二、打孔家店的本質

「打孔家店」源出胡適 1921 年為吳虞《愛智廬文錄》所撰序文。該文尖銳地抨擊孔子，稱譽吳虞清掃「孔渣孔滓的塵土」乃「中國思想界的一個清道夫」。吳虞是最先反孔之人，自

29　李殿元：〈「打（倒）孔家店」的歷史誤會〉，載《中華文化論壇》2006 年 3 月，頁 150。

1907 年起即用《老子》、《韓非子》反孔。舒衡哲指出，「吳虞對專制主義的攻擊，遠遠超出政治的範疇。他集中攻擊孝道，用以揭示出家庭和國家在扼殺個性、壓抑情感和理智上，是如何相互配合的」。[30]

陳獨秀創辦《新青年》雜誌，自任總編輯，雜誌載錄多篇反孔之文，如〈一九一六年〉（1916 年 1 月 15 日《新青年》第一卷第五號）一文，此文重點批評儒家的三綱，旨在突出個人的獨立人格與自由。此外，諸如〈憲法與孔教〉（1916 年 11 月 1 日《新青年》第二卷第三號）、〈孔子之道與現代生活〉（1916 年 12 月 1 日《新青年》第二卷第四號）、〈思想與國體問題〉（1917 年 5 月 1 日《新青年》第三卷第三號）等，陳獨秀皆圍繞以反孔為綱領，從三個不同的角度加以論述儒家之弊。

魯迅 1909 年在浙江教書之時，嘗策動反孔罷教。及至1918 年，《狂人日記》在《新青年》發表，篇中將儒家仁義道德比喻為「吃人」之物，與日人安藤昌益謂仁義忠信乃「盜賊之器」無異。《狂人日記》篇末以「救救孩子……」作結，希望能夠打破傳統禮教枷鎖。吳虞撰有《吃人的禮教》一文，對魯迅《狂人日記》遙加呼應。至於錢玄同，更是反孔最為激烈之人。

其實，「孔家店」不過是中國傳統文化的代罪羔羊，20 世紀以來因見國家積弱，欲以革新，孔子作為傳統文化的代表，

30　舒衡哲（著）、劉京健（譯）：《中國啟蒙運動：知識分子與五四遺產》（北京：新星出版社，2007 年），頁 455。

唯有慘被犧牲。正如舒衡哲所言：「『五四』青年並非是第一代對傳統家族制度習俗提出質疑的人。儘管自認是通過刊物為其他中國青年勾畫出藍圖，但事實上，他們只是反抗父權鬥爭的傳人，這一鬥爭在 1919 年以前至少進行了 20 年之久。」[31] 要對抗的是權威，而「孔家店」只是傳統文化的代表。李殿元云：

> 「打孔家店」和「打倒孔家店」雖只有一字之差，其涵義卻大相徑庭。「打」是抨擊、批判之意；「打倒」卻是推翻、摧毀之意。「打倒孔家店」並不符合當時抨擊孔子、儒學、孔教者之歷史實際。[32]

李氏所言有理，當時旨在抨擊、批判孔家店，而非要推翻、摧毀。正如李零所說，「歷史上的孔子有兩個，一個是《論語》中的，有血有肉，活生生；一個是孔廟中的，泥塑木胎，供人燒香磕頭。前者是真孔子，後者是假孔子。」[33] 自孔子死後，而無真孔門學說，後學皆以己說詮釋孔子。李零以為一為《論語》中的孔子，一為孔廟裏供奉的孔子，一真一假。明清以來，封建禮教傳統越趨保守，早與孔門儒家漸行漸遠。

孔子言仁、言禮，孟子並言仁、義、禮、智四德。在孔門儒家的道德範疇之中，聖最為高，可是孔子本人也不敢居之。在聖以下，則首推仁。仁與禮關係密不可分，相較仁而言，孔

31　舒衡哲（著）、劉京健（譯）：《中國啟蒙運動：知識分子與五四遺產》，頁 126。

32　李殿元：〈「打（倒）孔家店」的歷史誤會〉，頁 151。

33　《去聖乃得真孔子：〈論語〉縱橫讀》，頁 114。

子更少為禮作解說，在《論語》之中，「禮」字凡 75 見，然多作直接使用，而非解釋性說明。[34]「禮」原指祭祀儀式，與宗教有密切關係。在政治、社會，以及道德之層面上，「禮」後來慢慢專指典章制度，宗教意義漸趨薄弱；反之，禮之社會意義變得越來越重要。禮變成行為規範。司馬遷云：「夫禮禁未然之前，法施已然之后；法之所為用者易見，而禮之所為禁者難知。」可知禮與法乃一事之兩面，禮法必須並行方能長治久安。如只徒用法治國，嚴刑重典，效果可能適得其反。

　　孔門儒家的傳統禮教，必定是禮與仁結合，且以仁為主導。因此，五四時期要批判、抨擊者，乃是已告變質的、徒具形式的禮教糟粕。《論語・八佾》：「人而不仁，如禮何？人而不仁，如樂何？」(3.3) 人如果不仁的話，禮樂制度便沒有用。由是觀之，禮可以區分為行禮之心與禮儀細節，而行禮須出仁心，與人並為，故禮與仁之間必以仁為重。因此，儒家後學徒以繁文縟節作為人們行為形式的枷鎖，其實乃與孔門儒家所倡不盡相同，甚或背道而馳。

　　魯迅說：「例如嵇阮的罪名，一向說他們毀壞禮教。但據我個人的意見，這判斷是錯的。魏晉時代，崇奉禮教的看來似乎很不錯，而實在是毀壞禮教，不信禮教的。表面上毀壞禮教者，實則倒是承認禮教，太相信禮教。」[35] 毀壞禮教的實際上是崇奉禮教的人，這不單止是魏晉時代的嵇康，其實五四時代

34　羅安憲（編）：《中國孔學史》（北京：人民出版社，2008 年），頁 74。

35　魯迅：〈魏晉風度及文章與藥及酒之關係〉，載《魯迅全集》第三卷《而已集》，頁 535。

批評吃人禮教的魯迅，也是孔門儒家的真信徒，要將孔子從神壇之中拯救出來。魯迅亦曾明言孔子有其批判時局的特質，「孔墨都不滿於現狀，要加以改革，但那第一步，是在說動人主，而那用以壓服人主的傢伙，則都是『天』。」[36] 可見魯迅有注意到孔子的成就。楊華麗說：「五四新文化運動是一次『百家爭鳴、百花齊放』的思想解放運動，具有豐富多彩的思潮走向，從否定封建專制，吃人禮教，走向全盤否定孔子與中國傳統文化，只是其中一個極端激進的小派別、小思潮，只是其中的思想支流，根本不能代表五四精神、五四新文化運動主潮。」[37] 楊說可商。或許，否定孔子未必是五四精神的主流，但敢於批評權威，挑戰傳統，正正是五四新文化運動最重要的一環。

三、孔子和孟子對抗權貴的態度

孔、孟所處的環境、時代有所不同，故其言行亦有所別。孔子周遊列國，勸諫時君，望為所用。「干七十餘君莫能用」，即使孔門高弟，亦嘗對師生不受重用提出質疑。《史記・孔子世家》載陳蔡絕糧，孔子知道弟子漸生不滿，於是分別召見子路、子貢、顏淵，指出是否自己的學說不正確，否則何以淪落

36　魯迅：〈流氓的變遷〉，載《魯迅全集》第四卷《三閑集》，頁 159。

37　楊華麗：〈新時期以來「打倒孔家店」口號研究述評〉，載《船山學刊》第一期（2014 年），頁 62。

至此。對於子路、子貢的回答，孔子都不滿意。最後是顏淵入見。顏淵以為夫子的學說至為偉大，因而天下不能容納。但是，夫子知其不可為而為之，繼續推行，不苟合取容，正見君子人格所在。顏淵續云，君子如不修行己德而不得重用，是君子的責任；如已修德而君主不用，則是君主之弊矣。孔子對此深以為然，道出「使爾多財，吾為爾宰」八字，以顏淵所言為至理。不苟合取容，是君子應有的態度，也是孔子對待君主的態度。

　　孔子一生希望恢復周文，而魯國本為其施展抱負的理想場地。可是，當時魯國諸侯大權旁落，三家大夫執掌國政。最後，因齊國送來美女文馬，季桓子往觀再三，荒殆朝政，不分祭肉，孔子只能離開魯國。準此，孔子沒有對抗權威，只希望君主能採用己見。此後，孔子周遊列國長達 14 年，遊說時君，以行仁政。孔子多次到達衛國，覲見時任君主衛靈公。但衛靈公並非賢君，甚至重用宦官雍渠、寵愛南子，不聽孔子進言；故孔子亦只能離開衛國。但即使衛靈公有許多不是，孔子還是多次重回衛國。

　　至於孟子，雖然也曾周遊列國，但孟子如對君主不滿，便會毫不掩飾其不屑之情。讀《孟子》，看見孟子在遊說諸侯的過程中，氣勢凌人，手下敗將多不勝數。而且，孟子的討論對手並非一般人，不少是當時各國的諸侯，故其大無畏的精神，更是教人心生嚮往。觀見梁惠王、梁襄王、齊宣王時，孟子分別有以下的對話：

　　　　孟子見梁惠王。王曰：「叟！不遠千里而來，亦將有
以利吾國乎？」

　　　　孟子對曰：「王！何必曰利？亦有仁義而已矣。」（1.1
節錄）

　　　　孟子見梁襄王，出，語人曰：「望之不似人君，就之
而不見所畏焉。」（1.6節錄）

　　　　齊宣王問曰：「齊桓、晉文之事可得聞乎？」

　　　　孟子對曰：「仲尼之徒無道桓文之事者，是以後世無
傳焉，臣未之聞也。無以，則王乎？」（1.7節錄）

朝見梁惠王時，孟子不理會梁惠王的訴求，不以利說之，改
說仁義之道。見梁襄王，因其沒有仁德君主所具備的素質，
遂直斥之為「不似人君」。及見齊宣王，宣王欲修前代齊桓
公霸道之事，孟子則以孔子後學無由聞之，改說之以王道。
能夠朝見當世諸侯，本屬大事，亦唯此可行一己之思想。然
而，孟子以其強大的氣勢，壓倒權高位重的諸侯，毫不懾於國
君之威。

　　孔子的目標是恢復周文，孟子則不然。時至戰國，周積
弱已久，不可能復。對於戰爭，孟子以為天兵天吏可以發動，
以撥亂反正。孟子希望君主行王道仁政，《孟子》中已無要匡
扶周室，救禮崩樂壞之舉。更有甚者，孟子以為在下者可以伐
上，以有道伐無道，實令諸侯汗顏。

　　齊宣王問曰：「湯放桀，武王伐紂，有諸？」

　　孟子對曰：「於傳有之。」

　　曰：「臣弒其君，可乎？」

　　曰：「賊仁者謂之『賊』，賊義者謂之『殘』。殘賊之

人謂之『一夫』。聞誅一夫紂矣，未聞弒君也。」(2.8)

齊宣王問孟子商湯流放夏桀、周武王討伐商紂是否皆真有其事。孟子謂史籍有此記載。齊王不解，以為臣子弒君，以下犯上，大抵不可。孟子回應，指出破壞仁愛者稱為「賊」，破壞道義者稱為「殘」。殘賊的人只稱「一夫」。因此，武王伐紂，其實只是誅殺了「一夫紂」而已，沒有甚麼弒君以下犯上的事情。孟子的說法實在大膽。無論如何，紂王是君，武王是臣，以下犯上確是有悖君臣之倫，齊王的理解並沒有錯。按照孟子的邏輯，君主無道，臣下即可伐之，以有道伐無道，實在令在位者不得安枕。這裏不知道齊宣王最終有甚麼回應，但一定已被孟子嚇破膽了。

　　由是觀之，孟子完全無懼人君，據理力爭，直言正行，此因其時所處時代與孔子迥異。孟子之時，楊朱為我之論，墨家兼愛之稱，加之以縱橫家如蘇秦、張儀等既已並世，因此，孟子只能力抗他家，「予豈好辯哉？予不得已也。」(6.9節錄)總而言之，較諸孔子而言，孟子更有對抗權貴的特色。

四、孔孟並稱而孟屬附庸

　　自孔子死後，門人弟子為之樹聖；及至西漢，司馬遷已稱孔子為「至聖」，成為聖人。孟子的偶像是孔子，孔子之出處進退，皆為孟子仿效。趙岐〈孟子題辭〉指出孟子「則慕仲尼」，「孟子退自齊梁，述堯舜之道而著作焉，此大賢擬聖而作者也」，以及「七十子之疇，會集夫子所言以為《論語》。《論語》者，五經之輨轄，六藝之喉衿也。孟子之書則而象之」。凡此種種，皆可見孔子與孟子、《論語》與《孟子》，多有相同而可比之處。趙岐在篇中亦稱孟子是「命世亞聖之大才者也」[38]，此乃孟子稱為「亞聖」之始。

　　孔子是至聖、孟子是亞聖，孔孟並稱似乎指日可待。然而，漢代自武帝罷黜百家獨尊儒術以後，士子皆以誦讀儒家經典為尚，奉孔子為重要人物。孟子只是儒家支派之一，趙岐雖言孟子曾立為傳記博士，地位仍與孔子迥異。今文經學派更以為孔子《春秋》為漢制法。《論語・顏淵》云：

　　　　齊景公問政於孔子。孔子對曰：「君君，臣臣，父父，
　　　　子子。」公曰：「善哉！信如君不君，臣不臣，父不父，
　　　　子不子，雖有粟，吾得而食諸？」（12.11）

38　以上皆見趙岐〈孟子題辭〉，見《孟子註疏》，載《十三經註疏（整理本）》，孟子註疏題辭解，頁 4-13。

後世封建政權尊孔，乃因孔子嘗有此語，可用以鞏固政權。如果人人安守本份，自無以下犯上之事，在上位者也可以安枕無憂。以孔、孟並稱，始自魏晉時期。北魏〈元昭墓志〉有「識總指塗，並驅孔孟」之語。東晉咸康三年（337 年），袁瑰與馮懷以孔孟並稱，上〈請興國學疏〉，其云：「孔子恂恂，道化洙、泗，孟軻皇皇，誨誘無倦。是以仁義之聲，于今猶存，禮讓之風，千載未泯。」欲並興孔孟，目光宏遠，晉成帝雖以之為然，卻終不行。

　　到唐代，孟子仍不受重視。貞觀六年（632 年），以孔子為先聖，以顏淵為先師。貞觀二十一年（647 年），以 21 人配享孔廟，亦無孟子。開元二十七年（739 年），顏淵獲封「亞聖」，孟子仍無蹤影。唐玄宗時，《老子》、《莊子》、《文子》、《列子》因稱「道舉」而列入科舉，可作考取功名之用。作為儒家二當家的孟子，卻依然芳蹤杳然。至唐代宗時，禮部侍郎楊綰建議將《孟子》列入「兼經」，增為「明經」。[39] 唐懿宗咸通四年（863 年），進士皮日休上書，請科舉考試去《莊子》、《列子》，除諸經外，加以《孟子》為學科。[40]

　　真正提升孟子地位的，要數後蜀主孟昶。孟昶在位初期，勵精圖治，與民休息，國勢強盛。孟昶於廣政元年（938 年）命毋昭裔督造，於成都文翁石室禮殿東南，楷書十一經刻石，其

39　事見宋祁、歐陽修：《新唐書》（北京：中華書局，1975 年），卷 44〈選舉志上〉，頁 1167。

40　參見皮日休：《皮子文藪》（上海：上海古籍出版社，1981 年），卷 9〈請《孟子》為學科書〉，頁 89。

中包括《孟子》。史書無載孟昶何以看中《孟子》，大抵只因同為姓孟，並非稱譽書中甚麼內容。

　　到了宋代，王安石將孟子思想作為其變法的依據，並積極提高孟子的政治地位。熙寧四年（1071 年），王安石改革科舉，兼以《論語》、《孟子》內容取士。元豐六年（1083 年），孟子獲封為鄒國公；更於翌年五月得配食孔子。這樣的孔孟並稱達到了歷史的新高點。在宣和年間，《孟子》更被刻成石經，成為十三經之一。南宋時，朱熹將《大學》、《中庸》、《論語》、《孟子》合為「四書」，孔、孟至此得以並駕齊驅。在明清兩代，《朱註四書》比起《十三經註疏》更為重要，用以開科取士。周予同《羣經概論》稱之為「孟子升格運動」。徐洪興云：「『孟子升格運動』經歷幾乎五個世紀（8 世紀中至 13 世紀中）的漫長歷程才告基本結束。在這五百年裏，大致可劃為四個階段：中唐至唐末為濫觴期，北宋慶曆前後為初興期，北宋熙、豐前後為勃興期，南宋中葉及稍後為完成期。」[41] 跟至聖先師孔子不同，孟子經過了一千多年的時間，終於攀登上新的高峯，似可與孔子地位相若。

　　即便如此，孟子之地位終不能與孔子相比，重要原因乃在其批判權貴的特質。明代初年，明太祖朱元璋試圖把孟子從孔子之旁拉下來，最後在很多儒生的死命反對下，《孟子》被刪80 多條。洪武二十七年（1394 年），劉三吾奉明太祖之命，刪

去《孟子》80 餘條，成《孟子節文》一書。就內容所見，〈梁惠王篇〉被刪 17 條、〈公孫丑篇〉被刪 11 條、〈滕文公篇〉被刪 7 條、〈離婁篇〉被刪 21 條、〈萬章篇〉被刪 11 條、〈告子篇〉被刪 5 條、〈盡心篇〉被刪 17 條。此中〈梁惠王篇〉原有 23 條，被刪 17 條，只餘下 6 條，乃《孟子》七篇之中以百分比算被刪最多者。上文所列對抗諸侯、據理力爭的篇章，皆在被刪之列。由是觀之，孟子對抗權貴的特質，一直為極權統治者所忌憚。

今天，討論儒家之道，經常以孔孟並稱，以孔子、孟子為一派，其實不然。孟子公然對抗諸侯，經常觸及貴族利益，深具抗爭精神。因此，孔孟雖自六朝已有並稱，實際上孔子是主角，孟子只是附庸。趙岐整理孟子，汰除外書，僅餘七篇，始自〈梁惠王〉，訖於〈盡心〉。以遊說諸侯為開篇，終於思孟五行之論。漢人得見其事功，故序列如此，乃漢人經世致用的明效。宋人雖升格《孟子》為經，又次其為四書之列，所看重者僅為孟子心性之論，未必是其使行王道仁政以救世的目的，更枉論趙岐編次《孟子》七篇之初衷矣。

五、孟子的本質

五四運動以孔子作為傳統文化之代表，加以批評；傳統儒家文化以孔孟並稱，五四諸家卻少有論及孟子。考諸先秦諸子，孟子最為勇敢，甚至反對權威，挑戰極權。孟子是勇敢的人，觀其於朝廷之上，與梁惠王、梁襄王、齊宣王等針鋒相對而毫無懼色便可知矣。

　　二十世紀初期，由於列強侵略中國，使知識分子思考當時傳統文化與社會改革、國富兵強等之關係。當時，封建帝制雖亡，然其本質尚存，要直搗傳統之根本，儒家思想自是箇中關鍵，而孔子當為表率。五四時期抨擊、批判孔家店，而非要推翻、摧毀。拯救孔夫子實際上是五四新文化運動「打孔家店」的重點。

　　儒家思想代有變遷，孔門儒家與孟子儒家已經不盡相同，後世學者但言其同，少言其異。其實，儒家諸子思想之間的差異，並不比儒、道、墨、法之分別為少。例言之，後世因九流十家之圍，遂以孔子、孟子、荀子等皆屬儒家。孔、孟並稱，卻因孟子批評權貴、倡議民本的特質，實際上少人問津。因此，作為抨擊傳統儒家思想的五四新文化運動，與孟子力抗時君其實本質相同，故批評孟子而提出實質控訴者未之有也。

第三節
孔門教學與孔門弟子的特別學習需要

　　孔門弟子數量眾多，年紀相異，又各有才能。弟子人生閱歷既異，孔子所採取的教學方法與內容也有所不同。現今社會特別強調教學時要因應學生的才能而施教，觀乎孔子與孔門弟子的教學活動，可知早在 2500 年前的孔子已經關注到弟子們

的特別學習需要。孔門弟子裏，有父子俱為孔門弟子者，如顏路與顏淵、曾皙與曾參，年紀頗有相差，誠為一時佳話。至於弟子裏有特別學習需要的，包括了天資敏悟的子貢與顏淵、學習遲緩的樊遲與曾參、躁動的子路與司馬牛、知不足而厚有餘的高柴、時常捱罵的宰予、自我中心的子張等。面對狀況不一的學生，即使問同一道問題，孔子也會予以不同的答案。因材施教知易行難，孔子實為教育界的先驅。本文臚列孔門師弟子的教學活動，以《論語》、《史記》、《孔子家語》等所載為主要依據，復作分析，證成孔子有教無類的教學精神。

一、弟子的年齡差異

　　孔門弟子是否 3000 人，前人學者已就此多有討論。姑勿論孔門弟子數量多寡，能夠有具體事跡可供後人討論者實在有限之數。司馬遷著有《史記・仲尼弟子列傳》，較諸今人而言已為近古，然亦僅有載錄孔門弟子 77 人，當中有事跡可考者 29 人而已。[42] 在齊國獻上美女文馬予魯國後，季桓子受之，三日不聽政，又沒有將祭肉分給大夫。孔子離開魯國，周遊列國長達 14 年。在周遊列國中，沒有太多弟子追隨左右，據《史

42　司馬遷自言「自子石已右三十五人，顯有年名及受業聞見於書傳。其四十有二人，無年及不見書傳者紀於左。」據司馬公所言，前此 35 人有見於書傳，但〈仲尼弟子列傳〉有具體事跡者唯首 29 人，此後梁鱣、顏幸、冉孺、曹卹、伯虔、公孫龍等六人只載其姓名、字，以其與孔子年齡差，而不及生平事跡。

記・孔子世家》所載，此過程中有明確記載者包括子路、顏淵、子貢、冉有、顏刻、公良孺六人。[43]

孔門弟子，年紀相去甚遠，也在不同時期入於孔門。李零《喪家狗：我讀〈論語〉》分列不同時期的孔門弟子。第一批弟子是孔子 35 歲以前招收的，包括秦商、顏路（顏淵之父）、冉耕、子路、漆彫啟、閔捐 6 人。此後第二批弟子約有 10 人，乃孔子自齊返魯後招收，當時孔子在 36 至 54 歲。第三批乃孔子周遊列國時所招收的，有 18 人，當時孔子為 55 至 68 歲。至於加入孔門的年代不可考者，蓋有 43 人。

孔門弟子之中，有的跟孔子年紀接近，觀乎《史記・仲尼弟子列傳》，在大部分弟子姓名以後，總加上了「小孔子某某歲」的字眼，以見其與孔子的年齡差距。[44]

孔門弟子數量眾多，年紀有差距，但因有些並非同時受學，例如顏路與顏淵父子二人俱為孔門弟子，但《史記》已明確指出「父子嘗各異時事孔子」，可知二人並非同時在孔門學習。但即就以上所言周遊列國時六位論之，同時在學弟子的年

43　6 位孔門弟子之中，子路、顏淵、子貢、冉求、公良孺皆見載於《史記・仲尼弟子列傳》，分別次列第 6、第 1、第 8、第 5、第 46。顏刻則見載於《孔子家語・七十二弟子解》，位次第 29。《史記・仲尼弟子列傳》於「顏高字子驕」之下，司馬貞《索隱》云：「《家語》名產。孔子在衛，南子招夫子為次過市，時產為御也。」張守節《正義》云：「孔子在衛，南子招夫子為次乘過市，顏高為御。」（卷 67，頁 2221）據此則《家語》所言者為顏高，並非顏刻。且二註所引顏高事跡，正是《孔子家語》所謂顏刻所為者，則顏刻、顏高屬二人抑或一人，並未可知。）

44　以孔門十哲為例，各人與孔子年齡的差距各有不同，詳參前文第二章第一節〈孔門十哲之重要〉。

齡差異還是非常明顯。子路、顏淵、子貢、冉有、顏刻、公良孺六人之中，最末二位年歲無考。如以周遊列國中期、孔子60 歲之時而論之，子路 51 歲，顏淵 30 歲，子貢 29 歲，冉有31 歲。此中可見子路與其他三名弟子年紀相距 20 歲，人生閱歷既異，孔子所採取的教學方法與內容也定必不同。

二、因材施教

　　孔子一生重視教學，晚年在政壇上不如意，也沒有放棄救世之心，轉而集中整理教學材料，希望在教學上影響更多人。夫子誨人不倦，循循善誘，作育英才，但在教育上最為後世景仰之事，無疑是因材施教與有教無類。

　　因材施教，說的是按照學生的能力而施行教學，說起上來很容易，但真的要貫徹執行並不簡單。此中表明兩個層次的行為，第一是先要認清學生的能力，第二是因應學生的能力而制定教學的方向。孔門弟子甚眾，年紀有差，能力不一，要認清學生的能力比起今日為師者更艱難。

　　因材施教，正是由於孔子看出了人的能力有根本的差異，而明白了根本性的差異，才可以制定相對應的教學方式。《論語·先進》有一個非常好的例子：

　　　　子路問：「聞斯行諸？」子曰：「有父兄在，如之何其
　　　聞斯行之？」冉有問：「聞斯行諸？」子曰：「聞斯行之。」
　　　公西華曰：「由也問聞斯行諸，子曰：『有父兄在』；求也

問聞斯行諸，子曰：『聞斯行之』。赤也惑，敢問。」子曰：
「求也退，故進之；由也兼人，故退之。」（11.22）

在這段教學過程裏，子路率先問孔子，是否聽到了便立刻去
做，孔子回答子路，以為如果父親與兄長仍活着，不當聽到便
立即去做。冉有問了相同的問題，孔子鼓勵他應當聽了便立即
去做。另一弟子公西華看到如斯情景，同樣的問題，老師卻作
了不同的回答，感到很是不解，於是詢問老師箇中原因。孔子
指出，冉有平日做事退縮，因而為他壯膽；子路有兼人之勇，
故要壓下他的氣燄。孔子的教學，便是因材施教，因應學生的
特殊情況，施行合適的教學措施。鄭玄云：「言冉有性謙退，
子路務在勝尚人，各因其人之失而正之。」[45] 冉有、子路性情相
異，故孔子因材而施教，針對二人的情況而調整教學策略。
　　再舉一例，可見於諸弟子問仁所得的答案，乃問同而答異。
《論語・顏淵》起始時即有三段弟子問仁的記載，其文如下：

　　顏淵問仁。子曰：「克己復禮為仁。一日克己復禮，
天下歸仁焉。為仁由己，而由人乎哉？」顏淵曰：「請問
其目。」子曰：「非禮勿視，非禮勿聽，非禮勿言，非禮勿
動。」顏淵曰：「回雖不敏，請事斯語矣。」（12.1）

　　仲弓問仁。子曰：「出門如見大賓，使民如承大祭。

己所不欲，勿施於人。在邦無怨，在家無怨。」仲弓曰：
「雍雖不敏，請事斯語矣。」（12.2）

　　司馬牛問仁。子曰：「仁者，其言也訒。」曰：「其
言也訒，斯謂之仁已乎？」子曰：「為之難，言之得無訒
乎？」（12.3）

顏淵、仲弓、司馬牛同樣問仁，內容不在這裏仔細討論，畢
竟《論語》章節短小，歧解甚多，此處純粹想窺看孔門的因材
施教。回答顏淵，孔子以為當要使自己的言行合乎禮，此即為
仁。顏淵進而詢問具體該如何執行，孔子乃謂不合禮的不要去
看、不要去聽、不要去說、不要去做。對此，顏淵表示會切
實施行。回答仲弓時，孔子以為出門工作便像接待貴賓，役使
老百姓便像承擔祭典，自己不想要的事物，不要加諸在別人身
上。在邦國、在家族，都不感抱怨。回答司馬牛，孔子以為仁
者說話會謹慎。這個答案，使司馬牛倍添疑惑，孔子指出這並
不容易做到，說話應該要謹慎一些。學生查詢都是仁的內涵，
孔子因材施教，故答案各異，此為典範。李零說：「孔子怎麼
說話，非常值得研究。以上三人都問仁，但答案不同，各有針
對。這是典型的孔門對話。孔子答問，從來沒有標準答案，就
像中醫看病，因人而異，對症下藥，特點是不下定義，邏輯不
周延。」[46]因材施教，因人而異，針對的是學習差異，此可見孔
子作為至聖先師之偉大處。

46　《喪家狗：我讀〈論語〉》，頁224。

三、弟子的特殊學習需要

在現代社會的教育制度裏，我們特別照顧學生在學習能力上的差異，有特殊教育，也有融合教育。

1. 天資敏悟的子貢與顏淵

在香港教育局的《認識及幫助有特殊教育需要的兒童：教師指引》文件裏，指出特殊教育需要的不同類別，其中包括了資優。在孔門弟子裏，「聞一知十」的顏淵，以及「億則屢中」的子貢，肯定都是聰明絕頂的資優生。顏淵乃孔子最疼愛的學生，其人非常聰明，盡得孔子真傳。《論語・公冶長》云：

> 子謂子貢曰：「女與回也孰愈？」對曰：「賜也何敢望回？回也聞一以知十，賜也聞一以知二。」子曰：「弗如也；吾與女弗如也。」（5.9）

孔子問子貢，以為自己與顏淵誰更優秀。這個問題並不容易回答。子貢乃是孔門裏頭腦最為靈活的學生，更是富商。《史記・貨殖列傳》有以下的記載：

> 子贛既學於仲尼，退而仕於衞，廢著鬻財於曹、魯之閒，七十子之徒，賜最為饒益。……子貢結駟連騎，束帛之幣以聘享諸侯，所至，國君無不分庭與之抗禮。夫使孔子名布揚於天下者，子貢先後之也。此所謂得埶而益彰者乎？

司馬遷指出，子貢在孔門之下學習，後來在衛國當官，又利用貴賣賤買的方法，在曹、魯二國之間經商。在孔門弟子之中，子貢最為富有。子貢乘坐馬車，攜帶厚禮去訪問、饋贈諸侯，所到之處，國君與他只行賓主之禮，不行君臣之禮。司馬遷以為使孔子得以名揚天下的原因，在於子貢在人前人後輔助他。此即得到形勢之助而使名聲更為顯著。

　　子貢天資敏悟，在孔門詩教的討論裏可以考見。《論語‧學而》有以下一段子貢就《詩》文加以發揮的文字：

　　　　子貢曰：「貧而無諂，富而無驕，何如？」子曰：「可也；未若貧而樂，富而好禮者也。」子貢曰：「《詩》云：『如切如磋，如琢如磨』，其斯之謂與？」子曰：「賜也，始可與言《詩》已矣！告諸往而知來者。」（1.15）

子貢問老師，如果貧窮卻不去奉承巴結，富有而不驕傲自大，這樣好嗎？孔子以為這算是可以了，但還是不及貧窮卻依然樂於求道，腰纏萬貫而依然崇禮。對於老師的解答，子貢援引《詩‧衛風‧淇奧》作延伸，指出「如切如磋，如琢如磨」兩句，說的是對於骨、角、象牙、玉石等，必先開料、再糙銼、細刻，然後磨光。孔子聽到子貢的回答後，以為此後可與之討論《詩經》了。孔子只說一事，而子貢可以用三事回應，舉一而反三。在孔門四科之中，子貢位次言語科，能言善道，絕對是其優點。

　　子貢無論如何聰明，也不可能動搖顏淵首席資優生之地位。子貢聞一知二，顏淵聞一知十，誰更聰明，顯而易見。王

夫之云：「知十則無所不知矣。」[47] 可見「知十」的意義，乃代表顏淵為無所不知，其聰睿可見一斑。《論語・顏淵》云：

> 子曰：「回也非助我者也，於吾言無所不說。」（11.4）

孔子以為顏淵並不是對自己有幫助的人，因為他對我的說話無不表示喜歡。教學貴乎能夠相長，顏淵對孔子所言毫無反饋，顯得孔子於此似有怨言。孔子也曾經說過：「不憤不啟，不悱不發。舉一隅不以三隅反，則不復也。」（7.8）孔門教學所重，乃在有所啟發，而能有師生互動。如此看來，顏淵的「於吾言無所不說」，便似是只有贊成而不作反對。更有甚者，孔子曾經說：「吾與回言終日，不違，如愚。退而省其私，亦足以發。回也不愚。」（2.9）孔子整天和顏淵講學，顏淵從來不提反對意見和疑問，像是愚笨的人。可是，待他回去自己研究，卻能有所發揮，大抵顏淵並不愚笨。顏淵沒有在課堂上即時回應，但實際多所反思，也算是回應的一種。上舉（11.4）的朱熹註：「其辭若有憾焉，其實乃深喜之。」[48] 朱註說得真好，顏淵對於老師的教學內容，沒有反駁，全盤接收，心悅誠服。這樣的反應表示孔子已將孔門理論全數傳授顏淵，且顏淵深切明白，故無所回饋。因此，孔子表面上似乎若有所憾，內心實暗喜之。

47　王夫之所言轉引自《論語彙校集釋》，卷 5，頁 398。

48　《四書章句集註》，論語集註卷 6，頁 124。

顏淵在孔門學習一直在進步，未見止境，《論語・子罕》記載這樣評價顏淵：「惜乎！吾見其進也，未見其止也。」（9.21）孔子這樣評價顏淵，以為自己只得見其進步，而不見他停止下來。孔子如此婉惜，當是在顏淵死後所言。邢昺云：「此章以顏回早死，孔子於後歎惜之也。孔子謂顏淵進益未止，痛惜之甚也。」[49] 魯哀公（6.3）、季康子（11.7）俱嘗問孔子，在其門下哪位學生最為好學，孔子回答二人，同樣指出只有顏淵好學，卻不幸短命早亡，現在已經沒有好學的學生了。其他學生可能對孔子的回答不感高興，似乎孔子並不珍視他們，但顏淵的出類拔萃卻是在在可見。

2. 遲緩的樊遲與曾參

學習進度不一，在孔門弟子之中常有所見，此因弟子之間年齡相去甚遠，此前文已述，不復贅言。年齡之差只是造成學習差異之一端，根本能力上的差異也是舉目可見。孔門弟子有學習遲緩之情況，樊遲、曾參皆顯例。面對有特殊學習困難的學生，香港教育局建議老師可「調節教學內容的深淺程度」。[50] 觀乎樊遲與老師的對話，大抵可以看到孔子如何面對學習差異。《論語・顏淵》云：

49　《論語註疏》，載《十三經註疏（整理本）》，卷 9，頁 134。

50　香港特別行政區政府教育局：《全校參與模式：融合教育運作指南》（香港：教育局，2020 年 11 月），頁 11。

樊遲問仁。子曰:「愛人。」問知。子曰:「知人。」
樊遲未達。子曰:「舉直錯諸枉,能使枉者直。」樊遲退,
見子夏。曰:「鄉也吾見於夫子而問知,子曰,『舉直錯
諸枉,能使枉者直』,何謂也?」子夏曰:「富哉言乎!舜
有天下,選於眾,舉皋陶,不仁者遠矣。湯有天下,選於
眾,舉伊尹,不仁者遠矣。」(12.22)

不單止前面所列舉的顏淵、仲弓、司馬牛曾經問仁,在同一篇
裏,樊遲亦嘗問仁,所得答案亦異乎前三子。樊遲問仁,孔子
因材施教,用上了最簡單的答案:「愛人。」多麼明晰的答案。
仁是甚麼,孔子因應學生的才能而有不同的解說。樊遲復問孔
子何謂知,孔子回答說「知人」便是知,即能夠了解別人,劉
殿爵譯本作 "Know your fellow men"。孔子的答案言簡意賅,
但樊遲就是不明白。於是,孔子補充說,以為提拔正直的人,
將其位置放在邪曲的人之上,可以使邪曲的人變得正直,這便
是「知人」。在孔子解說多一遍以後,樊遲便離開了教室。退
出後,樊遲看見子夏,原來他仍然未能明白老師的答案,於是
將「舉直錯諸枉,能使枉者直」這句話再跟子夏說一遍,並向
子夏查詢老師此話的意思。子夏乃孔門四科十哲之一,位居
文學科,較樊遲聰明許多,因而立刻指出,「老師的說話實在
太豐富了」。子夏續說,虞舜得天下後,在眾人之中提拔了皋
陶,那些不仁者便都遠去了;湯得天下後,在眾人之中提拔了
伊尹,那些不仁者便都遠去了。子夏以史為證,舉例說明甚麼
是「舉直錯諸枉,能使枉者直」,同時也解釋了何謂知人。樊

遲未達，孔子和子夏不厭其煩地再三解說，皆可證成孔門教學有在照顧特殊學習需要，調節教學的節奏，以及教學內容的深淺程度。

　　學習遲緩的弟子還有曾參。《論語・先進》明確指出，「柴也愚，參也魯，師也辟，由也喭」（11.18）。高柴愚笨，曾參遲鈍，子張偏激，子路鹵莽，四子個性各有不同。李澤厚說：「一方面，人之所以為人，乃文化塑建而成，有其積澱之普遍性；另方面，人之所以為人，又在於他（她）乃個體存在，有其積澱之特殊性，是以在同一傳統同一文化中的人，仍大有差異。」[51] 乃從文化積澱的角度，討論四子的異同。又，孔安國云：「魯，鈍也。曾子性遲鈍。」[52] 直接指出了「魯」的意思。孔子在這裏取了四個學生作對比，每人用一個字總之，所言皆在缺點。朱熹註：「魯，鈍也。程子曰：『參也竟以魯得之。』又曰：『曾子之學，誠篤而已。聖門學者，聰明才辯，不為不多，而卒傳其道，乃質魯之人爾。故學以誠實為貴也。』尹氏曰：『曾子之才魯，故其學也確，所以能深造乎道也。』」[53] 孔子說曾參反應遲鈍，但程子以為曾參最終因為遲鈍而得道，又以為曾參的學問，乃是真誠厚道而已。在孔門弟子之中，腦筋靈活和口才出眾者大有人在，然而要傳授孔門儒家之道，則唯有遲鈍的曾參，可見學問以誠實最為珍貴。程頤弟子尹焞也說，曾參

51　李澤厚：《論語今讀》（香港：天地圖書，1998 年），頁 261。
52　《論語註疏》，載《十三經註疏（整理本）》，卷 11，頁 167。
53　《四書章句集註》，論語集註卷 6，頁 127。

因遲鈍之故，使其所學最為堅定而真實，更能在儒家之道裏不斷前進，達到精深的境地。這是源於遲鈍而因禍得福。曾參之學，強調內省工作，進程自必緩慢。《論語・學而》引曾子曰：「吾日三省吾身——為人謀而不忠乎？與朋友交而不信乎？傳不習乎？」(1.4) 每天從多角度反省，學習的進度大抵因此受到拖延。這也是曾參學習遲緩的原因。

　　曾參的遲鈍也體現在耘瓜斷根的一事上。《孔子家語・六本》記載了以下的一段故事：

　　　　曾子耘瓜，誤斬其根。曾晳怒，建大杖以擊其背，曾子仆地而不知人，久之。有頃乃蘇，欣然而起，進於曾晳曰：「嚮也參得罪於大人，大人用力教參，得無疾乎？」退而就房，援琴而歌，欲令曾晳而聞之，知其體康也。孔子聞之而怒，告門弟子曰：「參來勿內！」曾參自以為無罪，使人請於孔子。子曰：「汝不聞乎，昔瞽瞍有子曰舜，舜之事瞽瞍，欲使之，未嘗不在於側，索而殺之，未嘗可得，小棰則待過，大杖則逃走，故瞽瞍不犯不父之罪，而舜不失烝烝之孝。今參事父，委身以待暴怒，殪而不避，既身死而陷父於不義，其不孝孰大焉？汝非天子之民也，殺天子之民，其罪奚若？」曾參聞之曰：「參罪大矣。」遂造孔子而謝過。

曾參在田裏除草之時，一不小心，鋤斷了瓜的根。父親曾晳非常生氣，舉起大棍擊打兒子背部。曾參倒地，不省人事。過了

很久才甦醒過來，曾參高興地爬起來，走到曾晳跟前，向父親問候，言適才自己得罪了父親，而父親用力教之，現在身體沒有甚麼不舒服的地方吧！話說完了，曾參便退下去回到自己的房間，一邊彈琴一邊唱歌，想讓父親聽見後知道自己的身體健康無恙。曾參如此舉動，孔子聽說了，非常生氣，告訴門人弟子，謂曾參來了，不要讓他進來。曾參自以為沒有做錯，遂託人向老師請教。孔子援引舜之事為例，瞽叟為舜之父，舜侍奉父親瞽叟，父親使喚他，舜總在父親身邊；父親要殺舜，卻找不到舜。父親輕輕地打曾參，他可以站在那裏忍受，但當父親用大棍打他的時候，曾參便應該逃跑。如此，父親才不會背上不義之父的罪名，而曾參自己也沒有失去人子的孝心。如今曾參侍奉父親，放棄身體來等着被父親暴打，全不躲避。如果曾參真的死了，就會陷父親於不義，相比之下，哪種情況更為不孝？孔子續言，曾晳不是天子的百姓嗎，殺了天子的百姓，其罪當如何？曾參聽說了老師所說的道理後，才明白了自己的罪過何其的大。於是，曾參登門拜訪老師，為自己的過錯道歉。此見曾參面對父親的盛怒，依然「委身以待暴怒，殪而不避」；在老師不讓自己造訪之時，仍然不明白自己過錯的因由。凡此種種，皆與「參也魯」的評價可相表裏。

3. 躁動的子路與司馬牛

躁動是一種情緒困擾，患者可能會興奮爭先，可能會容易發怒，情緒易於波動。子路性格衝動，忍耐力不足，這在子路

與孔子初次相見時已有所見。《史記·仲尼弟子列傳》載云：
「子路性鄙，好勇力，志伉直，冠雄雞，佩豭豚，陵暴孔子。孔
子設禮稍誘子路，子路後儒服委質，因門人請為弟子。」此言
子路性格粗獷，好勇鬥狠，志氣剛直，頭戴雄雞冠似的帽子，
腰佩豬皮裝飾的劍，曾經欺侮孔子。孔子用禮義來慢慢開導
他。後來，子路披上儒服，帶着拜師的禮品，通過孔子學生的
引薦，請求成為弟子。

　　子路成為孔門弟子後，常伴孔子之側，與孔子的關係可謂
亦師亦友，劉殿爵云："If Confucius looked upon Yen Yuan as a
son, he must have looked upon Tzu-lu as a friend."[54] 相較而言，
顏淵與孔子的關係亦師生亦父子，而子路與孔子則可謂亦師亦
友。《論語·述而》載有：

> 子謂顏淵曰：「用之則行，捨之則藏，唯我與爾有是
> 夫！」子路曰：「子行三軍，則誰與？」子曰：「暴虎馮河，
> 死而無悔者，吾不與也。必也臨事而懼，好謀而成者也。」
> （7.11）

孔子跟顏淵說，只有自己和顏淵可以做到能力上的收放自如。
子路聽了以後，很不是味兒，便跟老師說，如果老師率領軍
隊，則會與誰同行呢？孔子回應，指出自己不會跟赤手空拳和

54　D. C. Lau, "The Disciples as They Appear in the Analects." In D. C. Lau
　　(Trans.), *The Analects*. Hong Kong: The Chinese University Press, 1992.
　　p.256.

老虎搏鬥，以及不用船隻去渡河的人共事，因為他們皆死不後悔。如要共事的話，孔子自言會挑選那些面臨任務而誠慎誠懼，有謀略而始作決定的人。子路自感自己乃孔門裏的勇武派，當老師率領軍隊之時，必定與之同行。可是，孔子在此時更要壓下子路的氣燄，不欲子路魯莽行事，故表明即使在三軍之中，亦不與之同行。同時，孔子並沒有表明誰能與己同行，如果子路不再「暴虎馮河，死而無悔」，則亦可矣，此可見孔子並沒有完全否定子路。錢穆云：「子路勇於行，謂行三軍，己所勝任。不知行三軍尤當慎，非曰用之則行而已。孔子非不許其能行三軍，然懼而好謀，子路或有所不逮，故復深一步教之。」[55] 更見孔子作為老師的用心。孔子針對子路的缺點，希望子路在行三軍能夠更為謹慎，從而取得更大的成就。

　　孔子與子路亦師亦友，子路面對老師在仕途上的一些抉擇，情緒較其他學生更為波動。《論語》裏記載了兩次子路的不高興：

　　　　子見南子，子路不說。夫子矢之曰：「予所否者，天厭之！天厭之！」（6.28）

　　　　公山弗擾以費畔，召，子欲往。子路不說，曰：「末之也，已，何必公山氏之之也？」子曰：「夫召我者，而豈徒哉？如有用我者，吾其為東周乎？」（17.5）

55　《論語新解》，頁 238。

南子是衛靈公的夫人，在當時的風評很不好，可是孔子欲在衛國出仕，只能先見南子，這應該是南子自訂的規矩，[56] 同時也反映衛靈公昏庸無道。孔子有沒有必要對着學生發誓，歷代註釋爭論不休。無論這裏的「矢之」是否解作發誓，孔子還是對自己跟南子見面作解釋。又有一次，季氏家臣公山弗擾背叛季氏，希望邀請孔子出山相助。孔子動了心，真欲輔佐之。子路看到老師幫助亂臣，便不高興，並跟老師說，即使走投無路，也不必到公山氏那裏。孔子以為公山氏不會白白的召喚自己，如果有人重用自己，將使周代文武之德在東方復興。孔子是子路的老師，子路是孔子的諍友。子路的躁動，為後世讀者烘托出立體的孔子。

　　子路的殺伐之氣，旁人即可感受，《論語・先進》有以下記載：

　　　　閔子侍側，誾誾如也；子路，行行如也；冉有、子貢，侃侃如也。子樂。「若由也，不得其死然。」（11.13）

學生的個性截然不同，孔子非常高興。閔子騫恭敬正直，子路剛強，冉有和子貢則溫和而快樂。「子樂」是轉折，然後孔子說，如果像子路如此的剛強，恐怕不得好死。結果，子路果然死於衛國內亂，更被砍成肉泥，應驗了孔子的評價。

56　朱熹云：「蓋古者仕於其國，有見其小君之禮。」毛奇齡《四書改錯》云：「古並無仕於其國見其小君之禮，遍考諸《禮》文及漢晉唐諸儒言禮者，亦並無此說，驚怪甚久。」（轉引自《論語彙校集釋》，卷 6，頁 542-543）據此可知當無必見寡小君之禮，即孔子不必一定見南子。

子曰：「由之瑟奚為於丘之門？」門人不敬子路。子
曰：「由也升堂矣，未入於室也。」（11.15）

子路的殺伐之氣，更體現在樂器演奏上。朱熹註引《家語》云：
「子路鼓瑟，有北鄙殺伐之聲。」[57] 錢穆云：「子路性剛勇，其
鼓瑟聲亦然，夫子戒之，蓋亦有由也不得其死之憂。」[58] 殺伐
之氣，源於演奏者之性情，子路在音樂演奏所反映亦是其躁動
之表徵也。面對學生的性情各異，孔子沒有全盤否定子路，
學習貴乎能夠循序漸進，孔子指出子路的演奏功力已經升堂，
只是未入於室而已。大抵較諸其他孔門弟子而言，子路已經在
其之前，在批評之餘仍然多作鼓勵，張弛有道，乃是孔子的教
學方法。

　　躁動症的代表人物還有司馬牛。《史記・仲尼弟子列傳》
云：「牛多言而躁。」司馬牛說話很多，性情急躁。《論語・顏
淵》記載了司馬牛的問仁，孔子的答案十分奇特：

司馬牛問仁。子曰：「仁者，其言也訒。」曰：「其
言也訒，斯謂之仁已乎？」子曰：「為之難，言之得無訒
乎？」（12.3）

57　《四書章句集註》，論語集註卷 6，頁 126。朱註所言，蓋指《孔子家語・辯
　　樂解》之文，然亦與朱熹所言不盡相同。《家語》所言乃係子路鼓琴，與《論
　　語》此文之鼓瑟有異。且彼文謂「殷紂好為北鄙之聲」，而孔子謂子路云：
　　「由，今也匹夫之徒，曾無意於先王之制，而習亡國之聲，豈能保其六七尺之
　　體哉？」（卷 8，頁 7b）則朱註所言乃約取此文，而又有所相異。
58　《論語新解》，頁 391。

孔子給司馬牛的答案非常簡單，指出仁人的言語應該遲鈍。這個答案精煉得司馬牛也以為太簡單了，孔子補充說，以為說話遲鈍對於司馬牛而言是很難的事情，說話可以不遲鈍嗎？《孔子家語‧七十二弟子解》云：「司馬黎耕，宋人，字子牛。牛為性躁，好言語，見兄桓魋行惡，牛常憂之。」同樣指出司馬牛為人「性躁，好言語」，與《論語》、《史記‧仲尼弟子列傳》所見相同。躁動明顯是人們觀察司馬牛的行為後所得出的結論。孔門弟子問仁者眾矣，所得答案各異，這裏回答司馬牛的「其言也訒」，可知孔子乃是有的而發，完全針對司馬牛的特殊學習需要而所作出的調適。戴望《論語註》云：「訒，頓也。訒於言者，其辭必頓。」戴氏的解釋頗為通達，指出仁者罕於言辭，所說話必多有停頓。司馬牛性躁而好言語，則孔子自是因材而施教矣。

　　司馬牛除了多言而躁以外，還有抑鬱的傾向。《論語‧顏淵》云：

　　　　司馬牛問君子。子曰：「君子不憂不懼。」曰：「不憂不懼，斯謂之君子已乎？」子曰：「內省不疚，夫何憂何懼？」（12.4）

　　　　司馬牛憂曰：「人皆有兄弟，我獨亡。」子夏曰：「商聞之矣：死生有命，富貴在天。君子敬而無失，與人恭而有禮。四海之內，皆兄弟也──君子何患乎無兄弟也？」（12.5）

司馬牛易於感到憂愁，這裏有兩個例子。司馬牛問老師如何去做君子，孔子的回答是君子不憂愁，不恐懼。如何成為君子，有千萬種的答案，也有許多原則上的說法，但孔子所言明顯乃是因材施教，回應了司馬牛的性格。司馬牛追問，以為不憂愁，不恐懼，就可以稱為君子嗎？所謂「君子求諸己，小人求諸人」（15.21），孔子以為只要問心無愧，那便沒有甚麼值得憂愁和恐懼。不單止有來自老師的關懷，司馬牛也收穫了同儕的友誼。有一次，司馬牛擔憂地說，別人皆有好兄弟，而自己則無之。子夏安慰司馬牛說，自己曾經聽說過，死生聽從命運，富貴由天安排。君子只是對待工作嚴肅認真，不出差錯，對待別人詞色恭謹，合乎禮節，天下之大，四處皆有好兄弟。子夏以為君子不必着急沒有好兄弟。

司馬牛的人生時有擔憂，子夏作為孔門十哲，盡力為司馬牛解憂。今天，如有抑鬱的傾向，除了向精神科醫生和臨床心理學家求助以外，能夠有友儕的陪伴與分享也是十分重要的，朋輩調解，可以舒緩抑鬱的心情。司馬牛所問乃是親兄弟，子夏轉移視角，將焦點遷移至兄弟般的朋友。楊樹達云：「牛為桓魋之弟。牛云無兄弟者，謂無賢兄弟也。」[59] 司馬牛是宋司馬桓魋之弟，桓魋為人不賢德，故司馬牛以為自己沒有兄弟。子夏安慰以之為四海皆有兄弟，大抵此舉可快慰司馬牛。

59　楊樹達：《論語疏證》（上海：上海古籍出版社，2006 年），卷 12，頁 278。

4. 知不足而厚有餘的高柴

前文曾經引用過《論語》的此一章節，這裏再引一遍。《論語‧先進》云：「柴也愚，參也魯，師也辟，由也喭。」(11.18)高柴愚笨，曾參遲鈍，子張偏激，子路鹵莽。孔子也真的是觀人於微的老師，也不介意向後世展示他對學生的觀察。《史記‧仲尼弟子列傳》有這樣的記載，「高柴，字子羔。小孔子 30 歲。子羔長不盈五尺，受業孔子，孔子以為愚。」高柴個子不高，孔子以為他是愚笨的學生。《史記‧仲尼弟子列傳》固然使用《論語》入文，而高柴的特點同樣是以一「愚」字總之，則孔子、司馬遷乃是持見相同。朱熹以為「愚」是「知不足而厚有餘」，[60]指出高柴是智力不足，但謙厚有餘。

《孔子家語‧弟子行》也有高柴的記載，其文如下：

> 自見孔子，出入於戶，未嘗越禮；往來過之，足不履影；啟蟄不殺，方長不折；執親之喪，未嘗見齒，是高柴之行也。孔子曰：「柴於親喪，則難能也；啟蟄不殺，則順人道；方長不折，則恕仁也。成湯恭而以恕，是以日躋。」

此言高柴自入孔門求學以後，進出門戶，從沒有違反禮節。走路之時，腳不會踩到別人的影子。高柴不殺蟄伏剛醒的蟲子，

---

60 《四書章句集註》，論語集註卷 6，頁 127。

不攀折剛好生長的草木。為親人守喪，不苟言笑。以上皆是高柴的懿行。孔子指出，高柴為親人守喪的誠心，乃是難能可貴的；在春天時不殺生，是遵順為人之理；不折斷正在生長的樹木，乃推己及物的仁愛。商代開國君主商湯謙恭而又能推己及人，因此威望日以高升。據此，高柴乃是循規蹈矩而小心謹慎的人，學習進程或許稍慢，但亦能有所進步。高柴天資有限，但孔子有教無類，自不以人之天資而囿之。

> 孔子曰：「生而知之者上也，學而知之者次也；困而學之，又其次也；困而不學，民斯為下矣。」（16.9）

> 子曰：「我非生而知之者，好古，敏以求之者也。」
> （7.20）

比合上引兩章《論語》而言之，「生而知之」、「學而知之」、「困而學之」、「困而不學」，乃是四種人，皇侃指出第一種是上智聖人，第二種是上賢，第三種是中賢以下，第四種是下愚。孔子自言並非「生而知之者」，自己只是好學之人，大抵即「學而知之者」也。高柴雖愚，只是學習進度較慢，孔子自是耐心教之，不使其急進，但終必有成，看以下記載可知：

> 子路使子羔為費宰。子曰：「賊夫人之子。」子路曰：
> 「有民人焉，有社稷焉。何必讀書，然後為學？」子曰：
> 「是故惡夫佞者。」（11.25）

有一次，大師兄子路委派高柴當費邑的邑宰，孔子責罵這是害了別人兒子的行為。然而，子路以為有土地、有人民，可以一邊當官，一邊學習，不一定要讀書才是學習。孔子對此不認同，更說最討厭的就是強詞奪理的人。這一章《論語》的重點當然是子路與孔子的針鋒相對，但為甚麼孔子不同意高柴出仕呢？包咸云：「子羔學未熟習，而使為政，所以為賊害也。」[61]顯而易見，孔子因為體察到高柴之愚，學習進度不足，過早出仕，弊大於利，故極力阻止。此實出於對高柴的保護，可見孔子扶掖後生之心。

5. 百分之八十捱罵的宰予

位次孔門十哲的十位弟子之中，最為奇特的非宰予莫屬。《論語》裏載有宰予 5 次，其中 4 次皆為孔子所責罵。這位在《論語》出場有 80% 機會使老師生氣的學生，上學時候專注力非常不足。先看《論語・公冶長》的記載：

> 宰予晝寢。子曰：「朽木不可雕也，糞土之牆不可杇也；於予與何誅？」子曰：「始吾於人也，聽其言而信其行；今吾於人也，聽其言而觀其行。於予與改是。」(5.10)

宰予沒有出現在教室，而是在白天睡覺。孔子以為腐爛了的木頭不可雕刻，糞土似的牆壁不可粉刷；像宰予這樣的學生，

61　《論語註疏》，載《十三經註疏（整理本）》，卷 11，頁 171。

已經不必再責備了。孔子再說，從前自己對於別人，在聽到他的說話後便相信他的行為；今天，對於別人，在聽到他的說話後，卻要考察他的行為。如此言行分開觀察的舉動，完全出於宰予事件的啟發。宰予在孔門四科裏屬於言語科，其人大抵能言善道，說話動聽。可是，宰予所言究竟如何娓娓動聽，孔子以為必先觀察了其行為後才可以坐實。其實，如果宰予翹課沒有出現在教室，白天在睡覺，此事的嚴重程度是否堪足如此大的責罵嗎？「晝寢」云云，有另一解說。唐代李匡文《資暇集》云：

> 《論語》「宰予晝寢」鄭司農云：「寢，臥息也」，梁武帝讀為「室之寢」，「晝」作「胡卦反」。且云當為「畫」字，言其繪畫寢室。故夫子嘆「朽木不可雕，糞土之牆不可朽」。然則曲為穿鑿也。今人罕知其由，咸以為韓文公愈所訓解也。

這裏指出「宰予晝寢」當為「宰予畫寢」，即宰予在上課之時，反而在繪畫寢室，才引起了孔子的慨嘆。周密《齊東野語》又為之說：

> 宰予晝寢，夫子有朽木糞土之語。嘗見侯白所註《論語》，謂「晝」字當作「畫」字，蓋夫子惡其畫寢之侈，是以有朽木糞牆之語。然侯白，隋人，善滑稽，嘗著《啟顏錄》，意必戲語也。及觀昌黎《語解》，亦云「晝寢」當作

「晝寢」，字之誤也。宰予，四科十哲，安得有晝寢之責，
假或偃息，亦未至深誅。若然，則吾知免矣。

侯白乃隋代學者，好學有捷才，隋文帝曾召其撰修國史。此言
侯白所註《論語》謂當作「宰予晝寢」，但周密以為侯白其人滑
稽，所言未必可信。其實，無論宰予是「晝寢」還是「畫寢」，
其上課態度懶散，無心向學，則是事實。

　　《論語》裏所見宰予還有 4 次，得到正面評價的是《論語·
先進》載孔門十哲名單的一次：

　　　　德行：顏淵，閔子騫，冉伯牛，仲弓。言語：宰我，
　　子貢。政事：冉有，季路。文學：子游，子夏。（11.3）

作為孔門四科十哲之一，宰予位次言語科，這一科的優異生，
自是口才出眾，能言善道。皇侃引范寧云：「言語，謂賓主相
對之辭也。」[62] 李澤厚《論語今讀》直接將言語一科譯為「會辦
外交的」。能夠在外交場合上從容應對，當是言語科優異生的
特點。宰予的專注力不足，其中一個特徵表現正是話多。魯哀
公嘗問宰予關於社木當用甚麼木的問題。宰予以為夏用松木，
殷用柏木，周用栗木，其意思是使人民戰戰慄慄。孔子聽了以
後，責備宰予，謂已經做了的事情不便再解釋，已經完成的事
情不便再挽留，已經過去的事情便不再追究了（3.21）。另一

62　《論語義疏》，卷 6，頁 267。

次，宰予問孔子，有仁德的人，如告訴他井裏掉下一位仁人，他會否跟着下去呢？孔子回答宰予，不滿宰予的做法，君子可以使其遠走而不再回來，卻不可以陷害他；可以欺騙他，卻不可以愚弄他（6.26）。還有一次，乃關於三年之喪的討論。宰予以為守喪一年即可，而孔子以為子女在父母懷抱三年，父母死後，唯有守喪三年可以表達心中懷緬之情。在這個故事裏，孔子甚至直斥宰予為「不仁」（17.21）。

　　面對一位常遭責備的學生，宰予專注力有欠，但孔子並沒有放棄任何可以教導的機會。有教無類，甚至列之為孔門十哲，可見孔門教學光輝偉大之處。司馬遷曾經說過，「學者多稱七十子之徒，譽者或過其實，毀者或損其真」。[63] 在西漢時，有許多關於孔門弟子的故事，有的稱譽，有的貶斥，皆有未為真實之處。如果宰予真的如此不堪，大抵也不可能成為孔門十哲，許多討論因此應運而生，其中蔡仁厚說：「《論語》本成於齊魯諸儒，而編纂成書，則已是戰國時代的事。那時田氏已得志，而魯國又為田齊所弱；大概田氏對於宰予銜恨甚深，或竟長時期對他醜詆詬誣，而朝政之威又往往足以顛倒是非黑白。《論語》編者，未察及此，遂致《論語》所載，獨於宰予多深責之辭。」[64] 相較於在《論語》裏出現了 38 次的子路、出現了 24 次的顏淵，宰予只是出現了 5 次，如此大幅度的載錄責罵成分，很難說成是「未察及此」的。在《孟子》裏，我們得見宰予

63　《史記》，卷 67，頁 2226。
64　蔡仁厚：《孔門弟子志行考述》（台北：台灣商務印書館，1992 年），頁 77。

是「善為說辭」[65],「智足以知聖人」[66]。這種聰明才智，輔以口才出眾，足以讓宰予位次十哲之列。至於何以《論語》其他章節所見皆在責備之中，則可見孔子的因材施教，精益求精。

6. 自我中心的子張

孔子死後，《韓非子·顯學》指出「儒分為八」，孔門儒家一分為八，包括：「有子張之儒，有子思之儒，有顏氏之儒，有孟氏之儒，有漆雕氏之儒，有仲梁氏之儒，有孫氏之儒，有樂正氏之儒。」[67] 其中一派乃是子張之儒，其源出自子張。顓孫師，姓顓孫，名師，字子張，小孔子 48 歲，乃是孔門小弟子。子張是一個自我中心的學生，與其他師兄弟的相處並不融洽。自我中心乃一人格缺陷，在社交過程中碰壁後，即陷入懊惱和痛苦，從而誘發抑鬱、焦慮等心理疾病。《論語》裏清楚記載了子張的情況：

> 子貢問：「師與商也孰賢？」子曰：「師也過，商也不及。」曰：「然則師愈與？」子曰：「過猶不及。」（11.16）

> 子游曰：「吾友張也為難能也，然而未仁。」（19.15）

65　《孟子註疏》，載《十三經註疏（整理本）》，卷 3 上，頁 93。

66　《孟子註疏》，載《十三經註疏（整理本）》，卷 3 上，頁 95。

67　韓非著；陳奇猷校註：《韓非子新校註》（上海：上海古籍出版社，2000 年），卷 19，頁 1124。

曾子曰：「堂堂乎張也，難與並為仁矣。」（19.16）

先看《論語・先進》裏的一段記載。子貢問老師，子張和子夏（卜商）二人哪位較強，孔子閱人無數，對學生十分了解，故回答得非常精妙。孔子以為子張有些過分，子夏則有點趕不上。聽起上來，好像是子張的情況比起子夏好一些，於是子貢再問老師，這樣代表了子張比較強嗎？孔子回答說，「過猶不及」，二者同樣不算得好。子張的「過」，所指乃是何物，或可從以下兩章《論語》尋得對應。

今本《論語》20篇，其中第19篇的篇題是〈子張〉。全篇合共25章。[68]朱熹云：「此篇皆記弟子之言，而子夏為多，子貢次之。蓋孔門自顏子以下，穎悟莫若子貢；自曾子以下，篤實無若子夏。故特記之詳焉。」[69]指出本篇多記孔門弟子之言，而孔子不在其中；並解釋子夏與子貢之言所以在本篇特多的原因。又，黃懷信云：「此篇雜記子張、子夏、子游、曾子、子貢之語，或言士行，或言交友，或言修德，或勸學，或勉改過，或言治獄，或論子張，或評仲尼，凡25章，無統一主題，要皆弟子之語，故次前篇。」[70]同樣指出全篇記載弟子所言。特別值得注意的是這裏所說的其中一個主題：「或論子張。」孔門弟子討論另一弟子的是非居然成為了主題，可見子張的為人實

---

68 朱熹《四書章句集註》（頁188）、楊伯峻《論語譯註》（頁199）皆謂此篇25章。

69 《四書章句集註》，卷10，頁188。

70 《論語彙校集釋》，前言，頁22。

在充滿爭議。在（19.15）裏，子游指出自己的朋友子張難能可貴，但是還不能做到仁。阮元云：「曾子、子游慮子張於人無所不容，過於高大，不能就切近之事與人為仁，亦同此說也。其曰『為仁』，可見仁必須為，非端坐靜觀即可曰仁也。」[71] 阮元指出仁需要「為」，且要並為，故不可一人完成。在（19.16）裏，指出子張為人高大開廣，難以靠近，與仁者之平易近人剛好相反。子張之高不可攀，別人難以跟他同行於仁道。前文嘗引《論語・先進》「師也辟」（11.18 節錄），子張為人因志高而流於偏激，與人難以相處。

孔子評價子張為「過猶不及」，是早已充分掌握子張的缺點。仁僅次於聖，乃儒家的中心追求，子游與曾子皆以此評價子張，反之可見成仁乃是孔門儒家的重要教學內容。面對子張的性格缺陷，孔子自是因材施教：

> 子張問政。子曰：「居之無倦，行之以忠。」（12.14）

> 子張問：「士何如斯可謂之達矣？」子曰：「何哉，爾所謂達者？」子張對曰：「在邦必聞，在家必聞。」子曰：「是聞也，非達也。夫達也者，質直而好義，察言而觀色，慮以下人。在邦必達，在家必達。夫聞也者，色取仁而行違，居之不疑。在邦必聞，在家必聞。」（12.20）

71　阮元：〈論語論仁篇〉，載《揅經室集》（北京：中華書局，1993 年），一集，卷 8，頁 180。

難以親近的子張，向老師請教為政之道。孔子答道，在位時不要疲倦懈怠，執行政令，皆出之以忠心。忠是盡心誠意待人處事的美德。孔子以此教導子張，蓋因子張行事每多高大開廣，不可親近。為政如能出之以忠心，則可以明白老百姓之所需。子張又問孔子，士人如何可以稱之為「達」。孔子反問子張，其所謂「達」是甚麼意思。子張解釋，「達」的意思是為國家官員時有一定名望，在大夫家工作時有一定的名望。孔子聽了子張的分析後，指出他所說的不過是「聞」，而不是「達」。「達」是品質正直，遇事講理，善於分析別人的言語，觀察別人的顏色，從思想上願意對別人退讓。此等達者，為國家官員和在大夫家一定事事可通。孔子續說「聞」是表面上似乎愛好仁德，實際行為卻非如是，自己竟以仁人自居而不加懷疑。此等人為官之時一定會騙取名望，居家時也一定會騙取名望。子張所說的「達」，在孔子眼中不過是「聞」。子張心目中的「達」，其實也符合其「堂堂乎」的性格，孔子的教導無非為了使子張明白質正好義、察言觀色才是最重要的。孔子循循善誘，一直為了子張自我中心的性格缺陷而在教學上努力。

孔門弟子眾多，孔子因材施教，每有照顧學生的特別學習需要。據上文所論，可總之如下：

第一，孔門弟子數量眾多，年紀差異亦大，此已構成在教學上之困難。據《史記・仲尼弟子列傳》所見，子路、顏淵、子貢、冉有、顏刻、公良孺六人嘗參與周遊列國。如以周遊列國中期、孔子 60 歲之時而論之，子路 51 歲，顏淵 30 歲，子貢 29 歲，冉有 31 歲，最末二人年歲無考。子路與其他弟子年

紀相距 30 歲，孔子自必採取不同的教學方法以教導各人。

第二，面對出身各異，年齡也有差距的學生，孔子因材施教，按照學生的能力而施行教學。上文以「聞斯行諸」，以及弟子問仁為例，以見面對相同的問題，孔子作為老師，了解學生的學習需要，因而作出相異的答案。

第三，本文選取了若干孔門弟子，先言其特別學習需要，復以《論語》等儒家文獻所載為據，分析孔子如何因為該等學習需要而所作之教學活動，為「因材施教」下了最佳的註腳。此中包括資優的子貢與顏淵、學習遲緩的樊遲與曾參、躁動的子路與司馬牛、知不足而厚有餘的高柴、時常捱罵的宰予、自我中心的子張等。

後 記

　　孔子和孟子生活在距今兩千多年前的先秦時代。他們的學說，隨着他們的離去，無論後世學者付出了何等的努力，也不可能還原。

　　孔、孟將如何詮釋其思想、主張、著作的權利留給了後來的人。或許有人會不同意這樣的說法，但事實上孔孟也無力阻止後人如何詮釋他們的作品。漢代是孔子正式成聖的時代，漢武帝罷黜百家，獨尊儒術，將儒家學說定於一尊。孔子有這樣想過嗎？這是他在周遊列國時的追求嗎？漢武帝的推尊就是孔子的學說嗎？

　　孟子的偶像是孔子，東漢的趙岐也說《論語》與《孟子》二書的關係，乃是「孟子之書則而象之」。不單二書相似，二人的生平也相似。趙岐指出孟子「夙喪其父」，夙是早的意思，那麼是有多早呢？史書裏沒有明確的記載。讓我們先看看孔子。《史記・孔子世家》也說得不清楚，記得比較簡單：「丘生而叔梁紇死。」似乎是孔子年幼的時候。《禮記・檀弓上》提

到「孔子少孤，不知其墓」，與《史記》說法相仿。《孔子家語‧本姓解》則云「孔子三歲而叔梁紇卒」，指叔梁紇在孔子三歲時去世。孟子處處仿效孔子，而我們對於孟子父親的認識也非常有限，於是不少著作裏的孟子年表，便都說孟父也是在孟子三歲時辭世。這是事實嗎？今天已經無從稽考。但這事情告訴我們，孔孟並稱，孟子甚麼都跟孔子相似，這顯然就是一種創造。

　　孔、孟留給我們無限的空間，甚麼是經典？經典是可以跨越時代界限，到了今天依然可為世人資取的智慧與道理。孔孟已死，但孔孟不死。我們可以取用孔孟的智慧，作為今天行事的依據。反覆要說的，仍然是「切己」二字。不單是孔孟，任何典籍，任何古聖賢的大道，如果我們只是誦讀，而不與自身產生關係，那便是讀書而不是學習為人。錢穆先生與一眾先賢創辦新亞書院，訂立了新亞學規，共有二十四條，以下為第一、二條：

　　　　一、求學與作人，貴能齊頭並進，更貴能融通合一。

　　　　二、做人的最高基礎在求學，求學之最高旨趣在做人。

　　作人也好，做人也好，說的是為人處世的態度。才德兼備，齊頭並進，這是我們對年青人的期許，也是學問達到切己後的效果。

　　孔孟學說無疑是知易行難的。人生的許多問題，我們都解決不了，行難並不代表不可行。目標是 100 分，我們從 0 分

開始，難道終其一生只能達到 80 分便是失敗嗎？知其而不可
為而為之，説的便是目標要遠大。能夠視此為目標，持之以恆
地邁步前進，那便是不同程度的成功。這也是一種「切己」的
學習。不單是孔孟的道理，時在今天，我以為孔孟的人生抉擇
更值得我們去欣賞和學習。面對紛紜複雜的世事，或進或退，
如何去取。孟子向孔子取經，我們兼向孔孟學習。此路不通，
不通的不就是只有這條路嗎？路有千萬條，只要我們走的是
不偏不倚的正路，向着目標前進，便可説是誦讀孔孟在今天的
意義了。